Best

DALAI LAMA
con HOWARD C. CUTLER

L'ARTE
DELLA FELICITÀ

Traduzione di Laura Serra

OSCAR MONDADORI

I edizione Saggi febbraio 2000
I edizione Bestsellers Oscar Mondadori febbraio 2001

ISBN 88-04-48684-8

Questo volume è stato stampato
presso Mondadori Printing S.p.A.
Stabilimento NSM - Cles (TN)
Stampato in Italia. Printed in Italy

Ristampe:

9   10   11   12   13

2004   2005   2006   2007   2008

www.librimondadori.it

Indice

L'arte della felicità

Dedicato ai lettori:
possiate trovare la felicità

In *L'arte della felicità* sono stati riportati i lunghi colloqui da me avuti con il Dalai Lama. Tali incontri privati, che si svolsero in Arizona e in India e rappresentano la struttura portante del libro, avevano un obiettivo esplicito: presentare ai lettori le idee di Sua Santità sui metodi per condurre una vita felice corredandole di osservazioni e commenti miei, volti ad aggiungere all'insieme il punto di vista di uno psichiatra occidentale. Con generosità, il Dalai Lama mi ha permesso di scegliere il registro da me ritenuto più adatto all'esposizione dei concetti. Ho reputato che la forma a metà tra la narrativa e il saggio fosse la più leggibile e permettesse nel contempo di capire come il Dalai Lama applichi le sue idee nella vita quotidiana. Con la sua approvazione, ho suddiviso il volume in base ai temi, a volte accorpando e integrando materiale proveniente da distinte conversazioni. Inoltre, sempre con il suo permesso, nei casi in cui l'ho giudicato indispensabile alla chiarezza e alla comprensibilità del testo, ho inserito brani presi da alcune conferenze tenute in Arizona. Il dottor Thupten Jinpa, interprete del Dalai Lama, ha avuto la cortesia di rivedere il manoscritto finale per assicurarsi che nel corso della stesura non si fossero involontariamente fraintesi alcuni concetti.

Per illustrare meglio le idee prese in esame, ho riportato vari aneddoti personali e storie cliniche. A difesa della privacy e dell'intimità dei pazienti, in ciascun caso ho cambiato i nomi e alterato dettagli e altri dati, così da rendere impossibile ai lettori l'identificazione dei protagonisti delle vicende citate.

Howard C. Cutler

Introduzione

Il Dalai Lama stava da solo nello spogliatoio vuoto della palestra di pallacanestro, pochi attimi prima di parlare a una folla di seimila persone all'università statale dell'Arizona. Calmissimo, sorseggiava senza fretta una tazza di tè. «Sua Santità, se è pronto...» dissi.

Si alzò subito, uscì deciso dalla stanza e comparve in mezzo alla fitta folla assiepata dietro le quinte, una folla che comprendeva giornalisti, fotografi, uomini della sicurezza e studenti del luogo: un misto di persone curiose, scettiche o alla ricerca di risposte. Camminò tra loro con un largo sorriso e annuendo in segno di saluto. Poi passò oltre la tenda, salì sul podio, si inchinò, incrociò le braccia e sorrise di nuovo. Fu salutato da un fragoroso applauso. Chiese che le luci non venissero abbassate, così da vedere bene il pubblico, e per qualche attimo restò in piedi a scrutare gli astanti con un'espressione calma, comprensiva e assai benevola. Chi non l'aveva mai visto trovò forse piuttosto insolita la sua veste monacale rossa e gialla, ma appena si sedette e cominciò a parlare, risultò subito chiaro a tutti che aveva una grande capacità di instaurare un dialogo.

«Credo sia la prima volta che vi vedo» esordì «ma per me avere di fronte un amico di vecchia data o uno nuovo non fa molta differenza. Ho infatti sempre pensato che siamo tutti uguali, che siamo tutti esseri umani. Certo, possono esserci differenze di cultura, stile di vita, fede religiosa o colore della pelle, ma siamo comunque esseri umani, con un corpo e una mente umani. Abbiamo la stessa struttura fisica e la stessa struttura mentale ed emozionale. Ogniqualvolta vedo una persona, penso sempre che è un essere umano come me. Trovo assai più facile comunicare con gli altri quando tengo presente questo fatto. Se sottolineiamo le caratteristiche specifiche, come il mio essere tibetano o buddhista, spiccano le differenze. Ma sono differenze secondarie. Se le accantoniamo, credo che possiamo facilmente comunicare, scambiarci idee e condividere esperienze.»

Con questo discorso, nel 1993, il Dalai Lama inaugurò la serie di conferenze che tenne per una settimana in Arizona. I progetti per quella visita erano iniziati più di dieci anni prima, ed era stato allora che l'avevo conosciuto, mentre mi trovavo a Dharamsala, in India, grazie a una piccola sovvenzione per studiare la medicina tibetana tradizionale. Dharamsala è un placido, affascinante villaggio arroccato su un pendio delle colline pedemontane dell'Himalaya. È la sede del governo tibetano in esilio da quasi quarant'anni, da quando Tenzin Gyatso, assieme a centomila connazionali, fuggì dal Tibet dopo la brutale invasione dell'esercito cinese. Durante il mio soggiorno a Dharamsala avevo finito per conoscere parecchi membri della sua famiglia, e fu per loro intercessione che venne organizzato il mio primo incontro con lui.

Nel suo discorso del 1993, il Dalai Lama spiegò quanto fosse importante instaurare rapporti con gli altri sulla base della comune natura umana, ed era stato questo stesso principio a emergere durante la nostra prima conversazione, avvenuta nella sua residenza nel 1982. Tenzin Gyatso ha la straordinaria capacità di mettere la gente del tutto a suo agio, di creare subito un contatto semplice e diretto con gli altri. Il nostro primo incontro era durato circa tre quarti d'ora, e come molte altre persone ne ero uscito euforico, con l'impressione di aver conosciuto un uomo davvero eccezionale.

Quando, negli anni successivi, approfondii la sua conoscenza, mi resi ancor più conto delle sue numerose, straordinarie qualità: un'intelligenza penetrante, ma priva di scaltrezze; una spiccata gentilezza, scevra però di sentimentalismi; un grande senso dell'umorismo, ma senza frivolezze; e, come hanno scoperto in molti, la capacità più di stimolare che di incutere soggezione.

Nel corso del tempo mi convinsi di come avesse imparato a vivere con un grado di pienezza e serenità che non avevo mai osservato in altri, sicché decisi di scoprire quali principi gli permettessero di raggiungere tale stato di grazia. Benché fosse un monaco con un'intera vita d'addestramento e studio buddhisti alle spalle, mi chiesi se si potesse arrivare a capire quali sue credenze o pratiche fossero utilizzabili anche dai non buddhisti, quali metodi noi occidentali potessimo applicare direttamente nella vita per sconfiggere la paura e acquisire più forza e felicità.

Alla fine ebbi occasione di analizzare a fondo le sue idee incontrandolo quotidianamente durante il suo soggiorno in Arizona e integrando tale esperienza con conversazioni di maggior respiro svoltesi nella sua residenza in India. Parlando con lui, presto scoprii che occorreva superare alcuni ostacoli, cercare di conciliare due ottiche differenti: quella di monaco buddhista, la sua, e quella di psichiatra occidentale, la mia. Iniziai per esempio uno dei nostri primi colloqui sottoponendogli comuni problemi umani e illustrandoglieli con diverse e dettagliate storie cliniche. Dopo aver descritto una donna che adottava pervicacemente un comportamento autodistruttivo nonostante le spaventose conseguenze che questo aveva sulla sua esistenza, gli chiesi se riuscisse a spiegare un simile atteggiamento e quale consiglio potesse dare per risolvere il problema. Rimasi sconcertato quando, dopo lunga riflessione, rispose tranquillo: «Non lo so» e, alzando le spalle, scoppiò in un'allegra risata.

Accorgendosi dalla mia espressione che ero stupito e deluso di non aver ricevuto una risposta più concreta, aggiunse: «A volte è assai difficile capire perché le persone facciano le cose che fanno... Spesso si scopre che non vi sono spiegazioni semplici. Poiché la mente umana è estremamente complessa, se esaminassimo in dettaglio le vite individuali faticheremmo molto a comprendere che cosa accada, che cosa avvenga esattamente in esse».

Mi sembrò una risposta evasiva. «Ma come psicoterapeuta io ho il compito di appurare perché le persone fanno quel che fanno» dissi. Di nuovo egli scoppiò in quella risata che affascina tanta gente: una risata piena di humour e umanità, senz'ombra di affettazione e imbarazzo, che inizia con un suono profondo e poi sale di parecchie ottave esprimendo gioia allo stato puro.

«Credo sia assai difficile capire in che modo funzionino le menti di cinque miliardi di individui» disse, sempre ridendo. «È un'impresa impossibile! Secondo l'ottica buddhista, sono molti i fattori che incidono su qualsiasi evento o situazione... Anzi, a volte i fattori in gioco sono così tanti, che non si può spiegare in maniera esauriente cosa sta accadendo, perlomeno non in termini convenzionali.»

Cogliendo il mio vago sconforto, precisò: «Per quanto riguarda la comprensione dell'origine dei problemi, forse l'approccio occidentale differisce sotto alcuni aspetti da quello buddhista. L'analisi degli occidentali è fondata su una forte tendenza al razionalismo e sulla convinzione che tutto si possa spiegare. Inoltre questa mentalità è accentuata dal fatto che certi concetti vengono dati per scontati. Di recente, per esempio, ho incontrato, in una facoltà di medicina, alcuni dottori i quali, parlando della mente, affermavano che i pensieri e i sentimenti sono il risultato di varie reazioni e alterazioni chimiche dell'encefalo. Io allora ho chiesto a uno di loro se fosse possibile concepire la sequenza inversa, nella quale il pensiero generasse la serie di eventi chimici nel cervello. Mi ha colpito molto la risposta che mi ha dato. "Noi" disse "partiamo dalla premessa che tutti i pensieri siano prodotto o funzione delle reazioni chimiche nel cervello." È, in sostanza, una sorta di rigidità: la precisa volontà di non mettere mai in discussione il proprio modo di pensare».

Si interruppe un attimo, quindi proseguì: «Ho l'impressione che nell'odierna società occidentale la scienza abbia creato un forte condizionamento culturale. Ma bisogna ammettere che in certi casi le premesse e i parametri fondamentali della scienza limitano la capacità di affrontare determinate realtà. Voi occidentali avete per esempio un limite: l'idea che tutto si possa spiegare nel contesto di una singola vita. E a ciò unite l'idea che tutto si possa comprendere e giustificare. Quando però v'imbattete in un fenomeno che non siete in grado di capire, diventate tesi, quasi angosciati».

Benché mi rendessi conto che c'era del vero in quanto affermava, all'inizio faticai ad accettare il discorso. «Be'» dissi «quando si trova davanti a comportamenti che all'apparenza sono difficili da spiegare, lo psicologo occidentale usa determinati approcci per comprendere che cosa stia accadendo. Per esempio assegna all'idea di una parte inconscia o subconscia della mente un ruolo fondamentale. Noi riteniamo che il comportamento sia a volte il risultato di processi psicologici di cui non abbiamo consapevolezza conscia; basti pensare ai casi in cui un soggetto agisce in un certo modo per sfuggire a una paura di fondo che lo tormenta. Senza rendersene conto, certe persone si comportano in certo modo perché non vogliono lasciar affiorare alla superficie, cioè alla mente conscia, quella paura, e perché non vogliono accusare il disagio a essa associato.»

Dopo aver riflettuto un attimo, Tenzin Gyatso disse: «Il buddhismo teorizza che certi tipi di esperienza lascino in noi inclinazioni o impronte, e il concetto è in qualche modo affine a quello di inconscio della psicologia occidentale. In una parte precedente della nostra vita, per esempio, può essersi verificato un evento che ha prodotto nella mente un'impronta molto forte, la quale può restare celata e in seguito influire sul comportamento. Dunque esiste l'idea di qualcosa di inconscio, di queste tracce di cui si può non avere consapevolezza conscia. In ogni caso, credo che il buddhismo possa accettare molti dei fattori teorizzati dalla psicologia occidentale, ma a questi ne aggiunge altri, come il condizionamento e le impronte delle vite precedenti. Ho però l'impressione che gli psicologi occidentali tendano a enfatizzare troppo il ruolo dell'inconscio quando cercano l'origine dei problemi. Forse ciò è dovuto ad alcuni dei loro assunti di base: per esempio, essi non accettano l'idea che vi siano tracce provenienti da un'esistenza passata. Nel contempo, partono dal presupposto che tutto debba essere spiegato nell'arco di tempo di una singola vita. Perciò, quando non riuscite a capire che cosa causi certi comportamenti o problemi, tendete sempre ad attribuire il fenomeno all'inconscio. È un po' come se aveste perso un oggetto e foste convinti di poterlo trovare solo in una determinata stanza. Partire da tale assunto significa fissare fin dall'inizio certi parametri ed escludere la possibilità che l'oggetto sia fuori della stanza o in un'altra. Così continuate a cercarlo e cercarlo senza trovarlo, e benché non lo troviate non smettete di pensare che sia ancora lì, nascosto da qualche parte».

Quando mi venne l'idea di scrivere il libro, immaginai un tradizionale manuale di autosoccorso in cui il Dalai Lama proponesse soluzioni chiare e semplici per tutti i problemi della vita. Pensai che, sfruttando la mia esperienza di psichiatra, avrei potuto rielaborare la sua trasformandola in una serie di facili istruzioni sul modo migliore di gestire la vita quotidiana. Ma al termine del nostro ciclo di colloqui rinunciai al progetto originario. Capii che l'approccio di Sua Santità era incentrato su un paradigma assai più ampio e complesso, che comprendeva tutte le sfumature, la ricchezza e la complessità della nostra esistenza.

A poco a poco, però, cominciai a cogliere il leitmotiv che ricorreva costantemente. È un leitmotiv di speranza: la speranza basata sulla convinzione che raggiungere una felicità vera e durevole sia tutt'altro che facile, ma nondimeno possibile. Alla base di tutti i suoi metodi, Tenzin Gyatso ha una serie di credenze fondamentali che rappresentano il substrato di tutte le sue azioni: la credenza nella fondamentale bontà e mitezza di tutti gli esseri umani, la credenza nel valore della compassione, la credenza in una linea d'azione improntata alla gentilezza e al senso di fratellanza fra tutte le creature viventi.

Più egli rendeva chiaro il suo messaggio, più capivo che le sue convinzioni non si basavano su una fede cieca o un dogma religioso, ma su solidi ragionamenti e sull'esperienza diretta. La sua comprensione della mente e del comportamento umani fa capo a un'intera vita di studio. La sua visione affonda le radici in una tradizione che risale, sì, a oltre duemilacinquecento anni fa, ma che è temperata dal senso comune e da una raffinata conoscenza dei problemi odierni. Egli ha potuto formarsi un quadro elaborato delle questioni contemporanee grazie al suo ruolo unico: quello di un personaggio di rilievo mondiale che ha viaggiato per tutto il pianeta, ha conosciuto molte culture e molte persone dalle più svariate esperienze di vita, e ha scambiato idee con i maggiori scienziati e i maggiori leader religiosi e politici. Dopo questo percorso, ha maturato, riguardo ai problemi umani, un approccio saggio che appare improntato a un ottimismo mai disgiunto dal realismo.

In *L'arte della felicità* ho cercato di presentare la sua visione in termini adatti al pubblico occidentale. Ho incluso nel volume lunghi brani tratti dalle sue conferenze e dai suoi colloqui privati. In vista del mio obiettivo, che era quello di porre l'accento sul materiale più utile agli scopi pratici della vita quotidiana, ho omesso a volte le parti dei discorsi relative agli aspetti più prettamente filosofici del buddhismo tibetano. Il Dalai Lama ha già scritto vari libri eccellenti sui diversi aspetti del cammino verso l'illuminazione. I lettori troveranno in Appendice una rosa di titoli all'interno della quale potranno rinvenire fonti preziose nel caso desiderassero approfondire l'argomento filosofico.

Parte prima
Lo scopo della vita

I

Il diritto alla felicità

«Perseguire la felicità è lo scopo stesso della vita: è evidente. Che crediamo o no in una religione, che crediamo o no in questa o quella religione, tutti noi, nella vita, cerchiamo qualcosa di meglio. Perciò penso che la direzione stessa dell'esistenza sia la felicità...»

Con queste parole, pronunciate davanti al folto pubblico dell'Arizona, il Dalai Lama andò subito al nocciolo della questione. Ma il fatto che avesse definito la felicità lo scopo della vita mi indusse a pormi in cuor mio una domanda. In seguito, quando fummo soli, gli chiesi: «Lei è felice?».

«Sì» rispose. Fece una pausa, poi confermò: «Sì... senza dubbio». La pacata sincerità del suo tono non lasciava adito a dubbi; e questa sincerità si rifletteva anche nell'espressione degli occhi.

«Ma la felicità è un obiettivo ragionevole per la maggior parte della gente?» domandai. «È davvero possibile?»

«Sì. Credo che la felicità si possa ottenere addestrando la mente.»

A livello puramente umano, non potevo non approvare l'idea che la felicità fosse un obiettivo raggiungibile. Ma, come psichiatra, ero condizionato da concezioni come quella di Freud, secondo il quale «viene da pensare che la volontà che l'uomo fosse "felice" non rientrasse nel piano della "Creazione"». Questo bagaglio culturale ha indotto molti miei colleghi a concludere tristemente che il massimo che si possa sperare sia di «trasformare l'infelicità isterica in infelicità comune». In questo senso l'idea che vi fosse un preciso sentiero diretto verso la gioia mi pareva rivoluzionaria. Se riflettevo sui miei anni di esperienza in campo psichiatrico, non riuscivo praticamente a ricordare di aver sentito anche solo nominare il termine «felicità» nell'ambito degli obiettivi terapeutici. Certo, si parlava molto di alleviare nei pazienti sintomi come la depressione o l'ansia, di risolvere conflitti interni o problemi di relazione, ma non si diceva mai esplicitamente che lo scopo fosse quello di perseguire la felicità.

In Occidente l'idea del raggiungimento della vera letizia è sempre parsa nebulosa, elusiva, inafferrabile. In inglese perfino il termine *happy* [felice] è ambiguo, in quanto deriva dall'islandese *happ*, che significa caso o fortuna. Sembriamo condividere tutti l'opinione che la gioia sia di natura misteriosa. Le volte in cui la vita ce la concede, essa ci appare come un *quid* inaspettato. Data la mia mentalità occidentale, non giudicavo quello stato dell'anima una cosa che si potesse ottenere e conservare solo «addestrando la mente».

Appena sollevai l'obiezione, il Dalai Lama mi diede immediati chiarimenti. «In questo contesto, quando parlo di "addestramento della mente" non intendo con "mente" solo le capacità cognitive o l'intelletto, ma assegno al termine il significato della parola tibetana *sem*, che è assai più ampio, più simile a "psiche" o "spirito", e include sentimento e intelletto, cuore e cervello. Adottando una certa disciplina interiore, possiamo mutare il nostro atteggiamento, la nostra intera visione del mondo e il nostro approccio alla vita.

«Tale disciplina interiore può naturalmente comprendere molte cose, molti metodi. Ma in genere si inizia con l'identificare i fattori che conducono alla felicità e quelli che conducono alla sofferenza. Fatto questo, bisogna cominciare a eliminare a poco a poco i secondi e a coltivare i primi. Questo è il sistema.»

Il Dalai Lama afferma di aver trovato il suo equilibrio,

la sua felicità personale. E per tutta la settimana da lui trascorsa in Arizona, osservai spesso come questa felicità personale si traducesse nella volontà di andare incontro agli altri, di esprimere sentimenti di empatia e comprensione anche negli incontri più brevi.

Una mattina, dopo aver tenuto la consueta conferenza, s'incamminò, circondato dal seguito, lungo il patio esterno che conduceva alla sua stanza d'albergo. Avendo notato vicino all'ascensore una delle cameriere dell'hotel, si fermò e le chiese di dove fosse. Per un attimo la donna parve intimidita da quel personaggio esotico con la veste rosso scuro e da quell'entourage che lo trattava con deferenza, poi però sorrise e rispose schiva: «Sono messicana». Egli si trattenne un attimo a parlare con lei, poi proseguì, lasciandola visibilmente contenta ed emozionata. La mattina dopo, alla stessa ora, la cameriera si fece trovare nello stesso luogo assieme a una compagna, e le due salutarono calorosamente il Dalai Lama quando questi entrò in ascensore. Lo scambio di cortesie fu breve, ma le due donne tornarono al lavoro con aria assai felice. Giorno dopo giorno, il gruppo di tibetani incontrò sempre più cameriere nell'ora e nel luogo designati, finché al termine della settimana, lungo il patio che conduceva agli ascensori, a salutare l'ospite illustre c'era un'intera fila di donne con l'impeccabile divisa bianca e grigia.

Abbiamo i giorni contati. Ogni momento nascono nel mondo molte migliaia di bambini e, di questi, alcuni vivranno solo pochi giorni o settimane per poi soccombere tragicamente a una malattia o ad altre disgrazie, mentre altri camperanno cento o più anni, assaporando tutte le cose che la vita ha da offrire: successo, disperazione, gioia, odio e amore. Non sappiamo chi avrà una buona o una cattiva sorte. Ma che viviamo un giorno o un secolo, la domanda fondamentale è la stessa: che senso ha la vita? Che cosa la rende degna di essere vissuta?

Lo scopo della nostra esistenza è cercare la felicità. Pare un concetto dettato dal senso comune e diversi pensatori occidentali, da Aristotele a William James, ne sono stati alfieri. Ma una vita basata sul perseguimento della felicità personale non è, quasi per definizione, improntata all'egocentrismo e all'autoindulgenza? Non necessariamente. Anzi, da numerose ricerche risulta che sono le persone infelici a essere più egocentriche, socialmente isolate, propense a rimuginare e perfino antagonistiche. Si è riscontrato, invece, che quelle felici sono più socievoli, duttili e creative, e riescono a tollerare meglio delle altre le frustrazioni quotidiane della vita; inoltre, particolare più importante di tutti, appaiono più inclini all'amore e al perdono.

Gli scienziati hanno ideato degli interessanti esperimenti che dimostrano come le persone felici siano aperte verso il mondo esterno e pronte ad andare incontro agli altri e ad aiutarli. Sono per esempio riusciti a indurre uno stato di felicità in uno dei loro soggetti facendogli trovare inaspettatamente del denaro in una cabina telefonica. Subito dopo uno degli sperimentatori, fingendosi un comune passante, ha lasciato cadere «accidentalmente» un pacco di documenti accanto alla cabina per verificare se il soggetto «felice» si fermasse ad aiutarlo. In un altro contesto sperimentale, ai volontari, i quali avevano appena ascoltato delle storielle comiche, è stato fatto avvicinare un finto indigente che era in combutta con gli sperimentatori e che ha chiesto loro in prestito dei soldi. I ricercatori hanno scoperto che i soggetti di buon umore tendevano ad aiutare o a prestar denaro al prossimo più degli individui del gruppo di controllo che ricevevano le stesse sollecitazioni, ma non erano stati preventivamente gratificati dalla «fortuna» o da altri eventi positivi.

Tali indagini smentiscono l'ipotesi secondo la quale porsi come scopo la felicità personale – e ottenerla – condurrebbe in qualche modo all'egoismo e all'egocentrismo; ma noi tutti possiamo condurre per conto nostro degli esperimenti nel laboratorio della vita quotidiana. Supponiamo, per esempio, di essere intrappolati nel traffico. Dopo venti minuti le auto ricominciano finalmente a muoversi, ma a passo d'uomo. Su un'altra macchina vediamo il guidatore che segnala con la freccia di voler immettersi nella nostra stessa corsia davanti a noi. Se siamo di buon umore forse rallenteremo e lo faremo passare, se invece ci sentiamo infelici, acceleremo per impedirgli l'accesso pensando: «Eh no, io sono bloccato qui da tanto tempo, che restino bloccati anche gli altri!».

Partiamo dunque dalla premessa fondamentale che lo scopo della vita sia la ricerca della felicità e che la felicità costituisca un obiettivo reale, uno stato dell'essere raggiungibile compiendo passi concreti. A mano a mano che identificheremo i fattori capaci di condurre a una vita gioiosa, vedremo come la ricerca della felicità giovi non solo ai singoli individui, ma anche alle loro famiglie e alla società nel suo complesso.

II

Le fonti della felicità

Due anni fa una mia amica ebbe un inaspettato colpo di fortuna. Diciotto mesi prima di quel lieto momento, aveva lasciato il suo impiego di infermiera per andare a lavorare in un piccolo centro sanitario fondato da due suoi amici. Il centro prosperò in maniera incredibile e nel giro di un anno e mezzo fu rilevato da una grande conglomerata per una somma enorme. Poiché fin dall'inizio era entrata nella nuova struttura come socia, dopo l'acquisizione la mia amica si ritrovò con così tanti diritti di opzione che poté andare in pensione all'età di trentadue anni. La vidi non molto tempo fa e le chiesi se si stesse godendo il tempo libero. «Be'» disse «è fantastico poter viaggiare e fare le cose che ho sempre desiderato fare. Ma è strano: dopo il primo, grande entusiasmo per aver guadagnato tutti quei soldi, oggi, in un certo senso, sono tornata alla normalità. È vero che le cose sono diverse, perché mi sono comprata una casa nuova e via dicendo, ma nel complesso non credo di essere molto più felice di prima.»

Quasi nello stesso periodo in cui lei si era ritrovata ricca per quel colpo di fortuna, un mio amico suo coetaneo scoprì di essere sieropositivo. «È chiaro che all'inizio è stato un colpo durissimo» mi disse quando parlammo del modo in cui aveva affrontato la sua condizione. «Mi ci sono voluti molti mesi solo per accettare l'idea di avere contratto il virus. Ma nel corso di quest'ultimo anno le cose sono cambiate. Mi sembra di ricavare da ciascun giorno più di quanto avessi mai ricavato in precedenza, e in questo mio vivere alla giornata mi sento più felice di quanto fossi mai stato prima. Mi sembra di apprezzare tutto di più a ogni momento che passa: sono contento di non avere ancora avuto gravi sintomi di AIDS conclamata e di poter gustare fino in fondo le cose che ho. E anche se preferirei non aver contratto il virus, devo ammettere che questa condizione ha impresso in certo senso alla mia vita delle svolte... positive.»

«Quali?» chiesi.

«Be', saprai per esempio che sono sempre stato un incallito materialista. Ma in quest'ultimo anno, il dover realizzare e accettare la mia natura mortale mi ha disvelato un mondo nuovo. Per la prima volta nella vita ho cominciato a esplorare la spiritualità, a leggere molti libri sul tema e a parlare con persone... E ho scoperto in questo modo tante cose su cui prima non avrei mai pensato di riflettere. Mi riempie di entusiasmo anche il solo alzarmi la mattina, il solo aspettare quello che mi porterà la giornata.»

Il caso di queste due persone illustra un concetto essenziale: *la felicità è determinata più dallo stato mentale che dagli eventi esterni.* Un grande successo può produrre una temporanea sensazione di euforia e una tragedia può precipitarci in un periodo di depressione, ma prima o poi il livello generale dell'umore tende a tornare al valore di base. Gli psicologi chiamano tale processo adattamento, e lo possiamo sperimentare nella vita quotidiana: un aumento di stipendio, una nuova automobile o un riconoscimento da parte dei colleghi possono sollevarci il morale per un certo tempo, ma presto torniamo al consueto livello di soddisfazione. Allo stesso modo, una lite con un amico, un guasto alla macchina o un piccolo torto subìto possono metterci di cattivo umore, ma dopo pochi giorni riprendiamo quota.

Simile tendenza non riguarda solo gli eventi banali di ogni giorno, ma si manifesta anche nelle condizioni estreme di trionfo o disastro. I ricercatori che hanno condotto un'indagine sui vincitori della lotteria dell'Illinois e su quelli del biliardo britannico, hanno per esempio appurato come l'iniziale stato di euforia alla fine svanisse e i fortunati riacquistassero il consueto grado di felicità quotidiana. Da altri studi risulta poi che anche chi è colpito da sventure come il cancro, la cecità o la paralisi torna di umore normale o quasi normale dopo il necessario periodo di aggiustamento.

Se dunque è vero che, indipendentemente dalle condizioni esterne, tendiamo ad avere un livello base di felicità, che cosa determina tale valore? Secondo indagini recenti, il grado quotidiano di benessere di un individuo avrebbe, almeno fino a un certo punto, origine genetica. Studi come quello attraverso il quale si è scoperto che i gemelli monozigotici (con uguale patrimonio genetico) hanno un livello dell'umore pressoché identico anche se non vengono allevati insieme, hanno indotto i ricercatori a postulare, per quanto riguarda il benessere personale, l'esistenza di un valore programmato biologicamente, ossia inscritto nel cervello fin dalla nascita.

Ma benché il corredo genetico svolga forse un ruolo nella felicità (e siamo ancora lontani dall'aver capito l'entità di tale ruolo), quasi tutti gli psicologi convengono che, a prescindere dal livello di contentezza di cui ci ha dotato la natura, possiamo intervenire non poco sul «fattore mente» per rafforzare il nostro senso di soddisfazione. La felicità quotidiana, infatti, è in gran parte determinata dalla nostra visione delle cose. Anzi, spesso il sentirsi felici o infelici nei vari momenti della vita non dipende tanto dalle condizioni assolute dell'esistenza, quanto dal *modo in cui si percepisce la situazione, da quanto si è soddisfatti di quel che si ha.*

La mente che confronta

Che cosa forgia il nostro senso di soddisfazione e il nostro livello di felicità? *Le sensazioni di soddisfazione sono for-*

temente influenzate dalla tendenza al confronto. Quando paragoniamo la nostra situazione attuale con quella passata e scopriamo che stiamo meglio di prima, siamo contenti. Questo può per esempio accaderci quando il nostro reddito passa di colpo da ventimila a trentamila dollari all'anno; ma non è la quantità assoluta degli introiti a renderci felici, come presto scopriamo appena ci abituiamo al nuovo stipendio e ci pare di non poter essere di nuovo contenti se non guadagnando quarantamila dollari all'anno. Poi, naturalmente, ci guardiamo intorno e ci confrontiamo con gli altri. Per buono che sia lo stipendio, spesso siamo insoddisfatti delle entrate se il nostro vicino guadagna di più. Certi atleti professionisti si lamentano di avere un reddito annuo di uno, due o tre milioni di dollari, e per giustificare la loro insoddisfazione additano il compagno di squadra che ha entrate maggiori. Questa tendenza sembra dar ragione a H.L. Mencken là dove affermava che il ricco è la persona con un reddito di cento dollari superiore a quello del cognato di sua moglie.

Essere soddisfatti della vita dipende dunque spesso dalle persone con le quali ci si confronta. Certo, oltre al reddito confrontiamo altre cose. Anche il costante paragone con chi ha più intelligenza, bellezza o successo tende a generare invidia, frustrazione e infelicità. Ma potremmo utilizzare lo stesso metodo in maniera positiva, ossia potremmo accrescere il nostro senso di soddisfazione guardando chi è meno fortunato di noi o riflettendo su tutte le cose che abbiamo.

Gli scienziati hanno condotto diversi esperimenti dai quali risulta che il livello di contentezza nella vita si rafforza cambiando prospettiva e pensando a come le cose potrebbero andare peggio. Nel corso di un'indagine, a studentesse dell'università del Wisconsin a Milwaukee furono mostrate immagini che ritraevano le durissime condizioni di vita in quella città all'inizio del secolo, e si chiese di immaginare e di scrivere cosa volesse dire affrontare esperienze terribili come quella di rimanere ustionati o sfigurati. Dopo l'esercizio, le ragazze furono invitate a valutare la qualità della loro vita, e la loro soddisfazione per l'esistenza che conducevano risultò aumentata. In un altro esperimento condotto presso l'università statale di New York a Buffalo, ai volontari fu chiesto di completare la frase: «Sono contento di non essere un...». Dopo cinque di questi esercizi, i soggetti registrarono un netto aumento del senso di soddisfazione per la loro vita. Nel gruppo che fu invece invitato a completare la frase: «Vorrei essere un...» si rilevò, dopo la prova, una maggiore scontentezza.

Tali indagini, che dimostrano come possiamo sentirci più o meno soddisfatti della nostra esistenza cambiando prospettiva, indicano chiaramente quale ruolo dominante abbia l'ottica mentale nella nostra percezione della felicità.

«Anche se è possibile raggiungerla, la felicità non è una cosa semplice» spiegò il Dalai Lama. «Esistono molti livelli. Nel buddhismo, per esempio, si fa riferimento ai quattro fattori dell'appagamento, o felicità: la ricchezza, la soddisfazione terrena, la spiritualità e l'illuminazione. Assieme, essi abbracciano tutta la ricerca della felicità nell'individuo.

«Lasciamo per un attimo da parte le massime aspirazioni religiose o spirituali, come la perfezione e l'illuminazione, e prendiamo in esame la gioia e la felicità nel loro senso quotidiano o terreno. All'interno di tale contesto, vi sono senza dubbio elementi chiave che per tradizione riconosciamo essenziali alla letizia. La salute è considerata per esempio uno dei fattori indispensabili a una vita felice. Un altro elemento che riteniamo fonte di felicità sono i mezzi materiali, la ricchezza che accumuliamo. Un altro ancora è la presenza di amici o compagni. Tutti sappiamo che, per godere di una vita soddisfacente, abbiamo bisogno di una cerchia di amici di cui fidarci e con cui avere rapporti affettivi.

«Ora, tutti questi fattori sono senza dubbio fonti di felicità. Ma perché l'individuo riesca a utilizzarli fino in fondo per garantirsi una vita felice e appagata, *lo stato mentale è cruciale, è fondamentale*.

«Se sfruttiamo in maniera positiva circostanze favorevoli come la salute o la ricchezza, se cioè le usiamo per aiutare gli altri, esse possono permetterci di vivere una vita più felice. È chiaro che elementi come i mezzi materiali, il successo e così via ci danno godimento. Ma se non c'è il giusto atteggiamento mentale, se non ci curiamo del fattore mentale, queste cose hanno pochissima influenza sulla felicità a lungo termine. Se, per esempio, coviamo nel profondo di noi stessi pensieri di odio e rabbia intensa, ci rovineremo la salute e quindi distruggeremo uno dei fattori. Se, inoltre, siamo infelici o frustrati sotto il profilo mentale, la buona salute fisica non sarà di grande aiuto. Al contrario, se riusciamo a conservare uno stato mentale calmo e tranquillo, potremo essere persone molto felici anche nel caso che la salute sia cattiva. Parimenti, chi abbia straordinarie ricchezze e sia però sopraffatto dalla rabbia o dall'odio avrà la tentazione di buttare e distruggere quelle ricchezze. Se lo stato mentale è negativo, i beni materiali non significano niente. Oggi vi sono società assai progredite dal punto di vista materiale, nelle quali però molti individui sono infelici. Sotto la bell'apparenza della prosperità serpeggia un'inquietudine mentale che induce le persone a sentirsi frustrate, a litigare per un nonnulla, a far uso di droghe o alcol e, nella peggiore delle ipotesi, a suicidarsi. Perciò non vi è alcuna garanzia che la ricchezza possa, da sola, darci la gioia o l'appagamento che cerchiamo. Lo stesso si può dire degli amici. Quando ci troviamo in uno stato di collera o di odio intensi, perfino gli amici più intimi ci appaiono in qualche modo freddi, gelidi, distanti, dei veri e propri seccatori.

«Tutto ciò indica quale enorme influenza lo stato mentale, il fattore mentale, abbia sul nostro modo di esperire la vita quotidiana. È logico quindi che si debba prendere tale fattore molto sul serio.

«Dunque, pur tralasciando la dimensione spirituale, è chiaro che anche in termini terreni, di semplice godimento di una serena vita quotidiana, maggiore sarà la nostra calma mentale, la nostra tranquillità d'animo, maggiore risulterà la nostra capacità di condurre un'esistenza felice e gioiosa.»

Il Dalai Lama fece una pausa, come per lasciar sedimentare il concetto, poi aggiunse: «Bisogna precisare che lo stato mentale calmo e la tranquillità d'animo non vanno confusi con lo stato mentale apatico e la totale insensibilità. Essere in uno stato mentale calmo e tranquillo non significa essere completamente distanti o vuoti. La pace del cuore, lo stato mentale calmo, affonda le radici nella simpatia e nella compassione. Vi è in esso un altissimo livello di sensibilità e sentimento».

E alla fine concluse: «Se ci manca quella disciplina interiore che produce la tranquillità mentale, i mezzi o le condizioni esterni, quali che essi siano, non ci daranno mai la sensazione di gioia e felicità che desideriamo. Se invece possediamo quella qualità interiore che è la tranquillità d'animo, la stabilità interna, pur in assenza di molti dei mezzi esterni che di norma tendiamo a considerare necessari alla felicità, ci sarà sempre possibile vivere una vita lieta e gioiosa».

L'appagamento interno

Un pomeriggio, mentre attraversavo il parcheggio per andare all'appuntamento con il Dalai Lama, mi fermai ad ammirare una Land Cruiser Toyota nuova fiammante: proprio l'auto che desideravo da tempo. Al momento di iniziare il colloquio, con il pensiero ancora fisso su quella macchina, chiesi: «A volte mi sembra che l'intera civiltà occidentale si fondi sull'acquisizione di oggetti materiali: siamo circondati, bombardati dalla pubblicità che reclamizza i prodotti più recenti, come auto e altri beni di consumo. È difficile non farsi influenzare. Le cose che vogliamo e desideriamo sono così tante da apparire un numero infinito. Che cosa pensa del desiderio?».

«I desideri, credo, sono di due tipi» rispose il Dalai Lama. «Alcuni sono positivi, come il desiderio della felicità, che è giustissimo. Assai proficui sono anche altri, come quello della pace o di un mondo più buono e armonioso.

«Ma a un certo punto i desideri possono diventare irragionevoli e, quando questo succede, di solito nascono problemi. In certe occasioni, per esempio, io entro nei supermercati. Mi piace molto visitarli, perché vedo tante belle cose. Ed ecco che, guardando la grande varietà di articoli, maturo un senso di desiderio e d'impulso posso dire: "Oh, voglio questo e quello". Poi però ci penso meglio e mi chiedo: "Ma ho davvero bisogno di tali oggetti?". E la risposta di solito è no. Se si segue il primo desiderio, l'impulso iniziale, presto si rimane con le tasche vuote. L'altro tipo di desiderio, quello dettato da bisogni essenziali come mangiare, ripararsi e vestire, è invece del tutto ragionevole.

«A volte il giudizio sulla natura equa oppure smodata e negativa del desiderio dipende dalle circostanze o dalla società in cui si è inseriti. Lei, per esempio, vive in una società prospera dove bisogna disporre di un'automobile per cavarsela nella vita quotidiana; perciò è chiaro che in tale contesto non è un male desiderare una macchina. Ma se si abita in un povero villaggio dell'India nel quale si può stare benissimo senza l'auto, e tuttavia se ne desidera una, anche se si avesse il denaro per comprarla alla fine si rischierebbero conseguenze negative, perché i vicini potrebbero provare un senso di fastidio. Oppure se si vive in una società prospera e si ha un'auto ma si continua a desiderarne di più costose, ecco che insorgono analoghi problemi.»

«Ma non vedo quali inconvenienti procuri il volere o comprare una macchina più bella se possiamo permettercela» obiettai. «Il mio possedere un'auto più cara di quella dei vicini rappresenterà un problema per loro, che potrebbero provare invidia, ma per me, personalmente, sarebbe una fonte di soddisfazione e godimento.»

Scuotendo la testa, il Dalai Lama replicò con fermezza: «No. La soddisfazione personale, di per sé, non garantisce la positività o negatività di un'azione o di un desiderio. Un assassino può provare un senso di soddisfazione nel momento in cui commette l'omicidio, ma ciò non giustifica il suo atto. Tutte le azioni non virtuose, come mentire, rubare, commettere adulterio e così via, nel momento in cui vengono compiute possono procurare soddisfazione all'individuo che se ne rende responsabile. La linea di demarcazione tra un desiderio o un'azione positivi e un desiderio o un'azione negativi non è data dal senso di immediata soddisfazione che essi danno, ma dalle conseguenze positive o negative che alla fine provocano. Se per esempio vogliamo beni materiali più costosi e li vogliamo per un atteggiamento mentale che ci spinge a desiderare sempre più cose, alla fine raggiungeremo il limite di quanto è possibile acquisire e ci scontreremo con la realtà. Quando si raggiunge tale limite si perdono tutte le speranze e si precipita nella depressione e in altri mali. Questo è uno dei pericoli insiti in questo tipo di desiderio.

«Penso dunque che il desiderio smodato conduca all'avidità, a una forma di brama che si basa su aspettative troppo grandi. Se si riflette sui suoi eccessi, si scoprirà che l'avidità procura all'individuo frustrazione, delusione e grande confusione, nonché tanti problemi. L'avidità ha una caratteristica peculiare: benché si manifesti come desiderio di ottenere qualcosa, non viene soddisfatta dal conseguimento dell'obiettivo. Perciò diventa in un certo modo illimitata, quasi senza fondo, il che genera problemi. L'avidità, ripeto, ha una proprietà curiosa, che suona ironica: per quanto si basi sulla ricerca di soddisfazione, anche dopo l'acquisizione dell'oggetto desiderato non dà contentezza. *Il vero antidoto all'avidità è l'appagamento.* Se abbiamo un forte senso di appagamento, non ci importa di ottenere o meno l'oggetto; in un modo o nell'altro, siamo ugualmente soddisfatti».

In quale maniera, dunque, possiamo pervenire all'appagamento interno? I metodi sono due. Il primo è ottenere tutto quanto vogliamo e desideriamo: soldi, case, auto, partner perfetto e corpo perfetto. Il Dalai Lama ha sottolineato lo svantaggio di tale approccio: se le nostre voglie e i nostri desideri sono incontrollati, prima o poi scopriremo di volere qualcosa che non possiamo avere. Il secondo metodo, quello affidabile, consiste non tanto nell'ottenere ciò che vogliamo, quanto nel volere e apprezzare ciò che abbiamo.

Una sera, poco tempo fa, guardai alla Tv un'intervista a Christopher Reeve, l'attore che nel 1994 cadde da cavallo riportando una lesione al midollo spinale in seguito alla quale è rimasto completamente paralizzato dal collo in giù e per respirare ha bisogno della ventilazione meccanica. Quando l'intervistatore gli chiese come avesse affrontato la depressione insorta dopo la paralisi, Reeve disse che, mentre si trovava nel reparto terapia intensiva dell'ospedale, era precipitato in uno stato di nera disperazione. Tuttavia, aggiunse, la disperazione era passata abbastanza in fretta e ora egli si considerava «una persona molto fortunata». Osservò che aveva avuto la grande fortuna di trovarsi vicino una moglie e dei figli affezionati, ma parlò anche con gratitudine dei rapidi progressi della medicina moderna (la quale, a suo avviso, troverà una cura per le lesioni spinali entro il prossimo decennio), e spiegò che se fosse rimasto vittima dello stesso incidente pochi anni prima, forse sarebbe morto. Anche se era riuscito a superare abbastanza presto il momento di disperazione, nei primi tempi della paralisi era stato assalito a tratti da una tormentosa gelosia che poteva essere scatenata da innocui commenti fatti *en passant* dai «sani», come: «Corro un attimo al piano di sopra a prendere una cosa». Imparando a dominare questi sentimenti, si era reso conto che «l'unico modo di affrontare la vita è guardare ai beni che si hanno, vedere cosa si possa ancora fare; per fortuna io non ho riportato lesioni al cervello, sicché posseggo tuttora una mente che posso usare». Concentrandosi dunque sulle proprie risorse, Reeve ha scelto di utilizzare le facoltà mentali intatte per sensibilizzare ed educare la gente al problema delle lesioni spinali, cioè per aiutare gli altri. E, oltre che di continuare nella sua campagna, ha in progetto di scrivere e dirigere film.

Il valore interno

Abbiamo visto come mutare ottica sia un mezzo più efficace, per il raggiungimento della felicità, che cercare gratificazioni attraverso mezzi esterni come la ricchezza, la posizione o anche la salute fisica. Un'altra fonte interna di felicità, strettamente legata a una profonda sensazione di appagamento, è l'autostima. Descrivendo il metodo più affidabile per maturare questo senso di autostima, il Dalai Lama spiegò: «Supponiamo, per esempio, che io fossi stato privo di sentimenti umani molto profondi, che mi fosse mancata la capacità di instaurare facilmente buoni rapporti di amicizia. Se non avessi avuto queste qualità, quando persi il mio paese, quando non ebbi più alcuna autorità politica in Tibet, la condizione di profugo mi sarebbe riuscita molto dura. Finché restai in Tibet, a causa della struttura politica della nazione la gente nutriva rispetto per l'autorità del Dalai Lama e quindi mostrava deferenza anche quando non provava vero affetto per me. Ma se quella fosse stata l'unica base del rapporto che avevo con gli altri, quando persi il mio paese avrei avuto enormi difficoltà. Vi è invece un'altra fonte di valore e dignità alla base delle relazioni tra le persone. *I nostri rapporti con gli altri possono essere improntati al concetto che siamo tutti esseri umani all'interno della comunità umana. Noi abbiamo con il nostro prossimo questo legame. E questo legame umano basta a generare un senso di valore e dignità, e può diventare una fonte di consolazione nel caso si perda tutto il resto».*

Tenzin Gyatso si interruppe un attimo per sorseggiare il tè, poi, scuotendo la testa, aggiunse: «Purtroppo la storia ci insegna che alcuni re o imperatori del passato, quando furono privati della loro autorità a causa di sconvolgimenti politici e dovettero abbandonare il proprio paese, non conobbero poi simili sviluppi positivi. Credo che, senza quel senso di affetto e legame con gli altri, la vita diventi durissima.

«In linea generale, vi sono due tipi di individui. Da un lato c'è la persona ricca e di successo, circondata da parenti e conoscenti. Se questa persona trae la sua dignità e il suo valore solo da fonti materiali, finché conserverà il patrimonio forse conserverà anche un senso di sicurezza. Ma nel momento in cui perderà la fortuna materiale soffrirà, perché non avrà altro rifugio. Dall'altro lato, invece, c'è la persona che gode a sua volta di prosperità economica e successo finanziario, ma è calda, affettuosa e dotata di sentimenti di compassione. Poiché ricava il suo senso del valore e della dignità anche da un'altra fonte, poiché insomma ha un altro ancoraggio, un individuo del genere più difficilmente si deprimerà se vedrà la sua fortuna scomparire. Questo ragionamento ci permette di capire quanto il calore e l'affetto umani ci aiutino, in maniera molto concreta, a maturare il senso del nostro valore interno».

La differenza tra felicità e piacere

Parecchi mesi dopo il ciclo di conferenze in Arizona, feci visita al Dalai Lama nella sua residenza di Dharamsala. Era un torrido, umido pomeriggio di luglio e quando arrivai da lui ero fradicio di sudore, benché il tragitto a piedi dal villaggio alla sua casa fosse breve. Essendo abituato a un clima secco, l'umidità quel giorno mi riusciva intollerabile e non ero dell'umore più gaio quando ci sedemmo a parlare. Sua Santità pareva invece assai allegro. Poco dopo aver iniziato il colloquio, toccammo l'argomento del piacere e a un certo punto egli fece un'osservazione cruciale: «Vede, a volte la gente confonde la felicità con il piacere. Non molto tempo fa, parlando a un pubblico indiano a Rajpur, spiegai che lo scopo della vita era la felicità. Uno degli astanti disse che, secondo Rajneesh, raggiungiamo il massimo della felicità durante l'attività sessuale e che attraverso il sesso perveniamo alla gioia più pura». Il Dalai Lama rise di gusto, poi proseguì: «L'uomo voleva sapere che cosa pensassi del concetto. Gli risposi che, a mio avviso, la felicità più grande si ottiene quando si raggiunge lo stadio della liberazione, lo stadio in cui non vi è più sofferenza. È quella la gioia autentica e durevole. La vera felicità è più connessa alla mente che al cuore. Quella che dipende soprattutto dal piacere fisico è instabile; un giorno c'è, il giorno dopo magari scompare».

A prima vista sembrava un'osservazione abbastanza ovvia: è evidente che felicità e piacere sono due cose diverse. Tuttavia è tipicamente umana la tendenza a confondere l'una con l'altro. Non molto tempo dopo essere ritornato in America, durante una seduta terapeutica con una paziente constatai in maniera molto concreta quanto fosse importante distinguere i due tipi di sensazione.

Heather era una giovane psicologa nubile che svolgeva la sua attività nell'area di Phoenix. Benché le piacesse il suo lavoro, che consisteva nell'aiutare adolescenti in difficoltà, da qualche tempo era molto scontenta della città. Spesso si lamentava del traffico, della frenetica vita cittadina e dell'opprimente caldo estivo. Le era stato offerto un impiego in una bella cittadina di montagna, proprio quella che aveva visitato molte volte e in cui aveva sempre sognato di abitare. Pareva l'ideale. L'unico problema era rappresentato dal fatto che il nuovo lavoro l'avrebbe costretta a trattare pazienti adulti. Per settimane Heather si arrovellò, chiedendosi se dovesse o meno accettare; non riusciva a decidere. Stese perfino un elenco dei pro e dei contro, ma purtroppo gli svantaggi sembravano praticamente uguali ai vantaggi.

«So che il nuovo lavoro non sarebbe gratificante come questo» spiegò, «ma l'inconveniente sarebbe più che compensato dal piacere di vivere in quel magnifico paese. Il solo metterci piede mi fa sentire bene. Tanto più che il caldo a Phoenix mi riesce ormai intollerabile. Non so che cosa fare.»

Poiché aveva usato il termine «piacere», mi tornarono in mente le parole del Dalai Lama e provai a sondare il terreno, chiedendole: «Secondo te, questo trasferimento ti darebbe più felicità o più piacere?».

Heather rifletté un attimo, come se la domanda non fosse chiara, poi rispose: «Non lo so... Be', credo mi darebbe più piacere che felicità. In fin dei conti non penso che sarei molto felice di avere a che fare con gli adulti. Sai, mi dà un'enorme soddisfazione lavorare con i ragazzi, come faccio adesso...».

Bastò reinquadrare il problema in termini di «felicità» anziché di «piacere», per produrre maggiore chiarezza. D'un tratto Heather trovò assai più facile prendere la sua decisione: scelse di restare a Phoenix. Certo, continuò a lamentarsi del caldo estivo. Ma poiché aveva deciso consapevolmente di restare lì in quanto il lavoro con gli adolescenti l'avrebbe resa più felice, in qualche modo trovò più tollerabile anche il caldo.

Ogni giorno ci troviamo ad affrontare varie situazioni che impongono una scelta e, nonostante gli sforzi, spesso non prendiamo la risoluzione che sappiamo essere «buona per noi». Questo accade in parte perché la «scelta giusta» è sovente la più difficile e ci costringe a sacrificare in certo grado il nostro piacere.

Nel corso dei secoli uomini e donne si sono sforzati di chiarire quale ruolo il piacere dovesse svolgere nella loro vita: innumerevoli filosofi, teologi e psicologi hanno analizzato il nostro rapporto con questa sensazione. Nel terzo secolo a.C., Epicuro basò il proprio sistema etico sull'audace concetto che «il piacere sia l'inizio e la fine della vita felice». Ma anch'egli riconobbe l'importanza del senso comune e della moderazione, e osservò come il farsi prendere in maniera incontrollata dai piaceri sensuali produces- se a volte dolore anziché gioia. Negli ultimi anni dell'Ot- tocento, Sigmund Freud si dedicò all'elaborazione di una teoria del piacere e concluse che la fondamentale motiva- zione alla base dell'intero apparato psichico è il desiderio di alleviare la tensione causata da pulsioni istintuali inap- pagate; a suo avviso, insomma, noi siamo motivati dalla ricerca del piacere. Nel secolo che si chiude molti ricerca- tori hanno preferito evitare le speculazioni di carattere fi- losofico, e un esercito di neurofisiologi si è messo a stimo- lare con gli elettrodi l'ipotalamo e il sistema limbico per vedere quali aree cerebrali producano un senso di soddi- sfazione.

Ovviamente, nessuno di noi ha bisogno degli antichi fi- losofi greci, degli psicoanalisti ottocenteschi o degli scien- ziati odierni per capire che cosa sia il piacere. Sappiamo cos'è quando lo proviamo. Comprendiamo cos'è quando la persona amata ci accarezza o ci sorride, quando ci con- cediamo il lusso di un bagno caldo in un freddo pomerig- gio piovoso o quando contempliamo la bellezza di un tra- monto. Ma molti provano piacere anche nella frenesia indotta da una linea di cocaina, nell'estasi dello sballo da eroina, nello stordimento della sbornia alcolica, nella gioia di sfrenate imprese sessuali o nell'euforia di un col- po di fortuna a Las Vegas. Anche questi sono piaceri assai reali, con cui molta gente, oggi, è costretta a fare i conti.

Benché non vi siano sistemi facili per evitare simili go- dimenti distruttivi, abbiamo il vantaggio di conoscere il punto di partenza: ricordarci che quel che cerchiamo nel- la vita è la felicità. Come osserva il Dalai Lama, questo è un dato di fatto incontrovertibile. Se affronteremo le no- stre scelte di vita tenendo a mente tale concetto, faremo meno fatica a rinunciare alle cose che, pur dandoci una soddisfazione momentanea, a lungo andare ci danneg- giano. Il motivo per cui è spesso così difficile dire «un semplice no» è da ricercarsi in quel monosillabo: il «no» è infatti associato all'idea di dover rifiutare a se stessi qualcosa, di dover compiere una rinuncia e privarsi di qualcosa.

Ma forse l'approccio migliore è reinquadrare qualsiasi decisione chiedendosi: «Mi darà la felicità?». Questa semplice domanda rappresenta un prezioso strumento, perché può aiutarci a gestire tutti i settori della vita, non solo a decidere se dobbiamo indulgere alla droga o concederci una terza fetta di torta alla banana. Ci consente infatti di osservare le cose con un'ottica nuova. Se affronteremo le decisioni e le scelte quotidiane con quella domanda in mente, sposteremo il fulcro dell'attenzione da ciò che neghiamo a noi stessi a ciò che cerchiamo: la vera felicità, che, come dice il Dalai Lama, è stabile e durevole. La felicità da cercare è quella che resta nonostante gli alti e bassi della vita e le normali oscillazioni dell'umore, quella che appartiene alla matrice stessa del nostro essere. Se adotteremo tale ottica, ci sarà più facile prendere la «decisione giusta», perché agendo ci proporremo di darci qualcosa anziché di privarci di qualcosa o negarci qualcosa; in altre parole, il nostro sarà un andare incontro anziché un allontanarsi, un protendersi verso la vita anziché un rifiutarla. Se alla base delle nostre azioni porremo l'idea di muoverci in direzione della felicità, l'effetto risulterà assai profondo; saremo più ricettivi, più aperti alla gioia di vivere.

III

Addestrare la mente alla felicità

Il cammino verso la felicità

Riconoscere che il nostro stato mentale è il fattore essenziale al raggiungimento della felicità non significa negare di dover soddisfare i bisogni fisici elementari, come mangiare, vestirsi e ripararsi sotto un tetto. Ma una volta che tali necessità siano state soddisfatte, il messaggio è chiaro: *non abbiamo bisogno di più soldi, più fama e più successo, né di un corpo o un partner perfetti; in qualsiasi momento della vita, compreso quello presente, abbiamo una mente, l'unico strumento indispensabile al conseguimento della vera felicità.*

Illustrando il suo approccio all'addestramento mentale, il Dalai Lama cominciò col dire: «Vi sono molti tipi di "mente" o "coscienza". Come accade con le condizioni e gli oggetti esterni, certe cose sono assai utili, altre assai nocive e altre ancora neutre. Quando affrontiamo la materia esterna, in genere cerchiamo innanzitutto di capire quali delle diverse sostanze o elementi chimici siano utili, così da servircene e da aumentare il loro raggio d'azione; ed eliminiamo invece le sostanze nocive. Allo stesso modo, quando affrontiamo la materia mentale dobbiamo capire che vi sono migliaia di pensieri, o "menti", diversi. Alcuni sono preziosi, e vanno coltivati e alimentati; altri sono molto dannosi e negativi, e vanno ridotti.

«Perciò il primo passo verso la ricerca della felicità è l'apprendimento. Dobbiamo prima di tutto imparare in che modo le emozioni e i comportamenti negativi ci danneggino e in che modo le emozioni positive ci giovino. E capire che le emozioni negative non nuocciono solo al singolo individuo, ma anche alla società nel suo complesso e al futuro del mondo intero. Se comprenderemo questo, ci rafforzeremo nella volontà di affrontare e superare simili sentimenti. Poi occorre capire gli aspetti benefici di emozioni e comportamenti positivi e, una volta che siano stati compresi, sforzarsi di coltivarli, ampliarli e intensificarli, anche se l'impresa può essere molto ardua. Esiste una disponibilità spontanea che viene da dentro. Attraverso il processo di apprendimento, ossia tramite l'analisi dei pensieri e dei sentimenti benefici e di quelli nocivi, a poco a poco maturiamo la ferma determinazione di cambiare, perché pensiamo: "Ora il segreto della mia felicità, di un futuro personale migliore, è nelle mie mani. Non devo lasciarmi sfuggire l'opportunità".

«Nel buddhismo, il principio di causalità è ritenuto una legge naturale. Quando si affronta la realtà, bisogna considerare questa legge. Prendiamo il caso delle esperienze quotidiane: se non desideriamo che ci capitino certi eventi, il metodo migliore per assicurarsi che non si verifichino è fare in modo che le condizioni da cui sono generati non si presentino più. Analogamente, se vogliamo che ci capitino particolari eventi o particolari esperienze, dovremo cercare che insorgano e si accumulino le cause e le condizioni che li favoriscono.

«Il discorso vale anche per gli stati e le esperienze mentali. Se desideriamo la felicità, dovremo vedere quali cause la producono e, se non desideriamo la sofferenza, dovremo assicurarci che le cause e le condizioni da cui si origina non insorgano più. Capire questo principio causale è della massima importanza.

«Abbiamo dunque sottolineato l'estrema rilevanza del fattore mentale nel raggiungimento della felicità. Ora il nostro compito sarà di analizzare i vari stati mentali che esperiamo. Bisogna identificare bene questi stati e operare una distinzione, classificandoli in base al loro potere di condurre o meno alla felicità».

«Può illustrare alcuni dei diversi stati mentali e spiegare come li classifica?» chiesi.

«Per esempio l'odio, la gelosia, la rabbia e analoghi sentimenti sono dannosi» rispose. «Li consideriamo stati negativi della mente perché distruggono la nostra felicità mentale; quando nutriamo odio oppure ostilità per qualcuno, quando noi stessi siamo pieni di odio o emozioni negative, anche gli altri esseri umani ci appaiono ostili, sicché abbiamo maggior paura, inibizione ed esitazione, e proviamo un senso di insicurezza. Tali sentimenti insomma si intensificano, e si intensifica anche la sensazione di essere soli in un mondo percepito come ostile. Tutte queste emozioni negative si sviluppano a causa dell'odio. Stati mentali come la gentilezza e la compassione sono invece molto positivi, molto utili...»

«Sono curioso» lo interruppi. «Lei ha parlato di migliaia di distinti stati mentali. Che definizione dà di una persona psicologicamente sana o ben adattata? È una definizione che potremmo usare come parametro per stabilire quali stati mentali coltivare e quali eliminare.»

Sua Santità scoppiò a ridere; poi, con la sua caratteristica umiltà, rispose: «Forse lei, come psichiatra, ha una definizione migliore della persona psicologicamente sana».

«Ma a me interessava il suo punto di vista.»

«Be', io considero sana una persona compassionevole, dotata di buon cuore e di calore interiore. Se nutriamo un sentimento di compassione, di affettuosa gentilezza, qualcosa schiude automaticamente la nostra porta interna. Attraverso quest'emozione possiamo comunicare molto più facilmente con gli altri. E il senso di calore crea una sorta di apertura. Scopriremo allora che tutti gli esseri umani sono come noi, sicché riusciremo a instaurare più agevolmente rapporti con loro e avremo relazioni improntate allo spirito di amicizia. A quel punto avremo meno bisogno di nascondere le cose e quindi i sentimenti di paura, dub-

bio e insicurezza scompariranno automaticamente. Susci-
teremo così negli altri un senso di fiducia. Se invece, per
esempio, ci troviamo davanti una persona molto competente e sappiamo di poter contare sulla sua competenza,
ma sentiamo che non è gentile, saremo costretti a nascon-
derle qualcosa. Insomma penseremo: "Sì, questa persona
ha competenza in quelle certe cose, ma posso davvero fi-
darmi di lei?", sicché avremo sempre una certa apprensione che creerà tra noi una distanza.

«In ogni caso, credo che coltivare gli stati mentali positivi come la gentilezza e la compassione generi senza dubbio maggior salute psicologica e maggior felicità.»

La disciplina mentale

Mentre ascoltavo il Dalai Lama parlare, pensai che c'era
qualcosa di molto affascinante nel metodo da lui consigliato per ottenere la felicità. Era un approccio assai pratico e razionale: identificare e coltivare gli stati mentali positivi; identificare ed eliminare gli stati mentali negativi.
Benché all'inizio l'invito ad analizzare innanzitutto e in
maniera sistematica i vari stati mentali mi sembrasse in
certo modo arido, a poco a poco mi lasciai trascinare dalla
forza del suo lucido ragionamento. E apprezzai il fatto
che, invece di classificare stati mentali, emozioni o desideri in base a giudizi morali imposti dall'esterno, come:
«L'avidità è peccato» oppure: «L'odio è male», egli defi-
nisse le emozioni positive o negative solo in base alla loro
capacità di condurre o meno alla vera felicità.

Quando riprendemmo il nostro colloquio il pomeriggio
successivo, domandai: «Se per essere felici basta coltivare
stati mentali positivi come la gentilezza e la compassione,
perché tanta gente è infelice?».

«Per raggiungere una felicità autentica, a volte occorre
mutare la propria ottica, il proprio modo di pensare, e
l'impresa non è semplice» rispose. «Occorre infatti utiliz-

zare molteplici fattori che agiscono in molteplici direzioni. Non si deve, per esempio, credere che esista un'unica chiave, un segreto compreso il quale si sarà compreso tutto. È un po' come prendersi cura adeguata del corpo: abbiamo bisogno non di una, ma di tante sostanze nutrienti. Analogamente, se vogliamo pervenire alla felicità dobbiamo adottare svariati approcci e metodi per affrontare e superare i numerosi e complessi stati mentali negativi. E quando cerchiamo di eliminare certi modi di pensare nocivi, non possiamo raggiungere l'obiettivo coltivando un particolare pensiero o impiegando una determinata tecnica solo una o due volte. Per il cambiamento ci vuole tempo. Anche per il cambiamento fisico ci vuole tempo. Se passiamo da un clima all'altro, il corpo ha bisogno di tempo per adattarsi al nuovo ambiente. E anche la mente ha bisogno di tempo per trasformarsi. Sono tante le caratteristiche mentali negative, sicché occorre affrontarle e neutralizzarle a una a una. Non è facile. Dobbiamo applicare ripetutamente diverse tecniche e dobbiamo avere il tempo di familiarizzarci con esse. È un processo di apprendimento.

«Ma credo che, a poco a poco, possiamo operare cambiamenti positivi. Ogni giorno, quando ci alziamo, cerchiamo di orientare bene i nostri intenti, pensando: "Vivrò questa giornata in maniera più positiva. Non devo sprecarla". Poi la sera, prima di andare a letto, controlliamo quello che abbiamo fatto, chiedendoci: "Ho vissuto la giornata come avevo programmato?". Se le cose sono andate come avevamo previsto, dovremmo gioirne; se non sono andate come previsto, dovremmo rammaricarcene e criticare il nostro operato. Attraverso metodi del genere si possono rafforzare a poco a poco gli aspetti positivi della mente.

«Prendiamo me, che sono un monaco buddhista: credo nel buddhismo e, grazie alla mia stessa esperienza, so che le pratiche della mia religione mi sono molto utili. Tuttavia a causa dell'assuefazione, indotta dalle molte vite precedenti, anche in me possono nascere emozioni come la rabbia o l'attaccamento. Ecco allora quello che faccio: prima apprendo il valore positivo delle pratiche, poi maturo la determinazione, infine cerco di dedicarmi alle pratiche stesse. All'inizio si dedica alle pratiche positive uno spazio assai limitato, sicché le influenze negative restano molto forti; ma alla fine, quando le prime si sono gradualmente accumulate, le seconde diminuiscono automaticamente. In sostanza, dunque, la pratica del dharma* è una costante battaglia interiore che consiste nel sostituire a precedenti condizionamenti, o abitudini, negativi nuovi condizionamenti positivi.»

Tacque per qualche secondo, poi proseguì: «A qualunque attività o pratica ci dedichiamo, tutto viene facilitato dal costante processo di familiarizzazione e addestramento. Tramite l'addestramento possiamo cambiare, possiamo trasformare noi stessi. All'interno della pratica buddhista, vi sono diversi metodi che ci permettono di mantenere la mente calma quando si verifica un evento perturbante. Se utilizziamo ripetutamente tali metodi, quando a un certo punto ci troveremo davanti a quell'evento i suoi effetti negativi sulla mente resteranno in superficie, come quando le onde increspano lo specchio dell'oceano ma non hanno sensibili effetti in profondità. Per quanto limitata sia la mia esperienza, anche nella mia piccola pratica ho constatato che questo fenomeno è reale. Se ricevo delle notizie tragiche, in quel momento potrò anche sentire che la mia mente è in qualche modo turbata;

---

* Il termine *Dharma* (sanscrito) designa perlopiù gli insegnamenti e la dottrina del Buddha, tra cui la legge scritta, il modo di vivere e le realizzazioni spirituali che derivano dall'applicazione delle dottrine. A volte i buddhisti usano il termine, in senso più generale, per indicare tutte le pratiche spirituali o religiose, la legge spirituale universale e la vera natura dei fenomeni, e ricorrono alla parola *buddhadharma* per designare, più specificamente, i principi e le pratiche del sentiero buddhista. *Dharma* ha una radice etimologica che significa «preservare», e in questo senso la parola indica, più generalmente, qualunque comportamento o comprensione serva a «preservarci» o proteggerci dalla sofferenza e dalle sue cause.

ma il turbamento scompare quasi subito. Oppure può capitare che mi irriti e che provi una certa collera, ma anche questa svanisce in fretta. Non vi è alcun effetto in profondità, alcun odio. La calma si ottiene attraverso una pratica graduale: non la si raggiunge da un giorno all'altro».

Questo è indubbio. Il Dalai Lama si dedica all'addestramento mentale da quando aveva quattro anni.

L'addestramento sistematico della mente – il raggiungimento della felicità attraverso una genuina evoluzione interiore determinata dalla decisione di concentrarsi sugli stati mentali positivi e neutralizzare gli stati mentali negativi – è possibile grazie alla struttura e alle funzioni del cervello stesso. Nasciamo con un encefalo nel cui hardware sono geneticamente inscritti certi modelli istintivi di comportamento; dal punto di vista mentale, emozionale e fisico siamo predisposti a reagire all'ambiente in maniere che ci consentono di sopravvivere. Queste serie fondamentali di istruzioni sono codificate in innumerevoli moduli di attivazione delle cellule nervose, cioè in specifiche connessioni neurali che sono innate e si attivano in risposta a qualsiasi evento, esperienza o pensiero. Ma le connessioni non sono statiche, non sono fissate in maniera irrevocabile: il cervello è adattabile. I neuroscienziati hanno appurato che nell'encefalo possono formarsi nuovi moduli, nuove correlazioni di neuroni e neurotrasmettitori (le sostanze chimiche che trasmettono i messaggi da una cellula nervosa all'altra) in risposta a nuovi input. Insomma il cervello è dotato di duttilità, della capacità di cambiare e riconfigurare le connessioni in base a nuovi pensieri ed esperienze. In seguito all'apprendimento, anche la funzione dei singoli neuroni cambia, nel senso che gli impulsi elettrici viaggiano più facilmente attraverso essi. E questa plasticità, come la chiamano gli scienziati, è una proprietà intrinseca dell'encefalo.

La possibilità di modificazione delle connessioni neurali e di sviluppo di nuove vie è stata dimostrata, tra l'altro, dagli esperimenti di Avi Karni e Leslie Underleider, dei National Institutes of Mental Health. Nel corso delle indagini, i due ricercatori assegnarono ai soggetti un semplice compito motorio, come tamburellare con le dita, e identificarono le aree cerebrali interessate con una tecnica di scansione, la risonanza magnetica. I volontari eseguirono il compito tutti i giorni per quattro settimane, diventando a poco a poco sempre più svelti e abili. Alla fine del mese si eseguì di nuovo la risonanza magnetica e si constatò che l'area cerebrale coinvolta nell'esecuzione del compito si era espansa: in altre parole, la ripetizione e la pratica regolare dell'esercizio avevano indotto il «reclutamento» di nuovi neuroni e modificato le connessioni neurali originarie.

Questa straordinaria caratteristica dell'encefalo rappresenta forse la base fisiologica che ci permette di modificare la mente. Agendo sui pensieri e adottando nuove ottiche, possiamo influire sulle vie neurali e correggere il modus operandi del cervello. Tale proprietà è anche compatibile con l'idea che la trasformazione interna inizi con l'apprendimento (nuovi input) e si verifichi sostituendo a poco a poco al «condizionamento negativo» (corrispondente ai moduli di attivazione neuronale esistenti) un «condizionamento positivo» (formazione di nuovi circuiti neurali). Insomma il concetto di addestramento della mente alla felicità diventa, alla luce di questi dati, una possibilità molto concreta.

La disciplina etica

In un successivo colloquio incentrato sul metodo per raggiungere la felicità, il Dalai Lama osservò: «Anche il comportamento etico deriva dalla disciplina interiore che conduce a un'esistenza più felice. Potremmo definirla disciplina etica. I grandi maestri spirituali, come il Buddha, ci consigliano di compiere azioni morali e di non indulgere ad azioni immorali. Le nostre azioni sono morali o immorali a seconda che nascano da uno stato mentale disciplinato o indisciplinato. Si reputa che una mente disciplinata conduca alla felicità e una mente indisciplinata alla sofferenza, e in effetti si dice che *produrre la disciplina all'interno della propria mente sia l'essenza dell'insegnamento del Buddha.*

«Con disciplina intendo naturalmente l'autodisciplina, non la disciplina che ci detta qualcun altro dall'esterno: mi riferisco insomma a quella che ci imponiamo per superare le nostre qualità negative. Una banda criminale può aver bisogno di disciplina per commettere una rapina, ma si tratta di una disciplina inutile.»

Il Dalai Lama fece una pausa durante la quale parve riflettere, raccogliere le idee. O forse stava solo cercando una parola in inglese. Ma mentre quel pomeriggio taceva pensieroso, dovetti riconoscere in cuor mio che tutti quei discorsi sull'importanza dell'apprendimento e della disciplina mi sembravano abbastanza tediosi, abbastanza lontani dall'obiettivo elevato della vera felicità, della crescita spirituale e della completa trasformazione interiore. In altre parole, mi pareva che la ricerca della felicità dovesse essere un processo in qualche modo più spontaneo.

Sollevando la questione, dissi: «Lei definisce le emozioni e i comportamenti negativi "immorali" e i comportamenti positivi "morali". Inoltre ha detto che la mente indisciplinata o non addestrata produce in genere comportamenti negativi o immorali, per cui dobbiamo imparare ad addestrarci per potenziare i nostri comportamenti positivi.

«Fin qui niente da obiettare. Ma la cosa che mi lascia perplesso è che da un lato ha definito i comportamenti negativi o immorali "fonte di sofferenza", e dall'altro è partito dalla fondamentale premessa che, per natura, tutti gli esseri desiderino evitare la sofferenza e raggiungere la felicità, e che tale desiderio sia innato e non abbia bisogno di essere appreso. Mi chiedo allora: se per noi è naturale cercare di eludere la sofferenza, perché, a mano a mano che invecchiamo, non ci riesce sempre più spontaneo rifuggire dai comportamenti negativi o immorali? E se per noi è naturale voler ottenere la felicità, perché non ci riesce sempre più spontaneo tendere verso i comportamenti sani e non diventiamo quindi più felici con il procedere della vita? Voglio dire, se i comportamenti morali conducono inevitabilmente alla felicità e proprio la felicità desideriamo, il processo non dovrebbe essere naturale? Come mai, per verificarsi, richiede tanta educazione, tanto addestramento e tanta disciplina?».

Scuotendo la testa, il Dalai Lama rispose: «Anche in termini convenzionali, nella vita quotidiana consideriamo l'educazione un fattore indispensabile a una vita prospera e felice. La conoscenza non arriva in modo naturale. Dobbiamo addestrarci, sottoporci a un programma di studio sistematico e così via. E questa istruzione e questo addestramento convenzionali sono assai difficili; perché mai, se no, gli studenti sarebbero così ansiosi di andare in vacanza? Ma sappiamo che l'istruzione è assolutamente necessaria a farci vivere un'esistenza prospera e serena.

«Analogamente, compiere azioni morali può non riuscire spontaneo, ma bisogna consapevolmente addestrarsi al raggiungimento di tale obiettivo. Ci troviamo in questa situazione, in particolare nella società odierna, perché tendiamo a credere che il problema delle azioni morali o immorali, cioè di quelle che si devono o non si devono compiere, sia di competenza della religione. Per tradizione si è ritenuto che spettasse alla religione stabilire quali comportamenti fossero giusti e quali ingiusti. Ma nella società attuale la religione ha perso in parte il suo prestigio e la sua influenza, e nel contempo non è apparsa alcuna alternativa, alcun'etica laica che la sostituisse. Si presta quindi meno attenzione alla necessità di condurre una vita moralmente sana. Perciò credo sia necessario impegnarsi molto e compiere ogni sforzo consapevole per ottenere quel certo tipo di conoscenza. Per esempio, io personalmente sono convinto che la natura umana sia in sostanza buona e compassionevole, ma ritengo non basti che tale caratteristica sia alla base del nostro essere; *dobbiamo maturare anche la comprensione e la consapevolezza di questo principio. E cambiando, attraverso l'apprendimento e la comprensione, il modo in cui ci percepiamo, possiamo influire in maniera molto concreta sulla nostra interazione con gli altri e sulla nostra gestione della vita quotidiana*».

Assumendo il ruolo dell'avvocato del diavolo, obiettai: «Lei ha fatto l'esempio dell'educazione e dell'istruzione scolastiche tradizionali, ma mi pare un caso assai diverso da quello in discussione. Non si capisce come mai occorrano tanto studio e tanto impegno per distinguere i comportamenti che lei chiama morali o positivi, fonte di felicità, dai comportamenti immorali o negativi, fonte di sofferenza, e per compiere le azioni che ci giovano ed evitare quelle che ci nuocciono. Voglio dire, se mettiamo una mano sul fuoco ci bruciamo, sicché ritiriamo la mano e impariamo che quel certo atto provoca sofferenza. Non occorrono lunghi studi e apprendistati per comprendere che non bisogna più toccare le fiamme.

«Perché dunque lo stesso discorso non vale per i comportamenti e le emozioni che causano dolore psichico? Lei per esempio afferma che l'odio e la rabbia sono emozioni molto negative, destinate a provocare sofferenza. Ma perché mai dovremmo apprendere con cura i loro effetti nocivi per poterle annullare? Visto che la collera provoca un'immediata emozione spiacevole, e visto che è senza dubbio facile avvertire in maniera diretta questo disagio, come mai non evitiamo spontaneamente lo stato mentale spiacevole nelle circostanze successive?»

Ascoltando intento le mie argomentazioni, il Dalai Lama sgranò gli occhi intelligenti come se fosse stupito o addirittura divertito dell'ingenuità delle mie domande. Poi, scoppiando in una risata sonora e cordiale, disse: «Bisogna capire che esistono molteplici livelli nella sfera della conoscenza che porta alla libertà o alla soluzione di un problema. Si dice per esempio che gli uomini dell'età della pietra non sapessero cucinare la carne; tuttavia, poiché avevano la necessità biologica di nutrirsi, mangiavano come gli animali selvaggi. Quando progredirono, gli esseri umani impararono a cuocere gli alimenti, cominciarono ad aggiungervi varie spezie per renderli più gustosi e inventarono pietanze sempre più variate. Ancora oggi, se soffriamo di una certa malattia e attraverso le nostre conoscenze apprendiamo che un determinato alimento non ci fa bene, evitiamo di mangiarlo anche se ci piace. È chiaro dunque che, più sofisticato è il livello della conoscenza, più efficace sarà il nostro modo di affrontare la natura.

«Bisogna inoltre saper valutare e soppesare le conseguenze a breve e lungo termine dei nostri comportamenti. Prendiamo il caso del superamento della rabbia: gli animali possono provare questa emozione, ma non capiscono che è distruttiva. Per gli esseri umani, invece, il discorso è diverso: abbiamo una sorta di autoconsapevolezza che ci consente di osservare come la collera, quando insorge, ci danneggi. Possiamo quindi formulare il giudizio che la collera è distruttiva. Però questa deduzione bisogna riuscire a farla. Dunque non è così semplice come posare la mano sul fuoco, bruciarsi e capire immediatamente che in futuro non si dovrà mai più compiere quel gesto. Più sofisticato sarà il livello di educazione e conoscenza in merito a ciò che produce la felicità e a ciò che produce la sofferenza, più capaci saremo di raggiungere la felicità. Ecco perché penso che l'educazione e la conoscenza siano cruciali».

Forse intuendo che continuavo a dubitare di come l'addestramento bastasse a determinare una trasformazione interiore, osservò: «Uno dei problemi della società odierna è che essa considera l'educazione solo un mezzo per diventare più abili, più ingegnosi. A volte diamo addirittura l'impressione di ritenere più innocente e onesto chi non ha un'istruzione superiore ed è meno sofisticato sotto il profilo educativo. Anche se la nostra società non lo sottolinea, la conoscenza e l'educazione servono soprattutto a capire quanto sia importante impegnarsi in azioni morali e produrre una disciplina mentale interiore. Il modo migliore di utilizzare l'intelligenza e la conoscenza è mutare l'interno di noi stessi per maturare la bontà d'animo».

IV

Perseguire la felicità innata

La nostra vera natura

«Siamo dunque fatti per la ricerca della felicità» disse il Dalai Lama. «Ed è indubbio che i sentimenti di amore, affetto, intimità e compassione conducono alla gioia. Credo che tutti noi siamo dotati degli strumenti essenziali per essere felici, per accedere agli stati mentali calmi e compassionevoli che portano alla felicità. Anzi, sono fermamente convinto non solo che abbiamo al nostro interno il potenziale della compassione, ma anche che la vera, autentica natura umana sia mite.»

«Su che cosa basa questa convinzione?»

«La dottrina della "natura di buddha"* ci dà motivo di credere che, alla base, l'indole di tutti gli esseri senzienti sia mite, non aggressiva. Ma si può adottare tale visione senza fare necessariamente ricorso alla dottrina della natura di buddha. La mia convinzione si fonda anche su altre basi. Credo che il tema della simpatia e della compassione umane non sia solo religioso, ma rappresenti un fattore indispensabile nella vita quotidiana.

«Se consideriamo innanzitutto il modello della nostra esistenza dall'infanzia fino alla morte, constatiamo che in

---

* Nella filosofia buddhista, la «natura di buddha» designa il nostro innato potenziale di illuminazione, la nostra essenza di buddhità. Si tratta di uno stato mentale presente in tutti gli esseri umani e completamente immune da emozioni e pensieri negativi.

pratica ci alimentiamo dell'affetto altrui. Il fenomeno inizia dalla nascita. Il nostro primissimo atto, dopo che siamo nati, è succhiare il latte di nostra madre o di una balia. È un atto di affetto, di compassione. Senza di esso è evidente che non sopravviveremmo. E l'allattamento non potrebbe esserci senza una reciproca affezione. Se il bambino non nutrisse un sentimento di affezione, se non avesse alcun legame con la persona che gli dà il latte, si rifiuterebbe di succhiare. E se la madre o la balia non avessero un analogo sentimento, si ritroverebbero senza latte. Questa è la vita. Questa è la realtà.

«C'è poi da dire che la nostra struttura fisica pare idonea a sentimenti di amore e compassione. È indubbio che uno stato mentale calmo, compassionevole e moralmente sano giova alla nostra salute e al nostro benessere fisico. Viceversa, sentimenti di frustrazione, paura, agitazione e collera possono essere distruttivi per la salute.

«Constatiamo anche che la salute emotiva è rafforzata da sentimenti di affetto. Per capirlo basta riflettere su come ci sentiamo quando gli altri ci trattano con calore umano e simpatia, oppure osservare in che modo i nostri stessi sentimenti e atteggiamenti affettuosi influiscano automaticamente e spontaneamente sulla nostra interiorità, quali stati d'animo ci procurino. La mitezza e i comportamenti positivi che a essa si accompagnano conducono a una vita familiare e a una vita comunitaria più felici.

«Possiamo dunque concludere, io penso, che la natura umana è fondamentalmente mite. E se così è, ha ancora più senso cercare di adottare un modo di vivere corrispondente alla sostanziale mitezza del nostro essere.»

«Se, alla base, la nostra natura è gentile e compassionevole» dissi «come spiega tutti i conflitti e i comportamenti aggressivi che vediamo intorno a noi?»

Il Dalai Lama annuì, rimase un attimo in silenzio con aria pensierosa, poi rispose: «Certo, non possiamo ignorare il fatto che i conflitti e le tensioni esistono non solo all'interno delle singole menti, ma anche all'interno delle famiglie, nei rapporti tra le persone e a livello di società, di nazione e di mondo. Considerando questa realtà, alcuni concludono che la natura umana è fondamentalmente aggressiva. Oppure affermano: "Sì, la compassione è un elemento del nostro animo, ma lo è anche la collera. Entrambe fanno parte della nostra natura, entrambe sono in pratica allo stesso livello"». Si protese in avanti e, assumendo un'espressione molto seria, aggiunse con fermezza: «*Tuttavia io resto profondamente convinto che la natura umana sia in buona sostanza compassionevole e mite, che questa sia la sua caratteristica predominante.* La rabbia, la violenza e l'aggressività possono senza dubbio insorgere, ma a mio avviso sussistono a un livello secondario, più superficiale; si può dire che si manifestino quando siamo frustrati nei nostri tentativi di ottenere amore e affetto. Non fanno parte della nostra vera natura, della nostra natura più autentica.

«Dunque, anche se l'aggressività può esprimersi, credo che i conflitti non siano causati tanto dalla nostra natura, quanto dal nostro intelletto: dallo squilibrio e dal cattivo uso dell'intelligenza o delle facoltà immaginative. Quando rifletto sull'evoluzione umana, concludo che ci ha dato un corpo molto debole in confronto a quello di altri animali. Ma grazie allo sviluppo dell'intelligenza, siamo in grado di usare molti strumenti e di trovare molti metodi per affrontare con successo condizioni ambientali avverse. Quando la società umana e le condizioni ambientali diventarono sempre più complesse, l'intelligenza e le capacità cognitive dovettero assumere un ruolo sempre più importante per soddisfare le crescenti domande poste da quella complessità. Perciò credo che la nostra vera, fondamentale natura sia la mitezza, e che l'intelligenza abbia rappresentato uno sviluppo successivo. E credo che se questa abilità umana, questa intelligenza umana si sviluppa in maniera non equilibrata, senza essere adeguatamente bilanciata dalla compassione, diventi distruttiva e conduca al disastro.

«Ma penso sia importante capire che sebbene il cattivo uso dell'intelligenza abbia generato i conflitti, l'intelligenza stessa è in grado di trovare modi e mezzi per superarli. Quando infatti essa si accompagna alla bontà e all'amore, tutte le azioni umane diventano costruttive. Se uniremo il calore interiore alla conoscenza e all'educazione, potremo imparare a rispettare le idee e i diritti degli altri, e questa diventerà la base di uno spirito di conciliazione che potrà essere usato per superare l'aggressività e risolvere i conflitti.»

Sua Santità s'interruppe e guardò l'orologio. «Dunque» concluse «per quanto ci tocchi sopportare violenze e brutture, la soluzione definitiva dei nostri conflitti sia interni sia esterni consiste, a mio avviso, nel ritornare alla nostra vera, fondamentale natura, che è buona e compassionevole.»

Guardò di nuovo l'orologio e rise amabilmente. «Bene, ci fermiamo qui... È stata una lunga giornata!» Raccolse le scarpe che si era tolto durante il colloquio e si ritirò nelle sue stanze.

Il problema della natura umana

Negli ultimi decenni la concezione del Dalai Lama, secondo la quale la natura umana sarebbe fondamentalmente compassionevole, seppur con qualche difficoltà sembra aver guadagnato terreno in Occidente. L'idea che il nostro comportamento sia in sostanza egoistico, che in linea di massima noi pensiamo solo a noi stessi, è assai radicata nel pensiero occidentale. La convinzione che non solo l'egoismo sia innato, ma anche l'aggressività e l'ostilità facciano parte integrante della natura umana ha dominato la nostra cultura per secoli. Vero è che, nel corso della storia, molti hanno avuto la visione opposta. Verso la metà del Settecento, per esempio, David Hume sostenne in vari scritti che gli esseri umani possedevano una «naturale benevolenza». E cent'anni dopo perfino Charles Darwin attribuì alla nostra specie un «istinto misericordioso». Ma, per qualche motivo, a cominciare dal diciassettesimo secolo la visione più pessimistica prese piede in Occidente per l'influenza di filosofi come Thomas Hobbes, che aveva un'opinione alquanto negativa dell'umanità. Egli considerava la razza umana violenta, competitiva, incline al conflitto e interessata solo al proprio tornaconto: insomma tutt'altro che buona per natura. Quando un giorno lo sorpresero a fare l'elemosina a un mendicante per strada e gli domandarono come mai avesse avuto quell'impulso generoso, rispose: «Non l'ho fatto per aiutare quest'uomo, ma solo per alleviare la mia angoscia nel vedere la sua miseria».

Nella prima metà del ventesimo secolo, anche il filosofo spagnolo George Santayana scrisse che gli impulsi generosi e altruistici forse esistevano, ma erano in genere deboli, passeggeri e instabili nell'uomo, e che se si «scavava un poco sotto la superficie, si trovavano in lui ferocia, ostinazione e profondo egoismo». Purtroppo la scienza e la psicologia occidentali hanno fatto proprie simili concezioni, e quindi ratificato e addirittura incoraggiato l'idea della natura egoistica della nostra specie. Fin dagli albori della moderna psicologia scientifica, l'assunto di base è sempre stato che tutte le motivazioni umane erano in sostanza egoistiche e si basavano unicamente sull'interesse personale.

Nel Novecento diversi eminenti scienziati, dopo aver accettato implicitamente l'idea centrale dell'egoismo, vi hanno aggiunto la credenza nella fondamentale aggressività della natura umana. Freud affermava che «l'inclinazione all'aggressività è una disposizione originaria, connaturata, istintiva». Nella seconda metà del secolo due autori, Robert Ardrey e Konrad Lorenz, analizzarono i modelli di comportamento animale in alcune specie predatrici e conclusero che gli esseri umani erano anch'essi, alla base, dei predatori, con una tendenza innata o istintiva alla territorialità.

Di recente, però, molti si sono opposti a questa visione

profondamente pessimistica dell'umanità e si sono avvicinati all'idea, propugnata dal Dalai Lama, di una natura umana fondamentalmente buona e compassionevole. Negli ultimi venti o trent'anni innumerevoli indagini scientifiche sono giunte alla conclusione che l'aggressività non è affatto innata e che il comportamento violento è determinato da una serie di fattori biologici, sociali, situazionali e ambientali. Forse a riassumere nella maniera più efficace il senso delle ultime ricerche è stata la Dichiarazione sulla Violenza stesa e firmata nel 1986 a Siviglia da venti illustri scienziati di tutto il mondo. In essa i firmatari riconoscevano la reale esistenza del comportamento violento, ma affermavano categoricamente che è *scientificamente scorretto parlare di una tendenza innata a fare la guerra o agire in maniera violenta*. La violenza non è determinata geneticamente negli esseri umani, osservavano, e sebbene l'apparato neurale la consenta, essa non rappresenta un comportamento automatico. Nella nostra neurofisiologia, insomma, non vi è nulla che ci costringa all'aggressività. Oggi la maggior parte dei ricercatori interessati allo studio della natura umana ritiene che, in sostanza, la nostra specie abbia le potenzialità per diventare mite e premurosa o violenta e aggressiva, e che a determinare quali impulsi vengano enfatizzati sia soprattutto l'educazione.

La scienza contemporanea ha messo in discussione non solo l'idea dell'innata aggressività umana, ma anche quella del naturale egoismo e della tendenza a pensare solo al proprio tornaconto. Negli ultimi anni ricercatori come C. Daniel Batson e Nancy Eisenberg, dell'università statale dell'Arizona, hanno condotto numerosi studi da cui risulta che gli esseri umani sono portati al comportamento altruistico. E altri, come la sociologa Linda Wilson, hanno cercato di scoprire le origini di tale comportamento. La Wilson è convinta che l'altruismo faccia parte del fondamentale istinto di sopravvivenza: proprio il contrario di quanto pensavano fino a non molto tempo fa coloro che consideravano tipiche di quell'istinto l'ostilità e l'aggressività. Analizzando oltre cento casi di calamità naturale ha rilevato infatti, tra le persone colpite, un comportamento nettamente altruistico che appariva connesso al processo di ripresa. Lavorando insieme e aiutandosi a vicenda, i soggetti evitavano il rischio di accusare i problemi psicologici che il trauma della calamità avrebbe potuto produrre.

La tendenza a porsi in stretta relazione con gli altri, ad agire per il benessere sia proprio sia altrui, è forse profondamente radicata nella natura umana e si è formata nel remoto passato in cui gli individui che instauravano solidi rapporti e diventavano parte di un gruppo vedevano aumentare le loro probabilità di sopravvivenza. Questo bisogno di intensi vincoli sociali sussiste tuttora. Larry Scherwitz, un medico ricercatore che ha condotto un'indagine sui fattori di rischio nelle coronaropatie, ha scoperto che chi è più concentrato su se stesso (chi per esempio, parlando, usa più spesso il pronome «io» e l'aggettivo «mio») ha più probabilità di contrarre malattie del cuore e delle coronarie anche se tiene sotto controllo altri comportamenti pericolosi per la salute. Gli scienziati hanno appurato che le persone prive di forti legami sociali paiono accusare cattiva salute, un maggior grado di infelicità e una spiccata vulnerabilità allo stress.

Forse, per la nostra natura, andare incontro agli altri e aiutarli è fondamentale quanto la comunicazione. È anzi probabile che sia appropriato il paragone con lo sviluppo del linguaggio, quel linguaggio che, con la compassione e l'altruismo, è una delle caratteristiche più belle della razza umana. Certe aree del cervello sono preposte al potenziale del linguaggio. Se siamo esposti alle giuste condizioni ambientali, ossia a una società che parla, quelle specifiche aree dell'encefalo cominciano a svilupparsi e potenziarsi, e la nostra capacità linguistica aumenta. Analogamente, forse tutti gli esseri umani sono dotati del «seme della compassione». Quando si trova nelle condizioni adatte in famiglia e nella società nel suo complesso e quando, in seguito, lo favoriamo con i nostri intensi sforzi, il «seme» dà frutto. Tenendo presente questo concetto, i ricercatori stanno ora provando a verificare quale sia l'ambiente ottimale che consente al germe dell'altruismo e della compassione di maturare nei bambini. E hanno identificato diversi fattori nel contesto familiare: avere genitori in grado di controllare le proprie emozioni, di dare esempio di altruismo, di porre limiti adeguati al comportamento dei figli, di far loro capire che sono responsabili del proprio comportamento e di usare il ragionamento per cercare di indirizzare la loro attenzione verso gli stati affettivi o emozionali e verso le conseguenze che le loro azioni hanno sugli altri.

Rivedere gli assunti di base sulla vera natura degli esseri umani, considerare, cioè, questa natura non ostile, ma sollecita verso l'ambiente esterno, può aprire nuovi orizzonti. Se partiamo dal presupposto che il modello di comportamento di tutti noi sia improntato all'interesse personale, potremo considerare il bambino un esempio perfetto, una «dimostrazione» della teoria. I neonati, infatti, sembrano avere un unico «programma» nel cervello, ovvero la gratificazione dei loro bisogni, come il cibo, il benessere fisico e così via. Ma se prescindiamo per un attimo dall'ipotesi dell'egoismo innato, emerge un quadro completamente nuovo. Possiamo altrettanto facilmente affermare che il bambino nasce con un unico «programma» nel cervello: la capacità e l'obiettivo di dare piacere e gioia agli altri. Osservando un neonato sano, si fa fatica a negare la natura fondamentalmente buona degli esseri umani. E se partiamo da tale ottica, possiamo con buone ragioni sostenere che la capacità del bambino di dare piacere a qualcun altro, alla persona che si prende cura di lui, è innata. Il neonato, per esempio, ha un olfatto che è solo il cinque per cento di quello dell'adulto, e un gusto ben poco sviluppato; ma quel poco di olfatto e gusto che ha lo concentra sul latte materno: e l'allattamento gli fornisce nutrimento, ma serve anche ad alleviare la tensione delle mammelle. Possiamo quindi dire che il bambino nasce con la capacità innata di dare piacere alla madre svuotandone il seno.

Il neonato è inoltre biologicamente programmato a riconoscere ciascun volto e a rispondervi, e ben poche persone non traggono autentico piacere dalla vista di un bambino che le guarda con innocenza negli occhi e sorride loro. Analizzando simili sensazioni e reazioni, alcuni etologi hanno formulato l'ipotesi che, quando sorride alla madre o alla sua sostituta e la guarda direttamente negli occhi, il neonato segua un «programma biologico» inscritto in profondità nel cervello e «inneschi» un istintivo comportamento buono, tenero e premuroso nella persona che si prende cura di lui, la quale a sua volta seguirebbe un «programma» istintivo altrettanto radicato. Più gli scienziati cercano di esplorare senza pregiudizi la natura umana, più l'idea del neonato come coacervo di meccanismi egoistici preposti alla funzione di mangiare e dormire cede il passo all'idea di una creatura che viene al mondo con l'innato scopo di piacere agli altri, e che ha bisogno solo delle giuste condizioni ambientali per consentire al naturale «seme della compassione» di germogliare e crescere.

Se partiamo dall'assunto che la nostra vera natura non sia aggressiva, ma compassionevole, il nostro rapporto con il mondo cambierà sensibilmente. Considerare gli altri persone misericordiose anziché ostili ed egoiste ci aiuta a rilassarci, ad aver fiducia, a vivere bene. Ci rende, insomma, più felici.

Meditazione sullo scopo della vita

Quando, in quella settimana trascorsa nel deserto dell'Arizona, il Dalai Lama esplorò ed esaminò la natura della mente umana con lo spirito analitico dello scienziato, una verità molto semplice emerse vividamente da ciascun colloquio: *lo scopo della vita è la felicità*. Questo elementare principio può diventare uno strumento assai efficace nel momento in cui ci troviamo ad affrontare i problemi quotidiani dell'esistenza. Se assumeremo tale ottica, il nostro compito diventerà scartare le cose che producono sofferenza e potenziare quelle che producono gioia. Il metodo, la pratica a cui dovremo dedicarci ogni giorno sarà di diventare sempre più consci e consapevoli dei fattori favorevoli e dei fattori sfavorevoli alla felicità.

Quando la vita si fa troppo complicata e ce ne sentiamo sopraffatti, spesso è utile fermarsi un attimo a riflettere e ricordare a noi stessi il nostro scopo, il nostro obiettivo generale. Se ci troviamo in una situazione confusa e stagnante, può giovare prendersi un'ora, un pomeriggio o anche diversi giorni di tempo per meditare su cosa possa renderci davvero felici, e poi ridefinire l'ordine delle priorità sulla base di quanto abbiamo concluso. Spesso questo ci permette un «reinquadramento» della vita e dei suoi obiettivi; ci consente, cioè, di assumere una nuova prospettiva e di capire quale direzione imboccare.

Ogni tanto ci troviamo ad affrontare decisioni cruciali che influiscono sull'intero corso della nostra esistenza: per esempio possiamo dover scegliere se sposarci e avere figli o iscriverci a un corso o una facoltà per diventare avvocati, artisti o elettricisti. La ferma determinazione a raggiungere la felicità, a capire quali fattori la generino e a fare passi decisi verso una vita più serena può rientrare tra simili decisioni. *Il considerare la felicità un obiettivo legittimo e il decidere consapevolmente di perseguirla in maniera sistematica può cambiare radicalmente la nostra vita.*

Il Dalai Lama comprende i fattori che conducono alla felicità perché da sempre analizza con disciplina e metodo la sua stessa mente e la condizione umana all'interno di un quadro di riferimento elaborato per la prima volta dal Buddha più di duemilacinquecento anni fa. Forte di queste solide basi, ha tratto chiare conclusioni sulle attività e i pensieri che vanno coltivati e le ha riassunte nelle seguenti parole, che possono aiutarci a meditare:

«A volte, quando incontro vecchi amici, penso a come passa in fretta il tempo. E mi chiedo se lo abbiamo speso bene o male. Un giusto utilizzo del tempo è assai importante. Finché abbiamo il corpo, e soprattutto il nostro straordinario cervello, dovremmo considerare ogni minuto prezioso. L'esistenza quotidiana è colma di speranza, anche se non abbiamo alcuna garanzia del futuro. Nessuno ci garantisce che domani a quest'ora saremo qui. Tuttavia noi agiamo pensando al domani sulla base della pura speranza. Dobbiamo dunque fare il miglior uso possibile del tempo. Credo che il giusto impiego del tempo consista, ove possibile, nel servire gli altri, gli altri esseri senzienti. Ove non sia possibile, bisogna almeno evitare di far loro del male. In sostanza, questa è l'intera base della mia filosofia.

«Riflettiamo dunque su ciò che ha davvero importanza nella vita, su ciò che le dà significato, e fissiamo le nostre priorità di conseguenza. Lo scopo della nostra esistenza dev'essere positivo. Non siamo nati per provocare guai e nuocere agli altri. Perché la vita abbia valore, credo che dobbiamo sviluppare le principali qualità positive: calore umano, gentilezza, compassione. Allora la nostra vita assumerà significato e sarà più serena, più felice.»

Parte seconda

Calore e compassione umani

V

Un nuovo modello di intimità

Solitudine e connessione

Entrai nel soggiorno della suite del Dalai Lama ed egli mi invitò ad accomodarmi. Mentre veniva versato il tè, si tolse un paio di Rockport color zucchero bruciato e a piedi scalzi si sedette in una grande, confortevole poltrona.

«Allora?» chiese con noncuranza, ma dal tono si capiva che era pronto ad affrontare qualsiasi argomento. Sorrise senza aggiungere altro, rimanendo in attesa.

Pochi secondi prima, mentre, nell'atrio dell'albergo, aspettavo che iniziasse il colloquio, avevo distrattamente preso una copia di un quotidiano locale aperto sulla pagina dei «messaggi personali» e avevo dato una breve scorsa ai fitti annunci: pagine e pagine di esseri umani che cercavano e speravano ardentemente di mettersi in contatto con altri esseri umani. Seduto di fronte al Dalai Lama per il consueto colloquio, continuavo a pensare a quegli annunci e d'un tratto decisi di lasciar perdere l'elenco di domande che avevo preparato per chiedere: «Lei si sente mai solo?».

«No» fece tranquillo.

Non ero preparato a quella risposta. Credevo che avrebbe detto qualcosa come: «Certo. Ogni tanto tutti noi ci sentiamo un po' soli...». E avevo pensato di domandargli in che modo affrontasse la solitudine. Non mi sarei mai aspettato di trovarmi di fronte a una persona che non si sentiva *mai* sola.

«No?» dissi, incredulo.

«No.»

«Come mai non si sente mai solo?»

Sua Santità rifletté un attimo. «Forse uno dei motivi è che considero tutti gli altri esseri umani in maniera positiva, che tendo sempre a cercare in loro gli aspetti migliori. Tale atteggiamento produce un immediato senso di empatia, una sorta di solidarietà.

«E forse, almeno in parte, non mi sento solo perché non sono in ansia, non ho paura che, se mi comporto in un certo modo, chi mi sta davanti perda il rispetto per me o mi giudichi strano. Proprio perché di solito sono libero da simili timori e apprensioni ho in me un senso di apertura. Sì, credo sia questo il fattore principale.»

Cercando di capire quanto fosse difficile assumere quell'atteggiamento e fino a che punto lo si potesse avere, domandai: «Ma secondo lei, in che modo si può maturare la capacità di sentirsi così a proprio agio con gli altri? Come si arriva a non provare la paura o l'ansia di essere mal considerati e mal giudicati dalla gente? Esistono metodi specifici che l'uomo e la donna medi possano usare per pervenire a questo stato d'animo?».

«Sono fermamente convinto che si debba innanzitutto comprendere l'utilità della compassione» rispose deciso. «È quello il fattore chiave. Una volta capito che la compassione non è qualcosa di puerile o sentimentalistico, se ne apprezzerà il grande valore, il valore profondo, e ci si sentirà subito attratti da essa, tanto da maturare la volontà di coltivarla.

«Quando si sia incoraggiato nella mente il pensiero della compassione, quando questo pensiero sia diventato attivo, il nostro atteggiamento verso gli altri cambierà spontaneamente. Se ci avvicineremo agli altri con il sentimento della compassione, ridurremo in maniera automatica la paura e proveremo verso di loro un senso di apertura. Simile atteggiamento mentale contribuisce a creare un clima positivo e amichevole, perché ci consente di instaurare un rapporto nel quale noi per primi ci mostriamo ricettivi all'affetto e capaci di suscitare una risposta positiva nel prossimo. Se avremo in noi questa disponibilità, anche quando gli altri appariranno ostili o non reagiranno in maniera positiva, avremo almeno il vantaggio di averli affrontati con un senso di apertura che ci darà una certa flessibilità e ci lascerà liberi di cambiare, se necessario, atteggiamento. L'apertura ci permette insomma di instaurare un dialogo significativo col prossimo. Se invece *non abbiamo* uno stato mentale compassionevole, se siamo chiusi, irritati o indifferenti, quand'anche ci avvicinasse il nostro migliore amico ci sentiremmo a disagio.

«Molti, anziché prendere l'iniziativa di creare un clima favorevole, aspettano che siano per primi gli altri a rispondere in maniera positiva. Penso sia un errore; penso che in questo modo si creino problemi e si generino barriere atte a incoraggiare il senso di isolamento dal prossimo. Per superare l'isolamento e la solitudine, l'atteggiamento di base è dunque enormemente importante. E avvicinare gli altri con uno stato mentale compassionevole è il modo migliore per favorire i rapporti.»

Mi ero molto stupito che il Dalai Lama avesse affermato di non sentirsi mai solo, perché mi pareva che la solitudine fosse assai diffusa nella nostra società. Questa mia impressione nasceva non solo dalla mia esperienza personale o dalla constatazione che la solitudine era il leitmotiv di tutti i miei pazienti psichiatrici, ma anche dalle conclusioni che negli ultimi vent'anni varie ricerche e indagini scientifiche avevano tratto sul tema. Una delle scoperte più singolari emerse da tali studi è che *tutti* i soggetti analizzati riferivano di aver provato un senso di solitudine in passato o di provarlo al momento presente. Nel corso di una vasta indagine, un quarto degli adulti americani dissero di essersi sentiti estremamente soli almeno una volta nel corso delle due settimane precedenti. Benché tendiamo a pensare che la solitudine cronica affligga soprattutto gli anziani, chiusi in appartamenti vuoti o nei corridoi e nelle camere delle case di riposo, dalla ricerca risulta che gli adolescenti e i giovani adulti denunciano un senso di isolamento pari a quello dei vecchi.

Considerata la sua forte diffusione, gli scienziati hanno cominciato a studiare quali variabili producano la solitudine. E hanno per esempio scoperto che gli individui afflitti da questa sensazione hanno spesso difficoltà ad aprire il loro animo e a comunicare con gli altri, sono cattivi ascoltatori e mancano di certe abilità sociali, come la capacità di cogliere le sfumature dei discorsi (capire quando assentire, rispondere a tono o rimanere zitti). Secondo tali ricerche, una delle strategie che permetterebbero di vincere la solitudine sarebbe cercare di migliorare queste abilità sociali. *La strategia del Dalai Lama, invece, sembrava aggirare la questione delle scarse abilità sociali o del comportamento esteriore, e favorire un approccio diretto al problema: comprendere il valore della compassione e coltivare tale sentimento.*

Benché all'inizio mi fossi stupito, ascoltando Tenzin Gyatso parlare con tanta sicurezza finii per convincermi davvero che non si sentisse mai solo. Dopotutto, alcuni dati di fatto confermavano le sue asserzioni. Spesso avevo avuto modo di osservare la sua prima interazione con uno sconosciuto, e notato che era invariabilmente positiva. Compresi che simili relazioni interpersonali positive non erano dovute al caso o a una personalità per sua natura cordiale. Mi resi conto che il Dalai Lama aveva dedicato molto tempo a riflettere sull'importanza della compassione, aveva coltivato questa qualità con cura e se ne serviva per arricchire e «arare» il terreno dell'esperienza quotidiana, rendendolo fertile e ricettivo ai buoni rapporti con gli altri: un metodo, questo, che può essere usato da chiunque soffra di solitudine.

La dipendenza dagli altri e la fiducia in sé

«In tutte le creature vi è il seme della perfezione. È tuttavia necessaria la compassione per rendere fecondo quel seme intrinseco al nostro cuore e alla nostra mente...» Con queste parole il Dalai Lama introdusse l'argomento della compassione davanti al pubblico che lo ascoltava in silenzio. Rivolgendosi a millecinquecento persone, tra cui molti attenti studiosi del buddhismo, procedette quindi ad analizzare la dottrina buddhista del «campo di merito».

In senso buddhistico, il merito sono le impronte positive della propria mente o «continuum mentale»: le impronte derivanti da azioni positive. Il Dalai Lama spiegò che il campo di merito è la fonte o il fondamento da cui scaturisce il merito accumulabile. Secondo la dottrina buddhista, è la riserva di merito di una persona a determinare le condizioni favorevoli per le rinascite future, e i campi di merito sono due: quello dei Buddha e quello degli altri esseri senzienti. Un metodo per accumulare merito consiste nel suscitare rispetto, fede e fiducia nei confronti dei Buddha, o esseri illuminati; un altro nel compiere azioni improntate a gentilezza, generosità e tolleranza e nell'evitare consapevolmente azioni negative come uccidere, rubare e mentire. Nell'ambito del secondo metodo si interagisce, anziché con i Buddha, con le persone comuni. Perciò, disse il Dalai Lama, gli altri possono aiutarci non poco ad acquisire merito.

Descrivendo il ruolo degli altri nel campo di merito, Tenzin Gyatso usò parole liriche che denotavano ricchezza immaginativa. Le sue lucide osservazioni, unite ad accenti di ferma convinzione, conferirono particolare intensità e incisività al discorso di quel pomeriggio. Mentre mi guardavo intorno nella sala, vidi molta gente visibilmente commossa. Io invece ero meno affascinato. Dopo i nostri colloqui avevo cominciato a comprendere la profonda importanza della compassione, tuttavia ero ancora molto condizionato da anni di studi scientifici e razionali che mi inducevano a giudicare piuttosto retorici i vari discorsi sulla gentilezza e la compassione. Così, mentre Sua Santità parlava, cominciai a pensare ad altro e a guardarmi furtivamente intorno per vedere se tra il pubblico ci fossero volti noti, interessanti o celebri. Poiché avevo consumato un abbondante pranzo subito prima della conferenza, mi venne un tal sonno che a tratti cadevo nel dormiveglia. A un certo punto mi sintonizzai con il discorso e sentii il Dalai Lama dire: «L'altro giorno parlavo dei fattori necessari al godimento di una vita felice e gioiosa, fattori come la buona salute, i beni materiali, gli amici e così via. Se li analizziamo con cura, vedremo che tutti dipendono dalle altre persone. Per conservare la salute facciamo assegnamento su medicine fabbricate da altri e sull'assistenza sanitaria fornita da altri. Se prendiamo in esame tutti i mezzi materiali che ci permettono di godere la vita, constatiamo che in pratica non ve n'è alcuno che non sia connesso al nostro prossimo. Basta riflettere bene per capire che essi esistono, direttamente o indirettamente, grazie all'impegno e al lavoro di molte persone, che esistono perché tanta gente li ha resi una realtà. Ed è superfluo dire che, quando definiamo i buoni amici e compagni fattori necessari a una vita felice, facciamo riferimento a interazioni con altri esseri senzienti, con altri esseri umani.

«Vediamo dunque come questi fattori siano indissolubilmente legati agli sforzi e alla cooperazione degli altri. Gli altri sono indispensabili. Perciò, anche se mettersi in relazione con il prossimo può comportare fatiche, liti e contestazioni, dobbiamo cercare di mantenere un atteggiamento di amicizia ed empatia, perché solo una vita nella quale vi sia sufficiente interazione con gli altri ci permette di raggiungere la felicità.»

Mentre parlava, avvertii un'istintiva resistenza. Benché ami e apprezzi molto amici e familiari, mi considero una persona indipendente, dotata di autonomia. Anzi, sono sempre stato orgoglioso di tale qualità e ho sempre avuto la tendenza a considerare con un certo disprezzo gli individui troppo dipendenti, perché la loro dipendenza mi pareva debolezza.

Tuttavia quel pomeriggio, mentre ascoltavo il Dalai Lama, successe qualcosa. Dato che «La nostra dipendenza dagli altri» non era il mio argomento preferito, cominciai a vagare con la mente e, nella mia distrazione, mi capitò di togliermi un filo dalla camicia. In quel momento sentii che Sua Santità parlava delle molte persone impegnate a produrre tutti i nostri beni materiali e, captando quelle parole, cominciai a riflettere sul numero di individui coinvolti nella produzione della mia camicia. Immaginai l'agricoltore che coltivava il cotone e il concessionario che gli vendeva il trattore per arare il campo. Poi pensai alle centinaia o addirittura migliaia di persone coinvolte nella fabbricazione del trattore, compresi i progettisti e i minatori che scavavano il metallo destinato a comporre le varie parti del veicolo. Immaginai quindi gli uomini e le donne che lavoravano il cotone, tessevano la stoffa e la tagliavano, tingevano e cucivano, nonché gli scaricatori e i camionisti che consegnavano le camicie al negozio e i commessi che vendevano il prodotto a me. Mi dissi che, in pratica, il lavoro degli altri influiva su tutti gli aspetti della mia vita. La mia preziosa autonomia era una completa illusione, una chimera. Appena me ne resi conto, fui invaso dall'acuta consapevolezza dell'intenso legame tra gli esseri umani, della loro interdipendenza. E sentii qualcosa sciogliersi dentro di me, qualcosa di indefinibile che mi commosse fino alle lacrime.

L'intimità

È paradossale il nostro bisogno degli altri. Benché la nostra cultura celebri con insistenza la totale autonomia dell'individuo, noi aneliamo a stabilire un legame intimo con qualcuno di «speciale». Concentriamo tutte le energie sulla ricerca di un partner che speriamo ci liberi dal senso di solitudine, e tuttavia continuiamo a coltivare l'illusione di mantenere l'indipendenza. Sebbene sia assai difficile instaurare un simile rapporto anche con una persona sola, ho scoperto che il Dalai Lama ha e raccomanda di avere un legame intimo con più persone possibile. Anzi, il suo obiettivo è avere relazioni di empatia con tutti.

Nel tardo pomeriggio successivo alla conferenza menzionata poc'anzi, quando lo vidi nella sua suite in Arizona dissi: «Nel discorso pronunciato in pubblico ieri, lei ha sottolineato l'importanza degli altri, definendoli un campo di merito. Ma, restando sull'argomento delle relazioni interpersonali, è chiaro che possiamo avere con il nostro prossimo svariati tipi di rapporto...».

«Senza dubbio» ammise.

«C'è per esempio un tipo di rapporto che è tenuto in grande considerazione in Occidente: quello assai intimo che unisce due persone, le quali si ritengono a vicenda speciali e condividono i sentimenti e le paure più profondi. Gli occidentali sono convinti che, se non si ha un rapporto del genere nella vita, si sia come monchi... Anzi, la nostra psicoterapia spesso cerca di aiutare la gente a stabilire questo tipo di relazione intima.»

«Sì, credo che una simile intimità si possa ritenere positiva» convenne «e che se essa viene a mancare, possano nascere problemi.»

«Mi chiedevo dunque una cosa» continuai. «Un tempo, in Tibet, lei era considerato non solo un re, ma anche una divinità. Immagino che la gente avesse soggezione di lei, che si sentisse addirittura intimorita e apprensiva in sua presenza. Questo non le procurava un certo distacco emotivo dagli altri, un senso di isolamento? Inoltre, il fatto di venire allontanato dalla sua famiglia per essere allevato fin dalla più tenera età come monaco, per giunta come monaco destinato al celibato, non contribuì ad aumentare la sua sensazione di lontananza dal prossimo? Non ha mai l'impressione che le sia mancata la possibilità di instaurare con gli altri, o con una persona speciale come una sposa, un legame personale più intimo, più profondo?»

Il Dalai Lama rispose senza esitazioni: «No. Non ho mai avvertito la mancanza di intimità. Certo, mio padre morì tanti anni fa, ma mi sentivo molto vicino a mia madre, ai miei insegnanti, ai miei precettori e ad altri. E con molte di queste persone condividevo i sentimenti più profondi, come le mie paure e le mie ansie. Durante le feste nazionali e le cerimonie ufficiali, in Tibet si osservavano un certo protocollo e certe formalità, ma non sempre si era soggetti al rituale. A volte, per esempio, passavo il tempo in cucina e diventai molto intimo di alcuni membri del personale; scherzavamo, spettegolavamo, avevamo uno scambio continuo e l'atmosfera era assai rilassata, senza alcun senso di formalità o distanza.

«Perciò, sia all'epoca in cui vivevo in Tibet sia dopo, quando diventai profugo, non sentii mai la mancanza di persone con cui condividere le cose. Forse questo è dovuto in buona parte al mio carattere. Mi riesce facile avere uno scambio con gli altri: non sono proprio il tipo che mantiene i segreti!» Rise, e continuò: «Certo, a volte può essere una caratteristica negativa. Se per esempio nel Kashag* si svolgono colloqui su argomenti riservati, io tendo a parlarne subito con altri. Ma a livello personale, essere aperti e pronti alla condivisione può essere assai utile. Grazie al mio carattere faccio amicizia molto facilmente, e non è che abbia solo rapporti e scambi superficiali con le persone: divido con loro i problemi e le sofferenze più profondi. Lo stesso vale per le buone notizie: le diffondo subito in giro. Certo, per me è più facile stabilire contatti, perché gli altri sono spesso ben felici di dividere le loro gioie e sofferenze con il "Dalai Lama" o *"Sua Santità"* il Dalai Lama"». Scoppiò di nuovo a ridere, sdrammatizzando la propria aura di personaggio di rilievo mondiale. «In ogni caso ho questo legame, questo rapporto profondo con molta gente. In passato, per esempio, se mi sentivo deluso o infelice per la politica del governo tibetano o se ero preoccupato per altri problemi, come la minaccia di un'invasione cinese, andavo nelle mie stanze e sfogavo la mia angoscia con la persona che puliva i pavimenti. A

* Il gabinetto tibetano in esilio.

qualcuno potrebbe sembrare molto sciocco che il Dalai Lama, il capo del governo tibetano impegnato a dirimere problemi nazionali o internazionali, parli di essi con un inserviente», e qui rise di nuovo, «ma, personalmente, la ritengo una cosa molto utile, perché l'interlocutore, chiunque sia, diventa partecipe del problema, sicché lo si può affrontare in due e soffrire insieme.»

Ampliare la definizione di intimità

Quasi tutti i ricercatori che indagano sulle relazioni umane sostengono che l'intimità ha un ruolo centrale nella nostra vita. L'eminente psicoanalista britannico John Bowlby scrisse che «l'attaccamento intimo ad altri esseri umani è il perno dell'esistenza di una persona ... Da esso il soggetto trae la sua forza e la sua gioia e, attraverso i propri contributi, dà forza e gioia agli altri. Sono, queste, materie sulle quali la scienza odierna e il senso comune si trovano d'accordo».

È chiaro che l'intimità favorisce il benessere sia fisico sia psichico. Analizzando i benefici effetti delle relazioni intime sulla salute, i medici ricercatori hanno scoperto che le persone che hanno amici intimi cui rivolgersi per conferme, empatia e affetto hanno più probabilità di sopravvivere a problemi fisici come infarti e gravi interventi chirurgici, e meno probabilità di contrarre malattie come il cancro e le infezioni respiratorie. Da uno studio compiuto su oltre mille cardiopatici al Duke University Medical Center, risulta per esempio che chi non poteva contare su un coniuge o un amico intimo aveva il triplo di probabilità di morire entro cinque anni dalla diagnosi della cardiopatia rispetto a chi era sposato o aveva un'amicizia intima. In un'altra indagine condotta nel corso di nove anni su migliaia di abitanti della contea di Alameda, in California, si è appurato che gli individui con un maggior numero di legami sociali e relazioni intime registravano nel complesso un tasso inferiore di mortalità e di insorgenza del cancro. E una ricerca effettuata su parecchie centinaia di anziani dalla facoltà di medicina dell'università del Nebraska ha dimostrato che in chi aveva relazioni intime la funzione immunitaria era migliore e il tasso di colesterolo più basso. Nel corso degli ultimi anni, cinque o sei esaustive indagini condotte da differenti ricercatori hanno analizzato il rapporto tra intimità e salute. Dopo aver intervistato migliaia di persone, questi scienziati paiono essere giunti alla stessa conclusione: le relazioni intime fanno davvero bene alla salute.

L'intimità giova altrettanto alla salute della psiche. Secondo lo psicoanalista e sociologo Erich Fromm, la più grande paura degli esseri umani è di venire separati dai loro simili. Fromm era convinto che l'esperienza della separazione, affrontata per la prima volta dal neonato, fosse la fonte di tutte le ansie nell'esistenza umana. John Bowlby condivideva quest'idea e citava numerose ricerche e prove sperimentali atte a suffragare l'ipotesi che, nel bambino vicino a compiere il primo anno di vita, la separazione dalla persona incaricata della sua cura – di solito la madre o il padre – crei inevitabilmente paura e tristezza. Egli riteneva che la sensazione di lontananza e perdita del rapporto interpersonale fosse alla radice delle esperienze umane di paura, angoscia e dolore.

Considerata dunque la sua importanza vitale, come possiamo garantirci l'intimità nella vita quotidiana? Se seguiamo l'approccio proposto in precedenza dal Dalai Lama, parrebbe ragionevole cominciare dall'apprendimento, cercare di capire che cosa sia l'intimità, darne una definizione e trovare un modello che ci permetta di realizzarla. Se però domandiamo una risposta alla scienza, scopriamo che i ricercatori, pur essendo concordi nel dire che l'intimità è importante, non vanno oltre. Se si prendono in esame in maniera anche solo superficiale le varie indagini sull'argomento, ci si stupirà nel vedere quanto siano diverse le definizioni e le teorie riguardanti questa sfera.

Sul versante più pragmatico si pone Desmond Morris,

che nei suoi libri descrive l'intimità con l'ottica dello zoologo specializzato in etologia. In *Il comportamento intimo*, egli osserva: «Essere intimi significa essere vicini ... Nella mia terminologia, dunque, l'intimità si ha ogni volta che due individui vengono fisicamente a contatto». Dopo aver definito l'intimità una mera vicinanza di corpi, Morris procede ad analizzare le molte manifestazioni di contatto fisico negli esseri umani, dalla semplice pacca sulla schiena al più erotico degli amplessi. Egli considera il tatto il veicolo attraverso il quale ci confortiamo a vicenda, abbracciandoci e stringendoci la mano, e sostiene che quando questi gesti ci sono preclusi l'intimità si esprime con mezzi più indiretti, come il manicure. Anzi, arriva ad affermare che i contatti fisici con gli oggetti del nostro ambiente, dalle sigarette ai gioielli ai materassi ad acqua, fungano da sostituti dell'intimità.

In genere i ricercatori non sono così «prosaici» nel descrivere l'intimità e la considerano qualcosa di più della mera vicinanza fisica. Tenendo conto della radice della parola, che viene dal latino *intimus*, «il più interno», sottoscrivono una definizione più ampia, come quella proposta da Dan McAdams, autore di diversi libri sul tema: «Il desiderio di intimità è il desiderio di dividere con qualcun altro il proprio sé più profondo».

Ma le interpretazioni non si fermano qui. Sul versante opposto a quello di Desmond Morris vi sono gli psichiatri Thomas Patrick Malone e Patrick Thomas Malone, padre e figlio, che nel libro *Come vivere in armonia con se stessi e gli altri* definiscono l'intimità «l'esperienza della connessione». Essi iniziano la loro analisi con un dettagliato esame della «connessione» con gli altri, ma anziché circoscrivere il concetto di intimità alle relazioni umane si spingono fino a includervi il nostro rapporto con gli oggetti inanimati: gli alberi, le stelle e perfino lo spazio.

L'idea di intimità varia, inoltre, secondo le regioni del mondo e la storia. La concezione romantica di «persona speciale e unica» con cui instaurare un appassionato rapporto di vicinanza è un prodotto della nostra epoca e della nostra cultura, non un modello accettato universalmente in tutte le civiltà. I giapponesi, per esempio, sembrano ritenere che l'intimità si realizzi soprattutto nell'amicizia, mentre gli americani tendono a cercarla nella relazione amorosa con il partner o il coniuge. Tenendo conto di questo dettaglio, alcuni ricercatori hanno ipotizzato che gli asiatici, di solito più interessati ai lati pratici del legame sociale che a sentimenti personali come la passione, siano meno vulnerabili alla disillusione che segue alla rottura di una relazione.

Oltre che in base alle culture, il concetto di intimità varia sensibilmente in base alle epoche. Nell'America coloniale, il livello di vicinanza fisica e spirituale era in genere più alto di oggi, perché sia i familiari sia, spesso, gli estranei condividevano lo spazio angusto di una sola stanza e usavano una camera comune per mangiare, fare il bagno e dormire. Di norma, però, il dialogo tra coniugi era assai formale rispetto ai parametri odierni, non dissimile da quello che si instaura attualmente tra semplici conoscenti o vicini di casa. Neanche un secolo dopo, l'amore e il matrimonio vennero assai romantizzati, e si cominciò a pensare che aprire il proprio animo fosse un fattore indispensabile al successo di qualsiasi legame affettivo.

Anche l'idea di che cosa sia intimo e privato è mutata nel corso del tempo. Nella Germania del Seicento, per esempio, era consuetudine che gli sposi novelli avessero il loro primo rapporto su un letto trasportato da persone in grado di testimoniare che il matrimonio era stato consumato.

È cambiato anche il modo di esprimere le emozioni. Nel medioevo era considerato normale manifestare in pubblico e in maniera intensa e diretta sentimenti come gioia, rabbia, paura o pietà. E sembrava perfettamente lecito mostrare piacere nel torturare e uccidere i nemici. I moti estremi dell'animo, come la risata isterica, il pianto convulso e la rabbia violenta, venivano manifestati in una

maniera esplicita che in seguito sarebbe apparsa socialmente inaccettabile. L'abitudine a esprimere in questo
modo i sentimenti escludeva la nozione di intimità emotiva; poiché infatti tutte le emozioni trovavano aperto e in-
discriminato sfogo, non ne restavano di personali da condividere con un ristrettissimo numero di persone.

È chiaro dunque che le nostre considerazioni su questo
argomento, per quanto ritenute scontate, non sono universali, ma cambiano nel tempo e sono spesso determinate dalle condizioni economiche, sociali e culturali. Ed è facile smarrirsi davanti al guazzabuglio di definizioni
dell'intimità che circolano oggi in Occidente, e che sono
capaci di tirare in ballo tanto un taglio di capelli quanto il
nostro rapporto con le lune di Nettuno. In che modo dunque possiamo arrivare a comprendere la natura di questo
sentimento? Credo che ormai siamo in grado di trarre alcune sicure conclusioni.

Vi è un'enorme diversità tra una vita e l'altra, tra il senso di vicinanza con gli altri che provano i vari individui, e
basta tale constatazione a schiuderci vasti orizzonti. Comprendere questo significa infatti comprendere che *qui e ora*
abbiamo grandi riserve di intimità, che siamo circondati
dall'intimità.

Oggigiorno, tanti sono oppressi dalla sensazione che
manchi qualcosa nella loro vita; tanti soffrono molto per
la mancanza di intimità. E ne soffrono più che mai quando, com'è inevitabile, attraversano periodi in cui non sono
coinvolti in alcuna relazione romantica o in cui sentono
spegnersi la passione in un rapporto. Nella nostra cultura
vi è la diffusa convinzione che la vera confidenza, la vera
vicinanza si raggiunga solo nel contesto dell'amore romantico e appassionato, della relazione con una persona
speciale ben distinta da tutte le altre. Tale ottica rischia di
essere assai limitativa: può infatti precluderci altre potenziali fonti di intimità e procurarci grande infelicità e grande tristezza quando la «persona speciale» non c'è.

Ma al nostro interno abbiamo i mezzi e gli strumenti

per scongiurare simili rischi: dobbiamo solo, coraggiosamente, ampliare a tal punto il nostro concetto di intimità da includervi tutte le altre forme sperimentabili su base quotidiana. Se allargheremo così il nostro orizzonte, scopriremo molti modi non meno soddisfacenti di connetterci con gli altri. Tornando al mio colloquio col Dalai Lama sul tema della solitudine e alla mia domanda suggerita dalla casuale lettura dei «messaggi personali» di un quotidiano locale, viene da riflettere sull'isolamento denunciato da quegli annunci: nel momento in cui scrivevano la loro inserzione, sforzandosi di trovare le parole capaci di por fine alla loro solitudine e di portare l'amore romantico nella loro vita, quante di quelle persone erano *già* circondate da amici, familiari, conoscenti, e avevano quindi relazioni che si sarebbero potute facilmente evolvere in legami assai intimi e appaganti? Molte, credo. Se ciò che cerchiamo nella vita è la felicità e se l'intimità è un ingrediente importante di questa felicità, è senza dubbio opportuno orientare il proprio comportamento verso un modello d'intimità che comprenda la maggior varietà di legami possibile. Il modello del Dalai Lama consiste nell'aprire il proprio animo a molte persone – familiari, amici e perfino estranei – allo scopo di instaurare rapporti autentici e profondi basati sui sentimenti condivisi da tutti gli esseri umani.

VI

Approfondire il nostro legame con gli altri

Un pomeriggio, dopo la conferenza, mi recai nella suite del Dalai Lama per il quotidiano appuntamento. Ero in anticipo di qualche minuto, e un domestico comparve nell'atrio per riferirmi sottovoce che Sua Santità era impegnato in un'udienza privata e avrebbe tardato ancora un poco. Seduto nel solito posto davanti alla porta della suite, approfittai dell'attesa per rivedere gli appunti preparati per il colloquio e cercai di evitare lo sguardo sospettoso di un uomo della sicurezza, lo stesso sguardo con cui i commessi dei negozi intimidiscono gli scolari che gironzolano tra gli scaffali delle merci.

Dopo pochi secondi la porta si aprì e ne uscì una coppia di mezz'età vestita elegantemente. Mi parvero volti noti, e infatti mi ricordai che i due mi erano stati presentati diversi giorni prima. Mi era stato detto che lei era una famosa ereditiera e il marito un ricco e potente avvocato di Manhattan. Al momento della presentazione ci eravamo scambiati solo poche parole, ma entrambi mi erano parsi assai boriosi. Quando uscirono dalla suite del Dalai Lama, mi sembrarono incredibilmente cambiati: smessa l'aria arrogante e superba, avevano un'espressione intenerita e commossa, quasi infantile; ed entrambi avevano il volto rigato di lacrime. Benché l'effetto del Dalai Lama sulle persone non fosse sempre così vistoso, notai che, parlando con lui, la gente mostrava spesso una reazione emotiva. Da tempo osservavo con stupore che, qualunque fosse il loro retroterra sociale e culturale, Tenzin Gyatso aveva la capacità di legare subito con gli altri, di instaurare un rapporto profondo a livello emozionale.

Creare l'empatia

Benché avessimo parlato dell'importanza dell'empatia e della compassione durante i nostri colloqui in Arizona, solo qualche mese dopo, nella residenza di Dharamsala, ebbi l'occasione di analizzare più in dettaglio con il Dalai Lama le relazioni umane. Ormai ero ansioso di vedere se fosse possibile individuare i principi fondamentali cui egli si ispirava nelle interazioni con gli altri e di verificare se questi principi servissero a migliorare qualsiasi rapporto, tanto quello con gli estranei quanto quello con i familiari, gli amici e i partner. Desideroso di una risposta, andai subito al dunque, chiedendo: «Circa l'argomento delle relazioni umane, qual è secondo lei il metodo o la tecnica più efficace per rapportarsi agli altri in maniera proficua e per ridurre i conflitti?».

Per un attimo mi guardò torvo. Non era proprio uno sguardo ostile, ma pareva quasi che gli avessi chiesto di dirmi l'esatta composizione chimica della polvere lunare.

Dopo un breve silenzio, rispose: «Vede, quello del rapporto con gli altri è un problema assai complesso. Non c'è una formula che serva a risolvere tutte le difficoltà. È un po' come quando si cucina. Se si intende ammannire un pranzo speciale, sopraffino, bisognerà affrontare vari stadi nella preparazione. Si dovranno innanzitutto bollire gli ortaggi a parte, poi occorrerà friggerli e mescolarli con sapienza, aggiungendo spezie e altri ingredienti. Il piatto sopraffino rappresenterà il risultato finale. Analogamente, per instaurare un buon rapporto con gli altri bisogna tener presenti molti fattori. Non si può affermare in maniera spicciola: "Questo è il metodo" o: "Questa è la tecnica"».

Non era certo la risposta che cercavo. Mi parve evasivo e pensai che senza dubbio aveva qualche consiglio più concreto da darmi. Così, senza demordere, chiesi: «Ammettiamo pure che non vi sia un'unica prassi per migliorare i nostri rapporti, ma esisteranno almeno delle regole generali per il conseguimento dell'obiettivo, no?».

Egli rifletté un attimo, poi rispose: «Sì. In precedenza abbiamo sottolineato che è importante avvicinarsi agli altri con il pensiero della compassione in mente. È, questo, un principio fondamentale. Certo, non basta dire alle persone: "È cruciale essere compassionevoli, abbiate più amore dentro di voi". Una simile raccomandazione, da sola, non è sufficiente. Ma un modo efficace di insegnare l'empatia e la compassione è usare il ragionamento, ossia far capire all'individuo il valore e i benefici pratici della compassione, indurlo a riflettere su quali sentimenti gli susciti la gentilezza degli altri nei suoi confronti. In qualche modo tali riflessioni stimolano le persone, le quali, nel loro tentativo di assumere un atteggiamento più compassionevole, svilupperanno reazioni positive.

«Quanto ai vari mezzi per maturare la compassione, penso che l'empatia, la capacità di comprendere la sofferenza altrui, sia tra i più importanti. Anzi, nella tradizione buddhista una tecnica per rafforzare la compassione consiste nell'immaginare una situazione in cui un essere senziente soffre. Per esempio ci si figura una pecora che sta per essere uccisa dal macellaio, si cerca di concentrarsi sulla sofferenza che può provare e così via...» Sua Santità fece una pausa di riflessione, rigirandosi distrattamente tra le dita il rosario di preghiera. «Penso che se ci trovassimo di fronte a una persona assai fredda e indifferente» riprese poi «tale tecnica forse non servirebbe a molto. Sarebbe come proporla a un macellaio: egli è così indurito, così abituato a macellare, che il metodo con lui non avrebbe effetto. Analogamente, sarebbe assai difficile illustrare e suggerire queste immagini mentali a certi occidentali, che si dedicano alla caccia e alla pesca per divertimento, considerandole una forma di ricreazione...»

«Certo» osservai «non servirebbe a nulla dire a un cacciatore di pensare alla sofferenza della preda; ma si potrebbero risvegliare in lui sentimenti di compassione invitandolo a immaginare che il suo cane da caccia preferito finisse in una trappola e guaisse per il dolore...»

«Sì, esattamente» convenne. «Credo si possa modificare la tecnica a seconda delle circostanze. Poniamo che qualcuno non abbia una forte empatia per gli animali, ma che l'abbia abbastanza per uno stretto familiare o un amico: potrebbe allora immaginare una situazione in cui la persona amata soffrisse o vivesse un grave dramma, e figurarsi i suoi sentimenti e le sue reazioni in simili circostanze. Si può insomma tentare di accrescere la compassione immedesimandosi nelle emozioni e nelle esperienze degli altri.

«Non solo l'empatia è importante come mezzo per rafforzare la compassione, ma in genere, se si hanno difficoltà nei rapporti col prossimo a qualsiasi livello, è assai utile mettersi nei panni degli altri per capire in che modo si reagirebbe alla situazione. Anche se non abbiamo esperienze in comune con l'altro o se il nostro stile di vita è molto diverso dal suo, possiamo immedesimarci usando l'immaginazione. Occorre forse una certa creatività. Tale tecnica ci impone di abbandonare temporaneamente il nostro consueto punto di vista e di guardare le cose con gli occhi dell'altro; di immaginare come vivremmo la situazione se fossimo nei suoi panni, come l'affronteremmo al suo posto. Aiuta a sviluppare la coscienza e il rispetto dei sentimenti altrui: un fattore, questo, essenziale alla riduzione dei conflitti e dei contrasti con il prossimo.»

Quel pomeriggio il nostro colloquio fu breve. Il mio appuntamento era stato inserito nell'agenda del Dalai Lama all'ultimo momento e, come molte delle nostre conversazioni, anche quella si svolse nel tardo pomeriggio. Fuori il sole, vicino al tramonto, colorava la stanza di una luce cupa e malinconica, trasformando il giallo chiaro delle pareti in ambra scura e tingendo le icone buddhiste di vivide sfumature dorate. Il domestico del Dalai Lama entrò si-

lenziosamente nella stanza, facendomi capire che il colloquio volgeva al termine. Desideroso di riassumere i concetti, chiesi: «So che dobbiamo concludere, ma ha altri
consigli da dare o altri metodi da suggerire per rafforzare
l'empatia nei rapporti interpersonali?».

Facendo eco alle parole pronunciate molti mesi prima
in Arizona, con semplicità e mitezza Tenzin Gyatso rispose: «Ogniqualvolta incontro una persona, mi avvicino
a lei tenendo presenti le cose fondamentali che abbiamo
in comune. Ogni essere umano ha un corpo, una mente,
delle emozioni. Tutti nasciamo allo stesso modo, e tutti
moriamo. Tutti cerchiamo la felicità e rifuggiamo dalla
sofferenza. Se, anziché considerare le differenze secondarie, come il fatto di essere tibetano o di avere un certo colore della pelle o di appartenere a un'altra religione e a
un'altra cultura, parto dall'ottica delle caratteristiche comuni, sento di incontrare una persona uguale a me. Ritengo che rapportarsi agli altri in questo modo renda assai più facile lo scambio e la comunicazione». Così
dicendo si alzò, sorrise, mi strinse la mano e si ritirò nelle sue stanze.

La mattina dopo riprendemmo il colloquio nella sua residenza.

«In Arizona parlammo parecchio dell'importanza della
compassione nei rapporti umani e ieri abbiamo discusso
di quale ruolo abbia l'empatia nel migliorare la nostra capacità di stabilire buone relazioni con gli altri...»

«Sì» disse il Dalai Lama, annuendo.

«Esistono, a suo avviso, tecniche specifiche per rendere
più efficace il nostro approccio verso gli altri?»

«Come le ho detto ieri, è assolutamente impossibile trovare una o due semplici tecniche atte a risolvere tutti i
problemi. Ciò premesso, credo vi siano altri fattori capaci
di aiutarci ad avere un migliore rapporto con il prossimo.
In primo luogo è utile capire bene l'esperienza e il retroterra culturale delle persone con cui trattiamo. In secondo

luogo giova avere apertura mentale e sincerità nelle relazioni con gli altri.»

Aspettai che proseguisse il discorso, ma non aggiunse nulla.

«Non ha altri metodi da suggerire per migliorare le relazioni interpersonali?»

Egli rifletté un attimo, poi, ridendo, rispose: «No».

Quei consigli mi parvero troppo banali: veri e propri luoghi comuni. Tuttavia, poiché Sua Santità sembrava, almeno per il momento, non aver nulla da aggiungere, passammo ad altri argomenti.

Quella sera alcuni amici tibetani di Dharamsala mi invitarono a cena e organizzarono un ritrovo che si rivelò assai stimolante. La cena, eccellente, consisteva di un numero incredibile di piatti speciali, primo fra tutti il *mo mos*, un gustoso gnocco ripieno di carne. A mano a mano che consumavamo le portate, la nostra conversazione si fece più animata, e cominciammo a raccontarci con particolari «indecenti» la cosa più imbarazzante che avessimo fatto da ubriachi.

Erano presenti parecchi ospiti, tra cui una coppia tedesca famosa: la donna era un architetto, il marito uno scrittore che aveva pubblicato una dozzina di volumi.

Essendo interessato ai libri, attaccai discorso con lui e lo interrogai sul mestiere di scrivere. Mi diede risposte brevi e svogliate in modo brusco e altezzoso. Giudicandolo scortese e anche abbastanza snob, provai un'immediata avversione per lui. Se non altro, pensai per consolarmi, avevo tentato di stabilire un contatto; pazienza se il mio interlocutore si era rivelato antipatico. E mi misi a parlare con ospiti più cordiali.

Il giorno dopo incontrai un amico a un caffè del villaggio e, mentre prendevamo il tè, gli raccontai della cena della sera prima.

«Mi sono piaciuti tutti» dissi «tranne Rolf, lo scrittore. Mi è parso così arrogante e scortese...»

«Lo conosco da anni» disse il mio amico «e so che all'inizio dà quell'impressione. Ma è solo un problema di timidezza e riservatezza. Se lo conosci bene, ti rendi conto che è una persona meravigliosa.» Non ne ero convinto, ma ascoltai il resto del discorso. «Benché sia un autore di successo» continuò «ha avuto la sua dose di guai nella vita, e ha sofferto molto. Durante la seconda guerra mondiale la sua famiglia subì terribili traversie a causa dei nazisti, e lui ha due amatissimi figli affetti purtroppo da un grave handicap fisico e mentale dovuto a una malattia genetica. Invece di inasprirsi o crogiolarsi nel vittimismo, Rolf ha affrontato i suoi problemi aprendosi agli altri, tanto che ha fatto per molti anni volontariato con gli handicappati. Se avrai modo di conoscerlo a fondo, capirai che è una persona davvero speciale.»

Capitò che rivedessi Rolf e sua moglie alla fine della settimana, nella piccola pista d'atterraggio che fungeva da aeroporto locale. Dovevamo andare a Delhi con lo stesso volo, che poi risultò cancellato. L'aereo successivo non sarebbe partito che di lì a molti giorni, sicché decidemmo di raggiungere la capitale noleggiando insieme un'auto e affrontando un faticoso viaggio di dieci ore. Dopo che il mio amico mi aveva dato quelle informazioni su Rolf, mi ero sentito meno ostile nei suoi confronti e accingendomi al lungo viaggio verso Delhi decisi di assumere un atteggiamento aperto, di cercare il dialogo. All'inizio lo scrittore reagì come aveva reagito durante la cena. Ma io continuai a mostrarmi affabile e presto scoprii che, come aveva detto il mio amico, la sua superbia era forse dovuta più a timidezza che a snobismo. Mentre attraversavamo in macchina la campagna polverosa e soffocante dell'India settentrionale, il nostro dialogo diventò sempre più intimo ed egli si rivelò una persona calda e autentica, nonché un ottimo compagno di viaggio.

Quando arrivammo a Delhi, mi resi conto che il consiglio del Dalai Lama di «comprendere l'esperienza e il retroterra culturale delle persone» non era così semplice e superficiale come mi era apparso in un primo momento. O meglio, forse era semplice, ma non semplicistico. A volte il consiglio che ci sembra più elementare e diretto, e che tendiamo quindi a ignorare giudicandolo ingenuo, può essere il mezzo più efficace per migliorare la comunicazione.

Diversi giorni dopo mi trovavo ancora a Delhi, da dove sarei ripartito per l'America nel giro di quarantott'ore. La città, con il suo caos, era terribilmente lontana dalla pace di Dharamsala, e io ero di cattivo umore. Non solo facevo fatica a sopportare il caldo soffocante, l'inquinamento e la folla, ma i marciapiedi pullulavano di una fauna assai diffusa: i predatori urbani specializzati nel truffare i turisti. Mentre camminavo per le strade bruciate dal sole, il fatto di essere, a ogni isolato, assediato da mezza dozzina di ladri che mi vedevano come l'Occidentale, lo Straniero e il Bersaglio Ideale mi dava l'impressione di avere scritto in fronte «idiota». Era demoralizzante.

Quella mattina abboccai a una comune trappola truffaldina che mi tesero due individui. In un momento in cui ero distratto, uno dei soci mi schizzò vernice rossa sulle scarpe. Poco oltre il suo complice, un giovanissimo lustrascarpe dall'aria innocente, mi fece notare la macchia rossa, si offrì di pulirmi le scarpe alla tariffa usuale ed effettuò abilmente il servizio in pochi minuti. Una volta finito, domandò con la massima faccia tosta una somma enorme, l'equivalente di due mesi di stipendio per molti abitanti di Delhi. Quando protestai, replicò che quello era il prezzo pattuito da prima. Poiché io continuai a oppormi, si mise a urlare e, davanti alla folla radunatasi intorno, gridò che mi rifiutavo di pagargli un servizio già reso. Più tardi seppi che si trattava di una truffa comunissima commessa ai danni degli ignari turisti; dopo aver chiesto una somma spropositata, il giovane lustrascarpe strilla apposta per attirare la folla, calcolando che il turista, per l'imbarazzo e per il desiderio di evitare scenate, paghi l'iperbolica tariffa.

A mezzogiorno pranzai in albergo con una collega. Quando mi chiese notizie della serie di colloqui che avevo appena avuto con il Dalai Lama, dimenticai gli avvenimenti della mattina perché cominciammo a parlare con grande interesse delle idee di Sua Santità sull'empatia e l'importanza del mettersi nei panni degli altri. Dopo pranzo prendemmo un taxi per andare a far visita a comuni amici, e appena l'auto partì mi tornò in mente la truffa di cui ero stato vittima poche ore prima. Mentre ruminavo foschi pensieri, mi capitò di buttare un'occhiata al tassametro e gridai al conducente: «Si fermi!».

La mia amica, che non se l'aspettava, trasalì. Il tassista mi guardò torvo dallo specchietto retrovisore, ma continuò a guidare.

«Si fermi!» ripetei, con voce tremante di rabbia. Mentre la mia amica taceva sconcertata, il taxi si fermò. Gesticolando come un pazzo, indicai il tassametro e urlai: «Non l'ha azzerato! Segnava più di trenta rupie quando siamo partiti!».

«Scusi tanto, signore», fece lui con una pigra indifferenza che mi esasperò ancora di più. «Ho dimenticato di azzerarlo. Lo faccio adesso...»

«No, lei non fa un bel niente!» sbottai. «Non ne posso più di vedervi gonfiare le tariffe, fare infiniti giri viziosi ed escogitare chissà quanti trucchetti per derubare la gente! Ne ho... ne ho piene le tasche!» Davanti alla mia esplosione di rabbia e sdegno, la mia amica appariva imbarazzata. Il tassista mi fissò con la stessa espressione di sfida che si legge assai spesso negli occhi delle vacche sacre circolanti per le strade affollate di Delhi, si fermò con l'intento doloso di bloccare il traffico, e parve giudicare il mio scoppio d'ira solo una noiosa seccatura. Buttai qualche rupia sul sedile anteriore e senza aggiungere una parola aprii la portiera alla mia amica e scesi a mia volta.

Dopo pochi minuti prendemmo un altro taxi e ci rimettemmo in viaggio. Ma non chiusi il discorso. Mentre procedevamo lungo le vie della città, continuai a brontolare che «tutti» a Delhi cercavano di fregare i turisti e che non eravamo altro che prede. La mia amica ascoltò in silenzio le mie infiammate proteste, poi disse: «Senti, in fondo trenta rupie sono solo un quarto di dollaro. Perché te la prendi tanto?».

Ribollivo di giusta indignazione. «Ma è il principio che conta!» esclamai. «Non so come tu possa accettare con tanta tranquillità queste fregature, che tra l'altro si ripetono in continuazione. Non ti irritano?»

«In un primo momento mi sono effettivamente irritata» ammise, «poi però ho cominciato a pensare a quello di cui abbiamo parlato a pranzo, cioè al fatto che secondo il Dalai Lama è molto importante vedere le cose dal punto di vista degli altri. Mentre tu ti imbufalivi, ho riflettuto su che cosa io avessi in comune con il tassista. Entrambi vogliamo mangiare bene, dormire bene, sentirci bene, essere amati e via dicendo. Poi ho provato a mettermi nei suoi panni. Sta seduto tutto il giorno in un'auto soffocante priva di aria condizionata, magari prova rabbia e invidia vedendo gli stranieri ricchi, e l'unico modo che ha di «raddrizzare il torto», di essere felice, è trovare espedienti per fregar loro soldi. Tuttavia, anche quando i trucchetti funzionano e riesce a spremere qualche rupia in più a un ignaro turista, ciò che ottiene non lo rende molto felice né gli fa condurre una vita davvero soddisfacente... In ogni caso, non so dirti il motivo, ma più provavo a mettermi nei panni del tassista, meno ero arrabbiata con lui, perché la sua esistenza mi sembrava troppo triste. Intendiamoci, continuo a disapprovare il suo comportamento e credo che abbiamo fatto bene a scendere dal taxi, ma non sono riuscita a sentire abbastanza collera da odiarlo.»

Rimasi zitto, pensando con stupore a quanto poco, in realtà, avessi assorbito dal Dalai Lama. Avevo ormai cominciato a capire il valore pratico di certi suoi consigli, come quello di «comprendere l'esperienza e il retroterra culturale degli altri», e certo ero affascinato dal modo in cui, personalmente, applicava nella vita i suoi principi. Ma, riandando alla serie di colloqui iniziata in Arizona e proseguita in India, mi resi conto che fin dall'inizio il nostro dialogo aveva assunto un tono clinico, che pareva quasi gli avessi chiesto informazioni di tipo anatomico, sebbene, nel caso specifico, relative all'anatomia della mente e dello spirito. Fino allora, insomma, non avevo cercato di tradurre in atto i suoi insegnamenti nella vita quotidiana. Per qualche motivo mi ero detto che forse lo avrei fatto in futuro, quando avessi avuto più tempo; ma avevo escluso di farlo subito.

Analizzare la vera base dei rapporti

I miei colloqui con il Dalai Lama in Arizona erano iniziati con un'analisi delle fonti della felicità. Benché Tenzin Gyatso abbia scelto di vivere da monaco, diverse ricerche hanno dimostrato che il matrimonio, pur essendo un sodalizio pieno di contrasti, può dare la felicità, in quanto costituisce un legame stretto e intimo che rafforza la salute e procura un senso di generale soddisfazione nella vita. Da molte migliaia di indagini condotte su americani ed europei, risulta che le persone sposate sono spesso più felici e più contente della loro esistenza dei *single* o dei vedovi, e soprattutto dei divorziati o separati. Una ricerca ha appurato che, degli americani convinti di avere un matrimonio «molto felice», sei su dieci giudicavano anche la propria vita «molto felice». Perciò, parlando delle relazioni umane, mi parve importante introdurre l'argomento dell'unione coniugale come fonte di felicità.

Pochi minuti prima del previsto colloquio con il Dalai Lama, sedevo con un amico in un patio dell'albergo di Tucson e sorseggiavo una bibita fredda. Poiché avevo accennato al fatto che mi accingevo a discutere con Sua Santità di amore e matrimonio, il mio amico e io avevamo cominciato a rammaricarci della nostra condizione di *single*. Mentre parlavamo, due giovani dall'aria sana e sportiva – forse golfisti – che si trovavano chiaramente lì per godersi

una vacanza al culmine della stagione turistica, si sedettero a un tavolo vicino al nostro. Avevano l'aria di essere
sposati non da pochissimo, ma nemmeno da troppo: magari non erano più in luna di miele, ma senza dubbio erano ancora allo stadio dell'innamoramento. Doveva essere
bello, pensai.

Come si sedettero, si misero a litigare.

«Ti avevo detto che avremmo fatto tardi!» disse la donna con tono aspro e con la voce molto rauca di chi ha le
corde vocali irritate da anni di fumo e alcol. «Ora abbiamo
appena il tempo di mangiare. Non posso nemmeno gu-
starmi la cena!»

«Se non ci avessi messo tanto a prepararti...» ribatté
pronto l'uomo con tono più calmo, ma riversando in ogni
sillaba una notevole dose di irritazione e ostilità.

E il battibecco proseguì così, senza soluzione di continuità. Come disse il grande Euripide: «Sposatevi, e forse
andrà tutto bene. Ma quando un matrimonio fallisce, marito e moglie vivono l'inferno in casa».

La lite, che presto diventò sempre più aspra, ci tolse
ogni voglia di lamentarci della nostra condizione di sca-
poli. Il mio amico levò gli occhi al cielo e citò una battuta
del serial televisivo *Seinfeld*: «Oh, sì, voglio sposarmi *al più
presto*!».

Fino a pochi attimi prima avevo pensato di iniziare il
colloquio chiedendo al Dalai Lama che cosa pensasse delle virtù e delle gioie dell'amore romantico e del matrimonio. Ora invece, entrando nella sua suite, prima ancora di
sedermi dissi: «Secondo lei, perché insorgono così spesso
conflitti all'interno dei matrimoni?».

«L'argomento dei conflitti è senza dubbio assai complesso» rispose. «Spesso entrano in gioco numerosi fattori. *Perciò, quando cerchiamo di capire i problemi di relazione,
dobbiamo per prima cosa riflettere attentamente sulla natura e i
fondamenti del rapporto preso in esame.*

«Innanzitutto bisogna capire che esistono diversi tipi di

relazione, e appurare quali siano le differenze tra l'uno e l'altro. Lasciamo un attimo da parte il matrimonio e prendiamo per esempio i semplici rapporti d'amicizia: anche in questo campo notiamo che vi sono vari generi di interazione. Certe amicizie hanno come fondamento la ricchezza, il potere e la posizione, e in questi casi il rapporto dura finché durano i beni materiali e l'influenza: ove vengano meno tali elementi, verrà meno a poco a poco anche il legame. Poi vi è l'amicizia che non si basa sull'interesse per la ricchezza, il potere e la posizione, ma su un genuino sentimento umano, su un senso di intimità caratterizzato da condivisione e concordia. Una simile amicizia la definirei autentica, perché non è influenzata dal grado di ricchezza, posizione o potere dei singoli individui, né dipende da quanto aumentino o diminuiscano questi fattori materiali o sociali. Il fattore determinante nella vera amicizia è il sentimento di affetto. Se manca quello, non vi sarà un legame autentico e durevole. In effetti abbiamo già parlato di tale argomento e queste considerazioni sono assai evidenti; ma quando ci troviamo davanti a un problema di relazione, spesso giova guardare le cose con un certo distacco e riflettere sui fondamenti del rapporto.

«Così, se siamo alle prese con difficoltà coniugali, può essere utile analizzare il fondamento dell'unione. Vediamo per esempio che spesso i matrimoni si basano sull'attrazione sessuale immediata. Quando un uomo e una donna si conoscono appena e si sono visti solo in due o tre occasioni, potranno anche essere innamoratissimi e felicissimi», e qui rise, «ma se decidessero di sposarsi in quel momento farebbero una scelta assai rischiosa. Come si può diventare in certo modo folli per l'intensità della rabbia o dell'odio, così si può diventare in certo modo folli per l'intensità della passione o della libidine. Si può anzi arrivare a pensare: "Il mio partner non è in realtà né buono né gentile, ma mi sento attratto da lui". Un rapporto basato sull'attrazione fisica del momento è del tutto inaffidabile e instabile, perché fa assegnamento su fenomeni prettamente temporanei. Sentimenti del genere hanno vita brevissima e dopo qualche tempo scompaiono.» Schioccò le dita per sottolineare la natura effimera di simili rapporti e concluse: «Dunque non dovrebbe sorprendere che questo tipo di relazione entri in crisi, che un matrimonio basato sull'attrazione sia destinato ad avere problemi ... Ma lei che cosa ne pensa?».

«Sì, sono d'accordo» risposi. «Sembra che in tutte le relazioni, anche le più ardenti, la passione iniziale poi si raffreddi. Da alcune ricerche risulta che chi considera l'attrazione fisica e l'amore romantico essenziali al rapporto, spesso finisce per incorrere in una disillusione o divorziare. Ellen Berscheid, una psicologa sociale dell'università, se non sbaglio, del Minnesota, ha analizzato il problema e concluso che l'incapacità di comprendere quanto sia breve la durata dell'amore passionale può condannare una relazione. Assieme ai suoi colleghi, ha calcolato che l'aumento del tasso di divorzi negli ultimi vent'anni sia in parte dovuto alla crescente importanza attribuita dalla gente alle esperienze emozionali più intense e gratificanti, come l'amore romantico. Infatti queste esperienze danno, sì, gioia, ma difficilmente durano nel tempo.»

«Proprio così» disse il Dalai Lama. «Perciò, per quanto riguarda i problemi coniugali, è assai importante analizzare e capire la vera base della relazione.

«Se in alcuni rapporti le parti in causa sono legate soprattutto dall'attrazione sessuale immediata, in altri invece conservano la loro lucidità mentale e, pur vedendo che sotto il profilo dell'apparenza fisica il partner non è bellissimo, apprezzano il fatto che sia una persona brava, buona e gentile. Una relazione basata su tali premesse è senza dubbio molto più durevole, perché comporta una comunicazione genuina, a livello umano e personale, tra l'uomo e la donna...»

S'interruppe un attimo, come per riflettere, poi aggiunse: «Vorrei chiarire però che una relazione buona e sana può benissimo includere la componente dell'attrazione sessuale. Direi quindi che vi sono due principali tipi di rapporto basato sull'attrazione sessuale. Il primo ha per fondamento il mero desiderio fisico. In esso la motivazione o la base del legame è solo la soddisfazione temporanea, la gratificazione immediata, e le parti in causa si trattano non tanto come persone, quanto come oggetti. È un rapporto poco solido perché, se l'unione è dettata solo dal desiderio sessuale e non comprende la componente del mutuo rispetto, diventerà quasi una forma di prostituzione nella quale le due parti non avranno alcuna stima reciproca. Una relazione basata soprattutto sul desiderio sessuale è come una casa costruita su fondamenta di ghiaccio; appena il ghiaccio si scioglie, l'edificio crolla.

«Nel secondo tipo di relazione, invece, l'attrazione sessuale, pur esistendo, non rappresenta il fondamento. In questa unione ciascun partner comprende il valore dell'altro: lo giudica una persona brava, buona e gentile, e quindi lo rispetta. Una relazione ispirata a tali sentimenti sarà assai più valida, affidabile e durevole. E perché si instauri sarà essenziale che le parti in causa abbiano il tempo di conoscersi a fondo, di conoscere le rispettive caratteristiche fondamentali.

«Ecco perché, quando i miei amici mi chiedono consiglio sul matrimonio, di solito chiedo da quanto tempo conoscono il partner. Se rispondono pochi mesi, dico: "Oh, è troppo poco". Se rispondono alcuni anni, la situazione mi pare più promettente. Dopo anni non si conosce solo la faccia o l'aspetto dell'altro, ma, credo, anche la sua natura più profonda.»

«Mi fa venire in mente una frase di Mark Twain: "Nessun uomo e nessuna donna sanno davvero che cosa sia l'amore perfetto finché non sono sposati da venticinque anni".»

Annuendo, Sua Santità disse: «Sì... Penso dunque che molti problemi insorgano solo perché i coniugi non hanno avuto il tempo sufficiente per conoscersi. In ogni caso, *credo che se si vuole avere una relazione davvero soddisfacente, si debba cercare di capire la natura profonda dell'altro e che ci si debba rapportare a lui su quel livello, anziché sulla fragile base di caratteristiche superficiali.* E in questa relazione valida ha un ruolo la genuina compassione.

«Bene, ho sentito molte persone affermare che il loro matrimonio aveva un significato più profondo della mera relazione sessuale, che essere sposati voleva dire cercare di unire saldamente le proprie vite, condividere i momenti belli e i momenti brutti, avere un certo grado di intimità. Se tali affermazioni sono sincere, credo sia questa la base giusta su cui costruire una relazione. Un'unione solida comporta responsabilità e impegno reciproci. Certo il contatto fisico, la giusta o normale relazione sessuale tra i due componenti della coppia dà una soddisfazione che ha forse un effetto rasserenante sulla mente. Ma in fondo, sotto il profilo biologico, lo scopo primario del rapporto sessuale è la riproduzione. E riproduzione significa impegno verso la prole, capacità di farla sopravvivere e prosperare. Perciò maturare il senso di responsabilità e di impegno è fondamentale. Senza quello, il rapporto offre solo una soddisfazione temporanea. Offre solo divertimento.» Sottolineò quell'ultima affermazione ridendo, e nel suo riso si colse lo stupore per le infinite sfaccettature del comportamento umano.

I rapporti basati sull'amore romantico

Mi faceva uno strano effetto parlare di sesso e matrimonio con un uomo ultrasessantenne che era stato celibe tutta la vita. Tenzin Gyatso non sembrava contrario a parlare di simili temi, ma si intuiva un certo distacco nei suoi commenti.

Quella sera, ripensando alla nostra conversazione, mi venne in mente che nelle relazioni aveva un ruolo un'altra importante componente di cui non avevamo discusso e, curioso di conoscere il parere di Sua Santità, sollevai l'argomento il giorno dopo.

«Ieri abbiamo trattato delle unioni coniugali e sottolineato che una relazione intima o un matrimonio devono basarsi su qualcosa di più del sesso» esordii. «Tuttavia la cultura occidentale esalta non solo l'atto sessuale, ma anche l'intera concezione di *amore romantico*: l'idea di innamoramento, di legame profondo e appassionato col partner. Nel cinema, nella letteratura e nella cultura popolare vediamo celebrare l'amore romantico. Lei che cosa ne pensa?»

Il Dalai Lama rispose deciso: «Lasciando da parte il problema di quanto l'eterna ricerca dell'amore romantico influisca sulla nostra intima crescita spirituale, credo che, sotto il profilo del vivere quotidiano, idealizzare l'amore romantico rappresenti un atteggiamento estremista e negativo. L'amore romantico è ben diverso dalle relazioni basate su un affetto autentico e colmo di sollecitudine, e non può essere considerato positivo. È qualcosa di fantastico e irraggiungibile, sicché causa frustrazione. Per questo, dunque, non può giovare ad alcuno».

La risposta era quella definitiva di chi non ha altro da aggiungere. Considerato il forte accento che la nostra società pone sul legame appassionato ed esclusivo, pensai che avesse liquidato troppo in fretta l'argomento e il fascino che suscita. Data la sua educazione monastica, immaginai che il Dalai Lama non apprezzasse granché le gioie dell'unione romantica e che interrogarlo ulteriormente sulla questione equivalesse a chiedergli di venire con me al parcheggio per controllare cosa non andasse nel cambio della mia auto. Piuttosto deluso, armeggiai un attimo con i miei appunti e passai a un altro tema.

Che cosa rende l'amore romantico tanto affascinante? Se si analizza il problema, si scopre che *Eros*, l'amore passionale, sessuale e romantico – l'estasi suprema – è un potente cocktail di ingredienti culturali, biologici e psicologici. Nella cultura occidentale tale concezione è fiorita negli ultimi duecento anni sotto l'influenza del romanticismo, un movimento che ha contribuito non poco a forgiare la nostra visione del mondo. Il romanticismo si sviluppò per reazione all'illuminismo, che nel Settecento aveva esaltato la ragione umana, dando invece grande risalto all'intuizione, all'emozione, al sentimento e alla passione. Sottolineando l'importanza del mondo sensoriale e dell'esperienza soggettiva dell'individuo, celebrava l'immaginazione, la fantasia e la ricerca di universi non reali, fossero essi collocati in un passato idealizzato o in un futuro utopistico. Tale concezione ha avuto un'influenza profonda non solo sull'arte e la letteratura, ma anche sulla politica e su tutti gli aspetti della moderna cultura occidentale.

Perché inseguiamo l'amore romantico? Soprattutto per la sensazione dell'innamoramento. Nella ricerca di questo stato di grazia siamo spinti da forze potenti che trascendono quell'aura romantica che nella nostra cultura avvolge il sentimento d'amore. Molti ricercatori sono convinti che queste forze siano geneticamente determinate fin dalla nascita. L'innamoramento, che è sempre unito all'attrazione sessuale, è forse una componente istintiva inscritta nel nostro hardware per indurci alla riproduzione. Sotto il profilo evolutivo, il principale compito dell'organismo è sopravvivere, riprodursi e assicurarsi che la specie continui a vivere. È quindi nel nostro interesse di specie che siamo programmati a innamorarci; l'innamoramento aumenta chiaramente le probabilità che ci accoppiamo e riproduciamo. Abbiamo, insomma, meccanismi innati che ci aiutano a raggiungere gli obiettivi biologici: in risposta a determinati stimoli, il cervello produce sostanze chimiche che generano una sensazione di euforia, lo «sballo» associato all'innamoramento. E quando l'encefalo viene messo quasi a «marinare» in simili sostanze chimiche, siamo così sopraffatti dalle nostre sensazioni che escludiamo dalla scena tutto il resto.

Le forze psicologiche che ci inducono a inseguire la passione romantica non sono meno potenti di quelle biologiche. Nel *Simposio* di Platone uno dei personaggi, il commediografo Aristofane, narra il mito antropologico dell'origine dell'amore sessuale. Secondo il racconto, gli abitanti originari della terra si dividevano in tre generi: uomo, donna e androgino. Gli androgini erano creature di forma arrotondata, dotati di fianchi e dorso disposti in cerchio e di otto arti con i quali si muovevano a ruota. Questi esseri rotondi avevano una forza e un vigore tremendi, sicché si misero in testa di muovere un attacco agli dèi. Per punirli, Zeus tagliò tutti gli esseri umani a metà, «come si tagliano le uova con un capello». Le creature nate dagli uomini diventarono omosessuali maschi, quelle nate dalle donne diventarono omosessuali femmine e quelle nate dagli androgini furono disperatamente attratte dal sesso opposto, con il quale anelavano a ricongiungersi per ricomporre l'originaria unità.

Eros, la pulsione verso l'amore passionale e romantico, simboleggia questo antico desiderio di fusione con l'altra metà. Tale bisogno umano di abbattere i confini individuali, di fondersi con la persona amata e di diventare una cosa sola con lei, sembra qualcosa di inconscio e universale. Gli psicologi definiscono il fenomeno «crollo dei confini dell'Io». Alcuni ritengono che affondi le radici nella vita infantile, che rappresenti il tentativo inconscio di ricreare l'esperienza neonatale, la condizione primaria in cui il bambino è fuso con la madre o con la persona che si cura di lui.

Da alcune ricerche sembra lecito dedurre che i neonati non distinguano tra se stessi e il resto del mondo. Non hanno alcun senso dell'identità personale, o perlomeno, nella loro idea di identità, sono inclusi la madre, gli altri e tutti gli oggetti presenti nell'ambiente. Il neonato non sa dove finisce lui e dove comincino gli «altri», ovvero non possiede quella che è definita «permanenza dell'oggetto»: egli non si rende conto che gli oggetti hanno un'esistenza indipendente e se non interagisce con essi li giudica inesistenti. Quando per esempio tiene in mano un sonaglio, lo giudica parte di se stesso, e se il sonaglio gli viene portato via o gli viene nascosto alla vista, per lui cessa di esistere.

Alla nascita i circuiti neurali non sono ancora del tutto fissati, ma quando, con l'età, l'encefalo matura, il bambino sviluppa un'interazione più complessa col mondo e a poco a poco acquisisce il senso dell'identità personale, dell'«io» contrapposto agli «altri». Con ciò sviluppa anche la sensazione di isolamento e gradualmente comincia a rendersi conto dei propri limiti. L'identità continua ovviamente a formarsi per tutta l'infanzia e l'adolescenza a mano a mano che il ragazzo stabilisce contatti col mondo. Tutti noi perveniamo al senso dell'identità in conseguenza delle nostre rappresentazioni interne, che sono in gran parte determinate dal riflesso delle iniziali interazioni con i familiari e dal riflesso del nostro ruolo nella società. A poco a poco, l'identità personale e la struttura intrapsichica diventano più complesse.

Ma qualcosa in noi continua forse a vagheggiare la regressione a una condizione precedente dell'esistenza, a quello stato di beatitudine nel quale non vi sono né senso di isolamento né senso di separatezza. Oggi numerosi psicologi sono convinti che l'iniziale esperienza dell'«unità» sia incorporata nella nostra mente inconscia e che quando siamo adulti essa permei le più intime fantasie inconsce. Essi ritengono che la «fusione» con la persona amata quando si è innamorati riproduca l'esperienza di «fusione» con la madre nella primissima infanzia: che ricrei, insomma, quella magica sensazione di onnipotenza, di capacità illimitata. Una sensazione così è troppo bella per non rappresentare un forte richiamo.

Non stupisce, dunque, che inseguiamo l'amore romantico. Allora perché condannarlo? E perché il Dalai Lama afferma categoricamente che è negativo?

Riflettendo sull'argomento, sul fatto che anelare a una relazione romantica e cercare rifugio in essa dia la felicità, mi tornò in mente un mio ex paziente, David.

Trentaquattrenne architetto del paesaggio, David si presentò per la prima volta nel mio studio con i classici sintomi di una grave depressione clinica. Mi spiegò che forse era depresso a causa di leggere tensioni sul lavoro, ma che «in pratica la depressione era insorta senza un chiaro motivo». Discutemmo l'eventualità di una terapia a base di antidepressivi e poiché si mostrò favorevole all'idea, decidemmo di provare con un prodotto standard. La cura risultò assai efficace, e nel giro di tre settimane i sintomi acuti migliorarono e il paziente tornò alla normale routine. Analizzando la sua storia, però, non tardai molto a capire che, oltre a soffrire di depressione acuta, David accusava da molti anni una distimia, un'insidiosa, benché lieve, forma di depressione cronica. Quando si fu ripreso dai disturbi acuti, prendemmo in esame la sua storia personale per cercare di comprendere la dinamica psicologica interna che poteva aver dato origine al disagio di vecchia data.

Dopo poche sedute terapeutiche, un giorno entrò nel mio studio in uno stato d'animo euforico. «Mi sento in gran forma!» esclamò. «Non stavo così bene da anni!»

Davanti a quella bella notizia, per prima cosa valutai se non fosse passato alla fase maniacale di un disturbo dell'umore. Ma appurai che così non era.

«Sono innamorato» disse. «L'ho conosciuta la settimana scorsa, a una gara d'appalto. È la più bella ragazza che abbia mai visto! Questa settimana siamo usciti quasi tutte le sere e ho capito che siamo anime gemelle, fatte l'una per l'altra. Stento a crederci. Erano due o tre anni che non avevo una ragazza e ormai avevo perso le speranze, quando d'un tratto ho conosciuto lei.»

Passò gran parte della seduta a elencare le doti straordinarie della nuova fidanzata. «Credo che siamo perfettamente adatti l'uno all'altra. E non è solo una questione di sesso: siamo interessati alle stesse cose ed è addirittura sconcertante vedere quanto siano simili le nostre idee. Certo, sono realista e capisco che nessuno è perfetto. L'altra sera, per esempio, mi sono un po' inquietato perché ho avuto l'impressione che civettasse con certi tizi al club nel quale eravamo andati, ma entrambi avevamo bevuto molto e lei si stava solo divertendo. In seguito ne abbiamo discusso e abbiamo chiarito tutto.»

Tornò la settimana dopo per informarmi che aveva deciso di sospendere la terapia. «Tutto sta andando così bene nella mia vita, che ormai non vedo di che cosa possiamo parlare in analisi» disse. «La depressione è scomparsa, dormo come un bambino, ho di nuovo il massimo rendimento sul lavoro e sono coinvolto in una meravigliosa storia sentimentale che sta andando di bene in meglio. Penso che le sedute mi abbiano giovato, ma in questo momento mi pare assurdo spendere soldi nella terapia, visto che non ci sono problemi da risolvere.»

Mi dissi felice che le cose andassero così bene, ma gli ricordai alcuni dei problemi familiari che avevamo cominciato a individuare e osservai che forse proprio quelli erano all'origine della sua distimia cronica. Intanto pensavo a comuni termini psichiatrici come «resistenza» e «difese».

David non parve convinto. «Be', può darsi che un giorno mi venga voglia di analizzare quei problemi» osservò, «ma credo che i miei guai nascessero soprattutto dalla solitudine, dalla sensazione che mi mancasse qualcosa, una persona speciale con cui dividere la vita. E adesso questa persona l'ho trovata.»

Fu irremovibile nella sua decisione di sospendere la terapia quel giorno stesso. Stabilimmo che sarebbe stato il suo medico di famiglia a controllare il regime terapeutico e passammo la seduta a riassumere e a concludere quanto si era fatto fino ad allora. Quando ci congedammo, dissi che, in ogni caso, la mia porta era sempre aperta.

Parecchi mesi dopo si ripresentò nel mio studio.

«Vengo da un periodo di grande infelicità» esordì abbattuto. «E pensare che l'ultima volta che ci siamo visti tutto andava così bene. Credevo proprio d'aver trovato la donna ideale. Ho anche sollevato con lei l'argomento del matrimonio; ma più io cercavo di accrescere l'intimità, più lei si allontanava. Alla fine mi ha lasciato, dopo di che sono stato molto depresso per un paio di settimane. Le telefonavo solo per sentire la sua voce, riappendendo subito. Mi sono spinto al punto di passare in macchina davanti al suo ufficio solo per vedere se c'era la sua auto. Dopo circa un mese mi sono stancato di fare queste cose assurde e, se non altro, i sintomi della depressione sono migliorati. Voglio dire che mangio e dormo bene, ho un buon rendimento sul lavoro, sono pieno di energia e via dicendo. Ma ho ancora la sensazione che una parte di me sia venuta a mancare. È come se fossi tornato al punto di partenza: mi sento di nuovo come mi sono sentito per anni...»

Riprendemmo la terapia.

Come fonte di felicità, sembra proprio che l'amore romantico lasci molto a desiderare. E forse il Dalai Lama aveva buoni motivi per affermare che non rappresenta la giusta base di una relazione, che è solo una fantasia inattuabile e non merita i nostri sforzi. A pensarci bene, forse aveva descritto con obiettività la natura del fenomeno, e il suo giudizio negativo non era affatto influenzato dai lunghi anni di educazione monastica. Perfino una fonte di consultazione obiettiva come il dizionario, che comprende varie definizioni di «romantico» e «romanticismo», usa espressioni come «distacco dalla realtà», «esagerata vaghezza del sentimento», «tendente all'evasione fantastica», «sognante», «incline alla languida passione», «caratteristico o tipico dell'amore e del corteggiamento idealizzati» e così via. È evidente che, lungo la strada percorsa dalla civiltà occidentale, si è verificato un cambiamento. L'antico *Eros*, che aveva alla base il concetto di unione e fusione con un'altra persona, ha assunto un nuovo significato. L'amore romantico ha acquisito un che di artificioso, una connotazione falsa e illusoria, la stessa che indusse Oscar Wilde a osservare cinicamente: «Quando si è innamorati si inizia sempre con l'ingannare se stessi e si finisce sempre con l'ingannare gli altri. Questo è ciò che il mondo chiama amore romantico».

In precedenza abbiamo definito l'intimità, la vicinanza, un'importante componente della felicità umana, e che lo sia è indubbio. Ma se si cerca una soddisfazione durevole in un rapporto, le fondamenta dovranno essere solide. Per questo il Dalai Lama ci esorta ad analizzare la base di una relazione quando ci accorgiamo che le cose stanno andando male. L'attrazione sessuale, o anche l'intensa emozione dell'innamoramento, può contribuire al formarsi del legame iniziale tra due persone, a spingerle l'una verso l'altra; ma, come una buona resina epossidica, quel primo collante va mescolato con altri ingredienti se si vuole che il rapporto si consolidi e duri nel tempo. Per individuare gli altri ingredienti, prendiamo ancora una volta in considerazione l'approccio del Dalai Lama, il quale afferma che per costruire una relazione valida occorrono qualità come l'affetto, la compassione e il rispetto reciproco. Se coltiveremo simili qualità, avremo un legame profondo e significativo non solo con il coniuge o il partner, ma anche con gli amici, i conoscenti e gli estranei: insomma con qualsiasi essere umano. Le possibilità e opportunità di connessione diventeranno allora infinite.

VII

Il valore e i benefici della compassione

Definire la compassione

Più i nostri colloqui procedevano, più mi resi conto che nella vita del Dalai Lama coltivare la compassione era ben più di un semplice mezzo per maturare sentimenti di empatia e affetto atti a migliorare i rapporti con gli altri. Diventò anzi chiaro che egli, come buddhista praticante, considerava lo sviluppo della compassione parte integrante del suo cammino spirituale.

«Visto che il buddhismo ritiene la compassione parte essenziale dell'evoluzione spirituale», dissi, «può definire meglio questo sentimento?»

«La compassione» rispose «può essere definita in linea di massima come uno stato mentale non violento, non aggressivo e non inteso a nuocere. È un atteggiamento dell'animo basato sul desiderio che gli altri siano liberi dalla sofferenza, e si associa all'impegno, alla responsabilità e al rispetto nei confronti del prossimo.

«A proposito della definizione, il termine tibetano *tse-wa*, che designa appunto la compassione, indica uno stato mentale in cui è incluso anche il desiderio di ottenere cose buone per se stessi. Quando cerchiamo di maturare la compassione, forse possiamo cominciare dal desiderio di liberarci personalmente dalla sofferenza e in un secondo tempo, coltivando questo sentimento naturale verso noi stessi, rafforzarlo fino a includervi tutti gli altri.

«Spesso la gente, quando parla di compassione, tende

purtroppo a confonderla con l'attaccamento. È perciò indispensabile distinguere innanzitutto tra due diversi tipi di amore e compassione. Il primo è permeato di attaccamento, del desiderio di controllo sugli altri: si ama una persona perché questa ci ami a sua volta. Tale diffuso tipo di amore o compassione è assai parziale e viziato, e un rapporto che si basi su di esso è instabile. Un simile legame parziale, che si fonda sulla percezione e l'identificazione dell'altro come «amico», può condurre a un certo attaccamento emotivo e a una certa intimità. Ma se la situazione cambia anche solo di poco, magari per un disaccordo, o se l'amico fa qualcosa che ci irrita, d'un tratto la nostra proiezione mentale cambia: l'idea di «mio amico» svanisce. Si scopre allora che l'attaccamento emotivo viene meno e al posto dell'amore e della sollecitudine può subentrare un sentimento di odio. Questo amore basato sull'attaccamento, dunque, è spesso fortemente connesso all'odio.

«Il secondo tipo di compassione, invece, è autentico e scevro di ogni attaccamento. Chi prova vera compassione non parte tanto dalla premessa emotiva che una certa persona gli sia cara, quanto dalla premessa razionale che tutti gli altri esseri umani abbiano, al pari di lui, il desiderio innato di essere felici e di sconfiggere la sofferenza. Esattamente come noi, gli altri hanno il naturale diritto di soddisfare tale innata aspirazione. Se riconosciamo questa eguaglianza e questa caratteristica comune, ci sentiremo solidali e intimi col prossimo. Quando il fondamento è questo, potremo provare compassione indipendentemente dal fatto che consideriamo l'altro un amico o un nemico. Riconoscere ciò significa riconoscere i fondamentali diritti degli altri e non limitarsi a una mera proiezione mentale. È su tale base che si generano l'amore e la compassione. È questa la vera compassione.

«Si capisce quindi quanto sia importante nella vita quotidiana distinguere bene tra i due tipi di compassione e coltivare quello autentico. Nel matrimonio, per esempio, vi è spesso una componente di attaccamento emotivo. Se è presente anche una componente di vera compassione, di mutuo rispetto umano, l'unione probabilmente durerà a lungo; se invece vi è attaccamento emotivo senza compassione, il matrimonio sarà più instabile e tenderà a finire prima.»

Chiedere alla gente di maturare una compassione più universale, generalizzata e distinta dal sentimento personale mi pareva arduo. Riflettei sul concetto e, come pensando ad alta voce, dissi: «Ma l'amore e la compassione sono un sentimento soggettivo. Ho idea che, dal punto di vista emozionale, la qualità o la *sensazione* di amore o compassione sia la stessa tanto in presenza quanto in assenza di attaccamento. Perciò, se proviamo la medesima emozione o gli stessi sentimenti in entrambi i tipi di compassione, perché è tanto importante operare una distinzione?»

«Innanzitutto» rispose deciso il Dalai Lama «credo che il vero amore, o compassione, abbia una qualità diversa da quello permeato di attaccamento. I due sentimenti non sono uguali. La vera compassione è assai più forte, comprensiva e profonda; inoltre è assai più stabile e affidabile. Quando per esempio vediamo un animale che soffre molto, come un pesce che si dibatte con l'amo in bocca, sentiamo, se dotati di autentica compassione, di non poter sopportare la sua pena. La sensazione non si basa su un attaccamento speciale al pesce; non è che pensiamo: "Quest'animale è mio amico". Sentiamo insomma compassione semplicemente perché capiamo che anche quella creatura ha sensazioni, prova dolore e ha il diritto di non provarlo. Tale compassione, non venata di desiderio o attaccamento, è dunque assai più sana e più durevole nel lungo periodo.»

Interessato ad approfondire l'argomento, dissi: «Portando l'esempio della persona che vede un pesce soffrire molto con l'amo in bocca, lei ha fatto un'osservazione cruciale, ossia che lo spettacolo del dolore del pesce sia intollerabile alla vista».

«Sì» confermò. «In effetti si potrebbe definire la compassione il sentimento di chi non può sopportare di vede-

re le sofferenze altrui, le sofferenze degli altri esseri senzienti. E perché nasca un simile sentimento bisogna che si
comprenda a fondo la gravità o intensità delle pene degli
altri. Credo quindi che più comprendiamo il dolore e i vari tipi di sofferenza cui siamo soggetti, più profondo sarà
il nostro livello di compassione.»

«Certo» dissi «capisco che maggiore consapevolezza
avremo delle sofferenze altrui, maggiore sarà la nostra capacità di compassione. Di fatto, provare compassione significa per definizione capire il dolore degli altri, condivi-
derlo. Ma c'è un problema non indifferente: perché mai
dovremmo caricarci delle sofferenze altrui quando non
vogliamo caricarci nemmeno delle nostre? Voglio dire, in
genere noi facciamo di tutto per evitare il dolore e la sofferenza, tanto che arriviamo al punto di assumere farmaci e
altre sostanze. Non è quindi assurdo scegliere di gravarci
del dolore degli altri?»

«A mio avviso» rispose fermo il Dalai Lama «c'è una
notevole differenza tra il nostro dolore personale e il dolore che possiamo provare quando, con uno stato compassionevole dell'animo, condividiamo la sofferenza degli altri e ce ne facciamo carico. È una differenza qualitativa.»
S'interruppe, poi, come cercando di intuire i miei sentimenti in quel momento, continuò: «Quando soffriamo in
prima persona, abbiamo la sensazione di essere completamente sopraffatti. Siamo gravati, ci sentiamo un peso ad-
dosso: abbiamo l'impressione di essere del tutto inermi.
C'è in noi un complessivo ottundimento, quasi che le nostre facoltà si fossero intorpidite.

«Ebbene, anche quando proviamo compassione, anche
quando ci carichiamo delle sofferenze altrui possiamo avvertire all'inizio un certo grado di sconforto, un senso intollerabile di disagio. Ma in questo stato d'animo compassionevole il sentimento è assai diverso, perché alla base
del disagio vi è un altissimo livello di vigilanza e determinazione: noi infatti accettiamo volontariamente e deliberatamente la sofferenza dell'altro per uno scopo più eleva-

to. Proviamo un senso di solidarietà e impegno, siamo protesi verso l'altro e, anziché ottundimento, in noi c'è freschezza. In certo modo è quello che accade all'atleta. Quando si sottopone a un rigoroso allenamento, a esercizi e sforzi che lo fanno sudare, lo sportivo soffre molto. Credo sia un'esperienza assai dolorosa e faticosa, ma egli la considera non già una sofferenza, bensì un grande successo, qualcosa di associato alla gioia. Se però fosse costretto a compiere altri sforzi fisici che esulassero dall'allenamento, il medesimo atleta penserebbe: "Ma perché mi hanno obbligato a questa terribile prova?" In altre parole, l'atteggiamento mentale è enormemente importante.»

Quelle poche parole, dette con tanta convinzione, mi fecero uscire da una sorta di vicolo cieco e mi diedero la sensazione che si potesse davvero risolvere o trascendere il problema della sofferenza.

«Lei ha detto che il primo passo verso il sentimento di compassione è comprendere a fondo la sofferenza. Ma nel buddhismo usate per caso tecniche specifiche per rafforzare lo stato d'animo compassionevole?»

«Sì. Per esempio nel buddhismo māhāyana vi sono due principali tecniche per coltivare la compassione: il metodo dei "sette punti" (le sei cause e l'effetto risultante) e quello "in cui si eguaglia e si scambia se stessi con gli altri". La tecnica dello "scambio ed eguaglianza" si rinviene nell'ottavo capitolo della *Guida allo stile di vita del bodhisattva* di Śāntideva.» Tenzin Gyatso diede un'occhiata all'orologio e, rendendosi conto che il tempo prefissato era ormai scaduto, concluse: «Credo che faremo alcuni esercizi o meditazioni sulla compassione, durante le conferenze della settimana».

Poi sorrise cordialmente, si alzò e pose fine al colloquio.

Il vero valore della vita umana

Quando, nel colloquio successivo, riprendemmo l'argomento, esordii dicendo: «Abbiamo parlato dell'importanza della compassione, della sua idea che l'affetto, l'empatia, l'amicizia e analoghi sentimenti umani siano condizioni assolutamente indispensabili alla felicità. Ma ho alcuni dubbi. Supponiamo per esempio che un ricco imprenditore venga da lei e dica: "Sua Santità, lei afferma che l'empatia e la compassione sono essenziali alla felicità. Tuttavia per natura io non sono una persona molto calda e affettuosa. Anzi, per la verità non mi sento affatto compassionevole o altruista. Sono piuttosto razionale, pratico e forse cerebrale, e non provo assolutamente quel tipo di emozioni. Però sono felice, sono contento della mia vita così com'è. Ho un'azienda assai prospera, molti amici, una moglie e dei figli a cui garantisco tutti gli agi e con cui mi pare di avere un ottimo rapporto. Ho l'impressione che non mi manchi proprio nulla. Maturare sentimenti di compassione, altruismo ed empatia suona bello, ma mi sembra privo di senso, e così retorico"...».

«Innanzitutto» replicò il Dalai Lama «se una persona mi dicesse questo, continuerei a nutrire dubbi sulla sua reale, intima felicità. Sono fermamente convinto che la compassione rappresenti la base della nostra sopravvivenza, il vero valore della vita umana, e che la sua mancanza sia la mancanza di un elemento fondamentale. Una profonda sensibilità verso i sentimenti altrui è indispensabile all'amore e alla compassione, e senza di essa credo per esempio che il nostro imprenditore non potrebbe avere un buon rapporto con la moglie. Se fosse davvero così indifferente alla sofferenza e ai sentimenti degli altri, penso che, pur essendo miliardario, pur avendo una buona istruzione, pur non litigando con familiari e figli e pur essendo circondato da amici, ricchi imprenditori, uomini politici e leader di nazioni, riceverebbe da tutto ciò solo benefici superficiali.

«Ma se egli continuasse a sostenere di non provare compassione e di sentirsi lo stesso contento, forse sarebbe piuttosto difficile aiutarlo a capire l'importanza dello stato d'animo compassionevole...»

S'interruppe un attimo per riflettere. Le sue saltuarie pause, che si ripeterono nel corso di tutti i colloqui, non producevano un silenzio imbarazzato, ma sembravano una sorta di forza gravitazionale che conferiva maggior peso e significato alle parole successive.

«Tuttavia» riprese «anche se avesse tale atteggiamento, potrei dirgli diverse cose. Primo, potrei suggerirgli di riflettere sulla propria esperienza. Egli, immagino, sarebbe consapevole di sentirsi felice ogniqualvolta venisse trattato con compassione e affetto. Dunque, sulla base di tale esperienza, potrebbe arrivare a capire che anche gli altri si sentono bene quando ricevono calore umano e misericordia. Riconoscere ciò forse lo indurrebbe a rispettare di più la sensibilità altrui e lo renderebbe più incline a mostrarsi compassionevole e solidale. Nel contempo scoprirebbe che più si tratta il prossimo con calore umano, più calore umano si riceve. Penso che non impiegherebbe molto a comprendere tale realtà. E una simile comprensione diventerebbe la base di un rapporto reciproco di fiducia e amicizia.

«Supponiamo dunque che quest'uomo abbia ingenti mezzi materiali, molto successo nella vita, tantissimi amici, nessun problema finanziario e via dicendo. E ammettiamo pure che tutto fili liscio con i familiari e i figli, soddisfatti che il suo successo garantisca loro una montagna di soldi e una vita confortevole. È possibile che, pur non provando affetto ed empatia, l'imprenditore abbia, almeno fino a un certo punto, l'impressione che non gli manchi niente. Ma se davvero ritenesse tutto perfetto, se ritenesse inutile sviluppare la compassione, la sua visione sarebbe dovuta, a mio avviso, a ignoranza e miopia. In apparenza, infatti, gli altri hanno un rapporto assai soddisfacente con lui, ma in realtà gran parte delle sue relazioni e interazioni sono dovute al suo fascino di uomo ricco e di successo. Gli altri, molto probabilmente, sono interessati ai suoi miliardi e al suo potere, e lo trattano bene non perché lo apprezzino come persona, ma perché ha quella certa posizione. Insomma, anche se non ricevono da lui calore e affetto, possono sentirsi ugualmente appagati; magari non si aspettano altro. Ma se la fortuna dell'imprenditore declinasse, la base del suo rapporto con il prossimo verrebbe a mancare. Ed egli comincerebbe a vedere l'effetto della mancanza di empatia, e ben presto soffrirebbe.

«Se invece si matura innanzitutto la compassione, si ha un fondamento su cui contare sempre; anche qualora prosperità economica e fortuna dovessero declinare, si avrebbe sempre qualcosa da condividere con gli altri esseri umani. Le economie mondiali sono molto instabili e noi siamo soggetti a molte perdite nella vita; ma un atteggiamento compassionevole è una cosa che possiamo portare sempre con noi.»

Mentre un domestico con la veste rosso scuro entrava nella stanza e versava in silenzio il tè, il Dalai Lama proseguì: «Certo, bisogna mettere in conto che non sia facile spiegare l'importanza della compassione a una persona molto dura, individualista ed egoista, una persona interessata solo al proprio tornaconto. E non è da escludersi che alcuni non abbiano la capacità di provare empatia nemmeno per coloro che amano o con cui hanno un rapporto di intimità. Ma anche a individui del genere si può sempre illustrare l'importanza della compassione e dell'amore lasciando capire che questi sentimenti rappresentano il modo migliore per soddisfare gli interessi personali. Anche simili persone desiderano avere una buona salute, vivere a lungo, conoscere la tranquillità d'animo, la felicità e la gioia. E se sono queste le cose che vogliono, l'amore e la compassione le aiuteranno a raggiungerle. D'altra parte ho sentito dire che certe prove scientifiche confermano il ruolo di tali sentimenti nel conseguimento della felicità. Forse lei, come medico e psichiatra, saprà meglio di me se siano notizie esatte...».

«Sì» convenni. «Da alcune ricerche risulta in effetti che gli stati compassionevoli della mente procurano benefici fisici ed emozionali.»

«Penso dunque che far conoscere al pubblico le conclusioni di simili indagini incoraggerebbe molte persone a coltivare uno stato mentale più compassionevole. Ma, a mio parere, anche senza bisogno di studi scientifici vi sono argomenti che la gente potrebbe capire e apprezzare in base all'esperienza pratica e diretta di ogni giorno. Si può per esempio constatare che la mancanza di compassione conduce a una certa crudeltà. Molti esempi indicano che in genere, a livello profondo, le persone crudeli, come Stalin e Hitler, accusano infelicità e scontento e soffrono di un tormentoso senso di paura e insicurezza. Credo che quella paura permanga anche quando dormono... Forse c'è chi non se ne rende conto o fa molta fatica a capirlo, ma gli individui crudeli mancano di una cosa che invece è presente in quelli compassionevoli: un senso di libertà e di abbandono che permette, durante il sonno, di rilassarsi e lasciarsi andare. Chi è crudele non vive mai quest'esperienza. Qualcosa lo rode sempre; è come stretto in una morsa, non riesce a provare la sensazione di abbandono, di libertà.»

S'interruppe un attimo, grattandosi la testa con aria pensierosa, poi continuò: «Benché le mie siano solo speculazioni, credo che se si chiedesse a una persona crudele: "Quando ti sentivi più felice? Durante l'infanzia, quando tua madre si prendeva cura di te e avevi maggiore intimità con la tua famiglia, o adesso che hai potere, influenza e posizione?", essa risponderebbe che era più felice da bambino. Forse perfino Stalin, da piccolo, fu amato da sua madre».

«L'esempio di Stalin e del suo retroterra culturale illustra molto bene il concetto che lei voleva sottolineare, ossia le conseguenze del vivere senza compassione» osservai. «È noto che le due principali caratteristiche della sua personalità erano la crudeltà e la sospettosità. Egli anzi considerava la crudeltà una virtù e non a caso mutò il proprio nome da Džugašvili in Stalin, che significa "uomo d'acciaio". E più invecchiava, più diventava spietato e sospettoso. La sua diffidenza è leggendaria. Sempre mosso dalla paura e dal sospetto nei suoi rapporti con gli altri, procedette a massicce purghe e campagne d'odio contro varie categorie di connazionali, finendo per imprigionare e sterminare milioni di persone. Ma anche dopo gli eccidi continuò sempre a vedere nemici dappertutto. Non molto tempo prima di morire disse a Nikita Kruscev: "Non mi fido di nessuno, nemmeno di me stesso". A un certo punto si rivoltò anche contro i fedelissimi del suo staff. Più potente e crudele diventava, più sembrava infelice. A detta di un amico, l'unica caratteristica umana che alla fine gli fosse rimasta era l'infelicità. E in seguito sua figlia Svetlana riferì che era talmente tormentato dalla solitudine e dal vuoto interiore, da non credere più che la gente fosse davvero capace di sincerità e affetto.

«Mi rendo conto che persone come Stalin, con il loro nefasto comportamento, sono difficili da capire. Eppure lei ha osservato che perfino questi diabolici individui potrebbero rimpiangere gli aspetti più piacevoli della loro infanzia, come l'amore ricevuto dalla madre. Non ne dubito. Ma come la mettiamo con i molti esseri umani che non hanno avuto un'infanzia felice o una madre amorevole? Che dire di chi da bambino subì abusi e altre angherie? Sì, noi stiamo discutendo dell'argomento compassione, ma perché maturiamo il sentimento della compassione non crede sia necessario che veniamo allevati da genitori o tutori capaci di trattarci con calore e affetto?»

«Sì, credo sia importante» ammise il Dalai Lama. Rifletté un attimo, rigirandosi il rosario tra le dita con meccanica destrezza. «Ci sono persone che fin da piccole soffrono molto e non ricevono affetto dagli altri, sicché in seguito paiono non mostrare alcun sentimento umano, alcuna capacità di compassione e affetto. Persone, insomma, indurite e brutali...» S'interruppe di nuovo e per parecchi secondi sembrò concentrato nella riflessione. Mentre si chinava sul suo tè, anche dalla postura delle spalle pareva intento a meditare. Non dava però l'impressione di voler continuare subito il discorso, sicché bevemmo il tè in silenzio. Alla fine scrol'ò le spalle, come ammettendo di non avere soluzioni.

«Allora» dissi «pensa che le tecniche per rafforzare l'empatia e la compassione non servano a chi ha avuto un'infanzia e un'adolescenza così difficili?»

«I gradi di beneficio ottenibili utilizzando vari metodi e tecniche sono sempre diversi e dipendono dalle particolari esperienze dei soggetti» spiegò. «È possibile che in alcuni casi gli esercizi non siano affatto efficaci...»

Per essere sicuro d'avere afferrato bene il concetto, lo interruppi chiedendo: «Per riassumere, quali sono i metodi specificamente adatti allo sviluppo della compassione?».

«Quelli che ho già citato. Innanzitutto l'apprendimento: bisogna capire bene il valore della compassione, perché questo ci darà convinzione e determinazione. Poi va rafforzata l'empatia usando l'immaginazione e la creatività, cercando, cioè, di mettersi nei panni degli altri. Infine, durante le conferenze della settimana parleremo di pratiche ed esercizi, come il *tong-len*, che hanno il preciso scopo di accrescere la compassione. Va però ricordato che queste tecniche, come il *tong-len*, furono messe a punto per aiutare più persone possibile, insomma una buona parte della popolazione umana, ma non hanno la pretesa di aiutare il cento per cento della gente, la sua totalità.

«In sostanza, per quanto riguarda i vari metodi destinati allo sviluppo della compassione, il punto fondamentale è che si compia uno sforzo sincero per maturare lo stato d'animo compassionevole. Il successo dello sforzo dipende da numerose variabili, sicché è difficile prevedere fino a che punto riusciremo nell'intento. Ma se ci adopereremo al massimo per essere più gentili, coltivare la compassione e rendere il mondo migliore, alla fine della giornata potremo dire: "Se non altro ho fatto del mio meglio!"»

I benefici della compassione

Negli ultimi anni diverse indagini scientifiche hanno suffragato l'ipotesi che la compassione e l'altruismo abbiano un effetto positivo sulla salute fisica e psichica. Nel corso di un noto esperimento, per esempio, lo psicologo di Harvard David McClelland mostrò a un gruppo di studenti un filmato in cui si vedeva Madre Teresa adoperarsi per i poveri e i malati di Calcutta. I soggetti riferirono che le immagini avevano suscitato in loro sentimenti di compassione. In seguito McClelland analizzò la saliva dei volontari e rilevò in essa un aumento dell'immunoglobina A, un anticorpo che aiuta a combattere le infezioni respiratorie. Durante un'altra indagine condotta da James House al Research Center dell'università del Michigan, gli scienziati scoprirono che fare regolarmente volontariato, ossia interagire con gli altri in maniera empatica e compassionevole, incrementava parecchio l'aspettativa di vita e forse anche la complessiva vitalità. Molti ricercatori attivi nel nuovo settore della medicina che studia l'interazione mente-corpo sono pervenuti a risultati analoghi, che dimostrano come gli stati mentali positivi aumentino il benessere dell'organismo.

Sembra provato che, oltre ad avere effetti benefici sulla salute del corpo, la compassione e un comportamento altruistico abbiano effetti positivi sulla salute della psiche. Da alcune indagini risulta che andare incontro agli altri con la volontà di aiutarli tende a diminuire la depressione e a produrre una sensazione di calma e felicità. Di fatto, nel corso di una ricerca effettuata nell'arco di trent'anni su un gruppo di laureati di Harvard, George Vaillant ha concluso che adottare uno stile di vita altruistico è una componente cruciale della salute mentale. Un altro studio compiuto da Allan Luks su molte migliaia di persone regolarmente impegnate nel volontariato ha rivelato che oltre il novanta per cento dei soggetti si sentivano, nel condurre quell'attività, molto "su di giri", cioè avvertivano calore interiore, maggiore energia e un umore quasi euforico. Inoltre affermavano di essere, grazie al volontariato, molto più calmi e di avere accresciuto la propria autostima. Non solo il comportamento altruistico generava un'interazione emozionalmente profonda, ma, come si scoprì, la «calma indotta dalla sollecitudine per gli altri» procurava sollievo da diversi disturbi fisici connessi allo stress.

Benché le prove scientifiche suffraghino senza dubbio l'idea – propugnata dal Dalai Lama – che la compassione abbia un valore assai pratico e reale, non occorre chiedere lumi ai ricercatori per capire la validità di una simile visione. Lo stretto legame tra sollecitudine, compassione e felicità personale è evidente nella nostra stessa vita e nella vita di chi ci circonda. Joseph, un imprenditore edile di sessant'anni che conobbi alcuni anni fa, rappresenta un significativo esempio del fenomeno. Per trent'anni pensò solo a fare soldi e, sfruttando il boom dell'edilizia che in Arizona pareva destinato a durare sempre, diventò miliardario. Ma alla fine degli anni Ottanta si verificò la più grossa crisi del mercato immobiliare che l'Arizona avesse mai visto. Joseph si trovò a fronteggiare un'acquisizione ostile e perse tutto, dichiarando bancarotta. I problemi finanziari misero a dura prova il suo matrimonio, che durava da venticinque anni e che alla fine si risolse con un divorzio. Non c'è da stupirsi se si demoralizzò, finendo per attaccarsi alla bottiglia. Per fortuna dopo un certo tempo riuscì a smettere di bere frequentando gli Alcolisti Anonimi. Come prevedeva il programma dell'associazione, una volta disintossicatosi aiutò altri alcolisti a disintossicarsi, e scoprì che gli piaceva quell'attività di volontariato al servizio degli altri, sicché cominciò ad adoperarsi anche in analoghe organizzazioni, usando per esempio le proprie competenze in campo finanziario per aiutare gli indigenti. A proposito della vita attuale, Joseph dice: «Ora ho una piccola impresa di ristrutturazione. Mi dà un reddito modesto e so che non tornerò mai più ricco come una volta. Ma il fatto curioso è che in realtà non desidero più i miliardi. Preferisco di gran lunga impiegare il mio tempo nell'attività volontaria per diversi gruppi, insomma lavorare direttamente con la gente, aiutarla al massimo delle mie possibilità. Oggi mi dà molta più gioia una sola giornata di volontariato di quanta non me ne desse un mese passato a guadagnare tanti soldi. Sono più felice di quanto non sia mai stato in vita mia».

Meditazione sulla compassione

Me lo aveva promesso nel corso dei colloqui e, fedele alla parola data, il Dalai Lama concluse una conferenza in Arizona con una meditazione sulla compassione che, pur nella sua semplicità, fu assai significativa. Con quella pratica formale della durata di cinque minuti, infatti, Sua Santità riassunse in maniera incisiva ed elegante il precedente discorso sul tema, conferendogli vivida e diretta concretezza.

«Quanto al metodo per maturare la compassione, cerchiamo innanzitutto di riconoscere che non vogliamo soffrire e che abbiamo diritto alla felicità. Tale verità possiamo constatarla e confermarla attraverso la nostra stessa esperienza. Vediamo allora di capire che, proprio come noi, anche gli altri rifuggono dalla sofferenza e hanno diritto alla felicità. È questa la base per cominciare a sviluppare il sentimento della compassione.

«Oggi, quindi, meditiamo sulla compassione. Proviamo a immaginare qualcuno che sta molto male, qualcuno che prova dolore e si trova in una situazione di grave disagio. Nei primi tre minuti di meditazione, riflettiamo in maniera analitica sulla sua sofferenza: pensiamo al suo intenso dolore e alla sua vita infelice. Dopo esserci concentrati per alcuni minuti su questo, cerchiamo di porci in relazione con la persona sventurata pensando che ha la nostra stessa capacità di provare dolore, gioia, felicità e sofferenza. Poi vediamo di maturare, come reazione spontanea, un senso innato di compassione, e di arrivare a una conclusione: desiderare intensamente che la persona si liberi della sofferenza. Decidiamo, insomma, di aiutarla a eliminare il dolore. Alla fine concentriamoci bene su questa conclusione e questa decisione, e negli ultimi minuti della meditazione sforziamoci di generare nella mente un sentimento compassionevole o amorevole.»

Così detto, il Dalai Lama incrociò le gambe nella postura della meditazione e, completamente immobile, praticò assieme al pubblico. Nella sala il silenzio era assoluto e chi, come me, fosse stato seduto lì tra la gente avrebbe colto nell'aria un quid che arrivava dentro. Credo che anche l'individuo più duro e cinico si sarebbe commosso vedendosi circondato da millecinquecento persone tutte concentrate sul pensiero della compassione. Dopo qualche minuto il Dalai Lama intonò un canto tibetano con una voce sommessa, profonda e melodica le cui cadenze e i cui accenti rasserenavano l'animo e confortavano il cuore.

Parte terza

Elaborare la sofferenza

VIII

Affrontare la sofferenza

All'epoca del Buddha, a una donna di nome Kisagotami morì l'unico figlio. Incapace di accettare la perdita, Kisagotami consultò innumerevoli persone per trovare una medicina che riportasse in vita il ragazzo. Si diceva che il Buddha possedesse il miracoloso rimedio.

La donna allora andò da lui, gli rese omaggio e domandò: «Hai un medicamento che riporti in vita mio figlio?».

«Ne conosco uno» rispose il Buddha, «ma per prepararlo devo avere determinati ingredienti.»

Sollevata, Kisagotami chiese: «Di quali ingredienti hai bisogno?».

«Portami un pugno di semi di senape» disse lui.

La donna promise di procurarglieli, ma prima che se ne andasse il Buddha aggiunse: «Bisogna che i semi di senape siano prelevati da una famiglia in cui non siano morti né figli, né coniugi, né genitori, né servitori».

Lei annuì e andò di casa in casa alla ricerca di quanto richiesto. Dappertutto la gente si mostrò disposta a darle i semi, ma quando Kisagotami si informò sugli eventuali lutti, non trovò alcuna casa a cui la morte non avesse fatto visita: in una era deceduta una figlia, in un'altra un domestico, in altre ancora il marito o un genitore. La donna non rinvenne una sola famiglia risparmiata dalla sofferenza della morte. Vedendo che non era sola nel suo dolore, depose il corpo esanime del figlio e tornò dal Buddha, il quale disse con grande compassione: «Credevi di essere l'unica ad avere perso un figlio, ma la legge della morte è che in nessuna creatura vivente vi è permanenza».

La sua ricerca insegnò a Kisagotami che nessuno vive libero dalla sofferenza e dal lutto. Lei non era la sola destinata a quella terribile disgrazia. L'averlo capito non eliminò l'inevitabile dolore della perdita, ma ridusse la pena causata dall'inutile lotta contro una triste realtà della vita.

Benché siano fenomeni umani universali, non è certo facile accettare il dolore e la sofferenza, e uomini e donne hanno ideato una vasta gamma di strategie per evitarli. In certi casi usiamo mezzi esterni come le sostanze chimiche, lenendo e curando il dolore dell'animo con farmaci o alcol. Inoltre abbiamo una serie di meccanismi interni: difese psicologiche, spesso inconsce, che ci impediscono di provare troppa pena e angoscia quando siamo costretti ad affrontare una difficoltà. A volte simili difese sono assai primitive: si pensi al rifiuto di riconoscere che un problema esiste. Altre volte magari riconosciamo vagamente la sua esistenza, ma ci buttiamo nelle distrazioni e nei divertimenti per evitare di pensarci. Altre ancora ricorriamo alla proiezione; incapaci di ammettere di avere un problema, lo proiettiamo inconsciamente sugli altri e ne diamo la colpa a loro dicendo: «Sì, sono infelice. Ma non sono *io* la causa della difficoltà. Se non fosse per quel maledetto capufficio che mi fa vedere i sorci verdi (o «se non fosse per il mio partner che mi trascura» ecc.) starei benissimo».

La sofferenza viene così evitata, ma solo temporaneamente. Come una malattia non curata (o trattata in maniera superficiale con medicamenti che servono solo a mascherare i sintomi, ma non a eliminare l'agente patogeno), il problema immancabilmente si aggrava e peggiora. L'euforia prodotta da farmaci, droghe o alcol senza dubbio attenua per un certo tempo il dolore, ma, con l'uso continuato, il danno fisico procurato all'organismo e il danno sociale procurato alla vita del soggetto induce una sofferenza ben più grande del senso d'insoddisfazione o dell'intenso disagio psicologico che, all'inizio, avevano portato al consumo delle sostanze. E i meccanismi di difesa come la negazione o la rimozione possono proteggerci impedendoci di continuare a soffrire per lungo tempo, ma non fanno certo scomparire il dolore.

Randall perse suo padre, morto di tumore, poco più di

un anno fa. Aveva un rapporto molto stretto con lui e all'epoca tutti si meravigliarono della forza con cui affrontò il lutto. «Certo che sono triste, ma guardo avanti» spiegò stoicamente, con tono rassicurante. «Benché senta la sua mancanza, la vita continua. E in ogni caso in questo momento non posso concentrarmi sul pensiero della sua perdita; devo organizzare il funerale e gestire le questioni amministrative per conto della mamma... Ma ce la farò, questo è certo.» Tuttavia a distanza di un anno, poco dopo l'anniversario della morte del padre, piombò in una grave depressione. «Non riesco a capire che cosa mi deprima» disse quando venne nel mio studio. «In questo periodo va tutto bene. Non può essere il lutto: mio padre è morto più di un anno fa e sono già venuto a patti con l'idea che non ci sia più.» Ma bastarono poche sedute per capire che, sforzandosi di controllare al massimo le sue emozioni, insomma di dimostrarsi «forte», Randall non si era mai realmente misurato con i suoi sentimenti di dolore e perdita. Tali sentimenti avevano continuato a crescere, fino a esprimersi con una tremenda depressione cui egli fu costretto a far fronte.

In questo caso specifico, la depressione si risolse abbastanza in fretta appena ci concentrammo sul dolore e il senso di perdita, e Randall riuscì ad affrontare e vivere fino in fondo la sua pena. A volte, invece, le strategie inconsce che ci consentono di eludere le difficoltà hanno radici più profonde e si trasformano in meccanismi di gestione delle situazioni così radicati, così annidati nei recessi della personalità, da apparire quasi inestirpabili. Tutti noi, per esempio, abbiamo un amico, un conoscente o un familiare che evita i problemi proiettandoli, con accuse, sugli altri, ovvero imputando al mondo esterno colpe che in realtà sono sue. Tuttavia non è un metodo efficace per risolvere le situazioni difficili e molti di questi individui saranno condannati a una vita infelice finché persisteranno in tale modello di comportamento.

Il Dalai Lama spiegò in dettaglio il suo approccio alla sofferenza umana, un approccio che contempla, sì, la potenziale liberazione dal dolore, ma che innanzitutto considera quest'ultimo una realtà naturale della vita ed esorta ad affrontarlo coraggiosamente in maniera diretta.

«Nella vita quotidiana è inevitabile che insorgano difficoltà. I maggiori problemi dell'esistenza sono quelli per tutti inevitabili, come la vecchiaia, le malattie e la morte. Cercare di eluderli o di non pensarci ci può dare un sollievo temporaneo, ma a mio avviso vi è un approccio migliore. Se affronteremo in maniera diretta la sofferenza, avremo più possibilità di capire quanto profonda sia la sua natura. Se, in guerra, ignoriamo le condizioni e le capacità militari del nemico, ci sentiremo del tutto impreparati e paralizzati dalla paura. Se invece impariamo a conoscere la sua potenza bellica, se sappiamo che armi ha e così via, saremo in grado di combattere molto meglio. Analogamente, cercando di capire i problemi anziché di evitarli si riesce ad affrontarli con ben maggior efficacia.»

Un simile approccio ai travagli dell'esistenza era senza dubbio ragionevole; tuttavia, ipotizzando situazioni particolarmente sfavorevoli, chiesi: «D'accordo, ma se si affronta in maniera diretta una situazione difficile e si scopre che non ci sono soluzioni? È una realtà alquanto dura da sopportare».

«Ugualmente, credo sia meglio guardarla in faccia» replicò il Dalai Lama con spirito combattivo. «La vecchiaia e la morte sono per esempio ritenute assai negative e indesiderate, e si potrebbe essere tentati di ignorarle. Ma alla fine ci verranno incontro comunque e se si è evitato di riflettervi sopra, il giorno in cui la loro presenza si farà incombente proveremo uno choc e un intollerabile disagio mentale. Se invece dedicheremo tempo alla riflessione sulla vecchiaia e sulle altre cose spiacevoli, quando tali realtà diverranno tangibili la mente sarà assai più stabile, perché avremo già acquisito familiarità con il problema e il suo bagaglio di sofferenza e avremo previsto il suo ma-nifestarsi.

«Ecco perché credo sia utile familiarizzare per tempo con le pene che possono capitarci. Per usare di nuovo l'e-sempio della guerra, la riflessione sulla sofferenza si può in qualche modo considerare un'esercitazione militare. Chi non ha mai sentito parlare di guerre, cannoni, bom-bardamenti e così via potrebbe crollare se fosse costretto a dar battaglia. Ma, attraverso le esercitazioni militari, in-duciamo la mente ad acquisire familiarità con quanto po-trebbe accadere sul campo, sicché in caso di guerra non veniamo colti impreparati.»

«Sì, capisco che imparare a conoscere le possibili soffe-renze future serva a ridurre la paura e l'apprensione, tut-tavia ribadisco che a volte si presentano problemi insolu-bili, davanti ai quali non abbiamo altra scelta che soffrire. Come possiamo evitare di angosciarci in simili circostanze?»

«A che tipo di problemi si riferisce?»

Dopo un attimo di riflessione risposi: «Poniamo per esempio che una donna incinta si sottoponga ad amnio-centesi o ecografia e scopra che il feto ha un grave difetto congenito, un gravissimo handicap fisico o mentale. La donna ovviamente sarà angosciata, perché non saprà cosa fare. Potrà scegliere di risolvere in qualche modo la situa-zione abortendo, così da risparmiare al bambino una vita di sofferenza; ma se così deciderà, proverà grande dolore e senso di perdita, e forse anche senso di colpa. Oppure potrà lasciare che la natura segua il suo corso e avere il fi-glio; ma in quel caso sia lei sia il bambino saranno desti-nati a una vita di privazioni e sofferenze».

Il Dalai Lama mi ascoltò intento. Poi, con tono medita-bondo, rispose: «Che si affrontino secondo l'ottica occi-dentale o secondo l'ottica buddhista, simili problemi sono molto, molto difficili. Nel caso specifico della scelta tra aborto e prosecuzione della gravidanza, è impossibile sa-pere quale soluzione sia migliore a lungo termine. È probabile che far nascere il figlio con il difetto congenito alla fine si riveli la soluzione migliore sia per la madre e i suoi familiari, sia per il bambino stesso. Ma, tenendo conto delle conseguenze a lungo termine, è altrettanto probabile che l'aborto sia in fin dei conti la scelta più auspicabile. Come si può sapere quale sia davvero la decisione giusta? È davvero arduo. Anche considerando le cose con l'ottica buddhista, un simile giudizio è al di là delle nostre capacità razionali». S'interruppe un attimo, poi aggiunse: «Credo però che l'educazione e le convinzioni personali influiscano sul modo in cui i singoli individui possono reagire a tali situazioni difficili».

Restammo in silenzio per qualche secondo. Quindi, scuotendo la testa, egli disse: «Riflettendo sui tipi di sofferenza cui siamo soggetti, ricordando a noi stessi che nella vita potremmo trovarci in circostanze critiche, possiamo in certa misura preparare per tempo la mente ad affrontare i problemi. Abbiamo la capacità di compiere questa preparazione mentale; ma non bisogna dimenticare che essa non allevia la difficoltà. Può aiutarci ad affrontarla *mentalmente*, a ridurre la paura e via dicendo, ma non la allevia. Se per esempio si decide di far nascere un bambino con un difetto congenito, per quanto intensamente si sia riflettuto sul problema in anticipo, affrontarlo quando diventerà una realtà sarà tutt'altra cosa. La situazione, insomma, resta difficile».

Disse quelle ultime parole con una profonda vena di tristezza nella voce. Ma la melodia di fondo non era priva di speranza. Per un intero minuto tacque e, guardando fuori della finestra, parve contemplare il mondo intero. Poi riprese: «Non si può sfuggire alla realtà che il dolore fa parte della vita e certo è umano, è naturale che detestiamo la nostra pena e i nostri travagli. Ma credo che la gente comune non pensi all'esistenza come a qualcosa di intrinsecamente improntato al dolore...». D'un tratto rise e, buttandola in scherzo, osservò: «Voglio dire che il giorno in cui compiamo gli anni gli altri ci augurano "Buon compleanno", anche se l'anno in cui nascemmo fu quello in cui iniziarono le nostre sofferenze. Nessuno dice: "Buon compleanno-del-dolore!"

«Per arrivare ad accettare il fatto che la sofferenza sia parte del nostro vivere quotidiano, potremmo cominciare ad analizzare i fattori che di norma generano sensazioni di scontento e disagio mentale. In genere, per esempio, ci sentiamo felici se noi e i nostri cari riceviamo lodi, fama, fortuna materiale e altre cose piacevoli. E ci sentiamo infelici e scontenti se non otteniamo tali cose o se le ottiene un nostro rivale. Prendendo però in esame la normale vita quotidiana, spesso scopriamo come siano molti i fattori e le condizioni che provocano dolore, sofferenza e insoddisfazione, e come siano in confronto poche le condizioni che generano gioia e felicità. È, questo, un fatto che dobbiamo accettare, ci piaccia o no. Poiché dunque tale è la realtà della vita, dobbiamo modificare il nostro atteggiamento verso la sofferenza. *Il nostro atteggiamento verso la sofferenza è assai importante, perché può influire sulla capacità di affrontare il dolore quando questo si presenta. È chiaro che di norma noi abbiamo una forte avversione e intolleranza per le pene e i travagli che ci toccano. Se però riusciamo a cambiare il nostro atteggiamento verso la sofferenza, ad adottarne uno che ce la faccia tollerare di più, avremo molte più possibilità di neutralizzare sentimenti di infelicità, insoddisfazione e scontento.*

«Per me personalmente, la pratica più efficace e più utile alla sopportazione del dolore consiste nell'intendere e nel capire che esso è la vera natura del *saṃsāra*,* dell'esistenza non illuminata. Quando si ha un dolore fisico o un altro problema, è logico che lo si ritenga brutto e insopportabile. Si ha una sensazione di rifiuto associata alla sof-

---

* *Saṃsāra* (sanscrito) è lo stato dell'esistenza condizionato dall'eterno ciclo della vita, della morte e della rinascita. Il termine designa anche la comune esistenza quotidiana, caratterizzata dalla sofferenza. Tutti gli esseri rimangono nel *saṃsāra*, condizionati dalle impronte karmiche delle azioni passate e dagli stati «illusori» negativi della mente, finché non rimuovono tutte le tendenze negative e non raggiungono lo stato di liberazione.

ferenza: l'impressione che sia ingiusto stare male. Ma se, in quel momento, riusciamo a considerare la situazione da un'altra prospettiva e a comprendere che il nostro stesso corpo» – e qui si toccò un braccio, come a illustrare il concetto – «è la base della nostra sofferenza, ridurremo il senso di rifiuto, l'idea che in qualche modo non meritiamo il male, che siamo vittime. Una volta capita e accettata questa realtà, si vive il dolore come qualcosa di completamente naturale.

«Pensiamo, per esempio, alla sofferenza che ha patito il popolo tibetano. Se si considera la situazione da un determinato punto di vista, si può esserne sopraffatti, chiedersi: "Come può mai essere accaduto questo?". Ma se la si considera da un altro punto di vista, si potrebbe osservare che anche il Tibet è all'interno del *saṃsāra*, come lo sono questo pianeta e l'intera galassia».

Rise, quindi proseguì: «In ogni caso credo che il modo di percepire l'intera vita incida sul nostro atteggiamento verso il dolore. Se per esempio la nostra visione generale è che la sofferenza sia negativa e vada evitata a ogni costo, che sia insomma un indice di fallimento, aggiungeremo una netta componente psicologica d'ansia e intolleranza alla nostra reazione quando ci imbatteremo in circostanze difficili: avremo la sensazione di essere sopraffatti. Se invece la nostra visione generale è che il dolore vada accettato in quanto parte naturale dell'esistenza, saremo senza dubbio più tolleranti verso le avversità. Senza un certo grado di tolleranza della sofferenza, saremo sempre infelici: sarà come vivere una notte d'incubi, una notte eterna che non finisce mai».

«La sua concezione, secondo la quale la vita è caratterizzata soprattutto dalla sofferenza ed è in sostanza insoddisfacente, mi pare abbastanza pessimistica, anzi molto scoraggiante» osservai.

«Va precisato che, quando parlo della natura insoddisfacente dell'esistenza» si affrettò a chiarire «mi riferisco al contesto generale della via buddhista. Le mie riflessioni vanno intese in questo senso, inquadrate nel sentiero verso l'illuminazione. Se questa concezione della sofferenza non viene inserita nel quadro di riferimento buddhista, convengo che c'è il rischio o addirittura la probabilità di fraintendere l'approccio e considerarlo pessimistico e negativo. È quindi importante capire quale sia, alla base, l'atteggiamento buddhista verso l'intero problema del dolore. Vediamo come nei suoi discorsi pubblici, il Buddha insegnava innanzitutto il principio delle "quattro nobili verità", la prima delle quali è la verità del dolore. Nell'ambito di questi principi, è molto importante comprendere la natura dolorosa dell'esistenza.

«Perché è tanto importante la riflessione sulla sofferenza? Perché esiste una potenziale via d'uscita, esiste un'alternativa. *Abbiamo la possibilità di liberarci del dolore.* Rimuovendo le sue cause, possiamo estinguerlo e conseguire uno stato di liberazione. Secondo il pensiero buddhista, le principali cause del dolore sono l'ignoranza, la brama e l'odio, definiti i "tre veleni della mente". Simili termini hanno connotazioni specifiche quando sono utilizzati all'interno del contesto buddhista. Per esempio, "ignoranza" non significa mancanza di informazioni come nell'accezione più comune, ma designa un'errata comprensione della vera natura del sé e di tutti i fenomeni. Se si afferra la vera natura della realtà e si eliminano stati afflittivi della mente come la brama e l'odio, si consegue uno stato di totale purificazione mentale, libero dalla sofferenza. Quando, nel contesto buddhista, riflettiamo sul fatto che la comune esistenza quotidiana è caratterizzata dal dolore, questo ci dà il coraggio di impegnarci nelle pratiche che eliminano le principali fonti del dolore stesso. Se non vi fosse speranza o possibilità di estinguerlo, la mera riflessione su di esso sarebbe solo pensiero morboso, dunque assai negativo.»

Mentre parlava, cominciai a capire che riflettere sulla «verità del dolore» poteva farci accettare le inevitabili sofferenze della vita e anche consentirci di assegnare ai problemi quotidiani il loro giusto valore. Mi resi conto che la sofferenza si poteva inquadrare in un più ampio contesto e considerare parte del vasto cammino spirituale buddhista, che ritiene attuabile la purificazione della mente e il conseguimento di uno stato esente dal dolore. Ma, a prescindere da queste complesse riflessioni filosofiche, ero curioso di sapere in che modo il Dalai Lama si comportasse quando la sofferenza era più personale: per esempio, come affrontava la perdita di una persona cara.

Quando avevo visitato Dharamsala la prima volta, parecchi anni prima dei colloqui in Arizona, avevo conosciuto suo fratello maggiore, Lobsang Samden. Mi ero affezionato molto a lui e mi era dispiaciuto apprendere della sua morte improvvisa, qualche anno prima. Sapendo che il Dalai Lama e Lobsang erano molto legati, dissi: «Immagino che la morte di suo fratello sia stata molto dura per lei...».

«Sì» rispose.

«Mi chiedevo come l'avesse affrontata.»

«Naturalmente mi sono molto, molto rattristato quando ho saputo della sua morte» mormorò.

«E come ha combattuto quella grande tristezza? Voglio dire, c'è stato in particolare qualcosa che l'ha aiutata a superarla?»

«Non lo so» disse pensoso. «Fui triste per alcune settimane, poi, a poco a poco, la sensazione si attenuò. Tuttavia provavo un senso di rimpianto...»

«Di rimpianto?»

«Sì. Quando morì io non ero presente, e forse se ci fossi stato avrei potuto far qualcosa per aiutarlo. Così ho un senso di rimpianto.»

Un'intera vita passata a meditare sull'inevitabilità della sofferenza umana deve aver consentito al Dalai Lama di accettare le perdite, ma non ha certo fatto di lui una persona fredda, priva di emozioni e cupamente rassegnata al dolore: il tono mesto della sua voce tradiva profondi sentimenti umani. Tuttavia, con il suo candore e la sua franchezza, e con la sua assoluta mancanza di autocommiserazione e vittimismo, egli dava la netta impressione di aver accettato in pieno il suo lutto.

Quel giorno il nostro colloquio era durato fino al tardo pomeriggio. Lame di luce dorata penetravano dalle persiane di legno, trafiggendo la stanza sempre più buia. L'atmosfera era malinconica e sapevo che la nostra conversazione stava per finire, ma speravo di rivolgere a Sua Santità domande più dettagliate sull'argomento del lutto, per vedere se, oltre al discorso sull'inevitabilità della sofferenza, avesse qualche consiglio da dare in merito al superamento del dolore per la morte di una persona cara.

Stavo per accingermi a parlare, quando notai che appariva piuttosto turbato e che aveva un velo di stanchezza intorno agli occhi. Poco dopo il suo segretario entrò silenziosamente nella stanza e mi lanciò «lo sguardo»: affinata da anni di pratica, quell'occhiata indicava che era ora di andarsene.

«Sì» fece il Dalai Lama con tono di scusa, «forse dovremmo chiudere qui. Sono un po' stanco.»

Il giorno dopo, prima che avessi l'occasione di tornare sul discorso durante i colloqui privati, l'argomento fu sollevato nel corso della conferenza. Una persona del pubblico, che chiaramente soffriva, gli chiese: «Ha qualche consiglio da dare sul modo di affrontare un grave lutto, come la perdita di un figlio?».

Con tono gentile e compassionevole, Tenzin Gyatso rispose: «Il modo dipende in certa misura dalle convinzioni personali. Se si crede alla rinascita, penso si riesca a ridurre il dolore o l'angoscia, perché si può trarre conforto dal pensiero che la persona cara rinasca.

«Anche per chi non crede alla rinascita vi sono alcuni metodi semplici che aiutano a superare il lutto. Prima di tutto si può meditare sul fatto che, angustiandosi troppo, lasciandosi sopraffare dal dolore della perdita e continuando a sentirsi annichiliti, non solo si reca un grave danno a se stessi e alla propria salute, ma non si fa alcun-ché di buono per il defunto.

«Io, per esempio, ho perso il mio precettore più venerato, mia madre e un fratello. Quando morirono mi sentii naturalmente molto, molto triste. Cercai allora di ripetermi che non serviva angustiarsi tanto e che se amavo davvero quelle persone dovevo esaudire i loro desideri con una mente calma. Perciò mi sforzo al massimo di fare quanto loro avrebbero desiderato. Ecco, credo che, se ha perso qualcuno che le era molto caro, questo sia il modo più giusto di affrontare il lutto. Perché la maniera migliore per conservare la memoria della persona cara, per ricordarla davvero, è cercare di realizzare i suoi desideri.

«È chiaro che all'inizio i sentimenti di dolore e angoscia sono la naturale reazione umana alla perdita. Ma se li lasciamo incontrollati, rischiamo di chiuderci in noi stessi, rischiamo di concentrare l'attenzione su noi stessi. E quando ciò accade, veniamo sopraffatti dal senso di perdita e abbiamo l'impressione di essere gli unici a sopportare una dura prova. Così si instaura la depressione. Ma in realtà anche ad altri tocca lo stesso tipo di esperienza. Se dunque ci rendiamo conto di angustiarci troppo, può esserci d'aiuto pensare alle altre persone che vivono tragedie analoghe o ancor peggiori. Una volta capito ciò, non ci sentiremo più isolati, non avremo più la sensazione di essere gli unici ad avere avuto un simile destino. E questa consapevolezza potrà consolarci».

Benché siano una realtà per tutti gli esseri umani, ho spesso avuto l'impressione che il dolore e la sofferenza vengano più accettati e tollerati in alcune civiltà asiatiche. Il fenomeno è dovuto forse in parte alle loro credenze, ma soprattutto, credo, al fatto che la sofferenza è più visibile in paesi poveri come l'India che non nei paesi ricchi. Là fame, miseria, malattie e morte sono davanti agli occhi di tutti. Quando qualcuno invecchia o si ammala, non viene emarginato o spedito in una casa di riposo dove a occuparsi di lui sono anonimi assistenti sociali e sanitari: resta nella comunità e le cure sono affidate ai familiari. Chi vive a quotidiano contatto con la realtà umana non può con facilità negare che la vita è dolore, che il dolore è un fatto naturale.

Quando acquisì i mezzi per limitare le pene causate da dure condizioni di vita, la società occidentale parve perdere la capacità di affrontare le sofferenze restanti. Indagini sociologiche rivelano come quasi tutti gli occidentali tendano oggi a pensare che il mondo sia bello, che la vita lo sia altrettanto e che essi, in quanto brave persone, meritino di avere buone cose. Simili convinzioni possono aiutare non poco a vivere una vita più sana e felice; ma l'inevitabile comparsa della sofferenza le indebolisce e può rendere difficile continuare a condurre un'esistenza serena e ad agire con efficacia. In tale contesto, anche un trauma di piccola entità può avere gravi conseguenze psicologiche, perché il soggetto perde la fiducia nella bontà e bellezza del mondo. Di conseguenza, il dolore si intensifica.

È indubbio che, con il progredire della tecnologia, nella nostra società il livello degli agi materiali sia aumentato per molta gente. Ed è stato proprio questo benessere a cambiare radicalmente la nostra percezione delle cose; quando diventa meno visibile, la sofferenza non è più considerata parte della basilare realtà umana, ma appare un'anomalia, l'indice di un grave errore di percorso, il segno del «fallimento» di un sistema, una violazione del nostro diritto inalienabile alla felicità.

Un simile atteggiamento mentale comporta dei rischi. Se pensiamo che il dolore sia innaturale, che sia ingiusto provarlo, è facile finire per imputarne la responsabilità agli altri. Se sono infelice, evidentemente sono la «vittima» di qualcuno o qualcosa: è un'idea, questa, fin troppo diffusa in Occidente. I colpevoli possono essere il governo, il sistema educativo, dei genitori autoritari, una «famiglia disfunzionale», il sesso opposto o il partner che ci trascura. È anche possibile che diamo la colpa a noi stessi: c'è qualcosa che non va in me, ho una qualche malattia, magari i miei geni non sono a posto. Ma la mania di attribuire colpe e la tendenza ad avere sempre un atteggiamento vittimistico rischia di perpetuare la sofferenza, perché produce rabbia, frustrazione e risentimento continui.

Certo, il desiderio di liberarsi del dolore è l'obiettivo legittimo degli esseri umani, l'ovvio corollario dell'aspirazione alla felicità. È quindi giustissimo che cerchiamo le cause della nostra insoddisfazione e che ci sforziamo di alleviare i problemi cercando soluzioni a tutti i livelli: globale, sociale, familiare e individuale. Ma finché considereremo la sofferenza qualcosa di innaturale, una condizione da temere, evitare e rifiutare, non elimineremo mai le sue cause e non riusciremo mai a vivere una vita felice.

IX

La sofferenza autoindotta

Un giorno un distinto signore di mezz'età, elegantemente vestito con un austero completo nero di Armani, si presentò nel mio studio e, sedendosi, cominciò a spiegare cosa lo avesse condotto lì. Parlava a voce piuttosto bassa, con tono misurato e controllato. Gli rivolsi le solite domande di prammatica: età, grado di istruzione, malattie avute, stato civile...

«Quella stronza di mia moglie, anzi ex moglie!», esclamò d'un tratto con la voce alterata dalla rabbia. «Mi ha fatto le corna! E dopo tutto quello che le ho dato! Quella piccola... piccola... PUTTANA!» Ora quasi gridava e nei successivi venti minuti, con accenti irati e velenosi, snocciolò una lunga sequela di accuse contro l'ex coniuge.

Quando la seduta stava per finire, intuendo che si era solo scaldato i muscoli e che avrebbe potuto continuare in quel modo per ore, cercai di indirizzarlo verso altri argomenti. «Be', quasi tutti fanno fatica ad adattarsi a un divorzio recente, e questa è senza dubbio una delle cose che affronteremo nelle future sedute» dissi conciliante. «A proposito, da quanto tempo è divorziato?»

«Diciassette anni questo maggio» rispose.

Nel precedente capitolo abbiamo sottolineato quanto sia importante riconoscere che il dolore è una realtà naturale della vita. Ma se alcune sofferenze sono inevitabili, altre sono autoindotte. Abbiamo visto per esempio che se ci rifiutiamo di considerare il dolore un fatto intrinseco all'esistenza, possiamo finire per ritenerci sempre vittime e per accusare gli altri dei nostri problemi, condannandoci irreparabilmente all'infelicità.

Ma aumentiamo le nostre pene anche in altri modi. Troppo spesso manteniamo vivo e perpetuiamo il dolore rimuginando sulle ferite e ingrandendo, man mano, le ingiustizie che riteniamo d'aver subito. Forse rievochiamo più volte i ricordi dolorosi con l'inconscio desiderio di modificare la situazione, ma in questo modo non la cambiamo mai. È vero che a volte l'incessante rievocazione della sofferenza può assolvere uno scopo limitato, come quello di aggiungere un fascino teatrale e una certa eccitazione all'esistenza o di attirare l'attenzione e la solidarietà altrui. Ma è una misera ricompensa per l'infelicità che continuiamo a sopportare.

Affrontando l'argomento del dolore che ci procuriamo da soli, il Dalai Lama disse: «Sono molti i modi in cui aumentiamo la nostra inquietudine e la nostra sofferenza mentale. Benché in genere le afflizioni mentali ed emozionali si presentino in maniera naturale, spesso siamo noi stessi ad aggravarle molto. Quando per esempio nutriamo rabbia oppure odio per una persona, questo sentimento ha meno probabilità di diventare assai forte se non lo coltiviamo. Se invece rimuginiamo sulle ingiustizie che riteniamo ci siano state fatte, se ci arrovelliamo sul trattamento iniquo subìto e continuiamo a pensarci sempre di più, alimentiamo l'odio. E l'odio allora diventa molto intenso e potente. Certo, lo stesso discorso può valere nel caso dell'attaccamento a una data persona: alimentiamo questo sentimento pensando a quanto quella persona sia bella e continuando a concentrarci su tale qualità, frutto della nostra proiezione mentale, ci attacchiamo sempre di più. Ma ciò dimostra come, attraverso i pensieri e la familiarizzazione costanti, noi stessi possiamo intensificare parecchio le nostre emozioni.

«Spesso, poi, accresciamo la pena e la sofferenza con l'ipersensibilità, reagendo troppo a fatti di lieve entità o prendendo tutto in maniera troppo personale. Tendiamo a esagerare l'importanza di piccole cose e a gonfiarle in misura eccessiva, mentre magari trascuriamo gli eventi davvero importanti, che hanno ripercussioni profonde sulla nostra vita e conseguenze ed effetti a lungo termine.

«A mio avviso, dunque, il nostro grado di sofferenza dipende da come *reagiamo* a una determinata situazione. Poniamo di scoprire che qualcuno sparla di noi alle nostre spalle. Se reagiamo a questa spiacevole notizia, a questo fatto negativo, con un senso di rabbia e risentimento, *noi stessi* distruggiamo la pace dello spirito e il dolore diventa una nostra creazione personale. Se invece evitiamo di reagire in maniera negativa, se lasciamo che la calunnia ci passi accanto come un vento silenzioso che soffia dietro le orecchie, ci difendiamo dal risentimento e dall'angoscia. Dunque, anche se forse non riusciremo sempre a eludere le situazioni difficili, possiamo modificare il grado di sofferenza scegliendo una reazione piuttosto che un'altra».

«*Spesso, poi, accresciamo la pena e la sofferenza con l'ipersensibilità, reagendo troppo a fatti di lieve entità o prendendo tutto in maniera troppo personale.*» Con queste parole il Dalai Lama evidenzia l'origine di quelle numerose irritazioni quotidiane che, accumulandosi, possono diventare una fonte non indifferente di sofferenza. Alcuni psicoterapeuti definiscono «personalizzazione» del dolore tale processo, ossia la tendenza a restringere il campo visivo psicologico interpretando – in maniera scorretta – tutto quanto avviene in termini strettamente legati al nostro io.

Una sera cenai con un collega al ristorante. Il servizio nel locale era molto lento e fin dall'istante in cui ci sedemmo il mio collega cominciò a lamentarsi: «Ma tu guarda che roba! Il cameriere è una vera lumaca! Dov'è finito? Secondo me fa apposta a ignorarci!».

Anche se nessuno di noi due aveva impegni pressanti, egli continuò a brontolare e a lagnarsi del servizio per tutta la durata del pasto, sparando critiche sulla qualità dei piatti, delle posate e di tutto quanto non fosse di suo gradimento. Alla fine della cena, il cameriere ci portò due dessert offerti dalla casa e disse con franchezza: «Scusateci per la lentezza del servizio, signori, ma stasera siamo a corto di personale. Uno dei cuochi ha avuto un lutto in famiglia ed è rimasto a casa, e un cameriere ci ha avvertito solo all'ultimo momento che era malato. Spero non ne abbiate risentito troppo...».

«In ogni caso, io non metterò mai più piede qui» mormorò aspro il mio collega mentre l'uomo si allontanava.

Questo è solo un piccolo esempio di come noi stessi accresciamo la nostra sofferenza «personalizzando» tutte le situazioni irritanti, ossia pensando che siano artatamente costruite per nuocerci. Nel caso specifico, il risultato netto fu solo una cena disturbata e rovinata dalle continue lamentele. Ma quando l'idea che tutto avvenga per farci rabbia diventa un modo costante di rapportarsi al mondo e viene applicata a tutti i commenti di familiari e amici o addirittura agli avvenimenti dell'intera società, rischiamo di renderci assai infelici.

Descrivendo le conseguenze più profonde di questa visione ristretta delle cose, Jacques Lusseyran fece una volta un'acuta osservazione. Cieco dall'età di otto anni, aveva costituito un gruppo partigiano durante la seconda guerra mondiale, e a un certo punto fu catturato dai tedeschi e condotto nel campo di concentramento di Buchenwald. Quando, in seguito, raccontò le proprie esperienze nel lager, scrisse: «L'infelicità, capii allora, colpisce ciascuno di noi perché ci riteniamo al centro del mondo, perché siamo sfortunatamente convinti di essere i soli a soffrire in maniera intollerabile. L'infelicità è sempre il sentirsi imprigionati nella propria pelle, nel proprio cervello».

«Ma non è giusto!»

Nella vita quotidiana sorgono sempre dei problemi, i quali, in sé, non causano automaticamente sofferenza. Se per esempio li affrontiamo in maniera diretta e concentriamo le nostre energie sulla ricerca di una soluzione, possono trasformarsi in sfide. Se invece aggiungiamo alla difficoltà l'idea della sua «ingiustizia», questo ingrediente supplementare può alimentare non poco l'irrequietudine mentale e la sofferenza emotiva. A quel punto non solo al posto del problema ce ne sono due, ma la sensazione dell'«ingiustizia» ci disturba, ci rode e ci priva dell'energia necessaria a risolvere il dilemma originario.

Una mattina, sollevando l'argomento con il Dalai Lama, chiesi: «Cosa possiamo fare per combattere l'impressione di soffrire ingiustamente, che così spesso ci tortura quando abbiamo una difficoltà?».

«Vi sono diversi modi di combattere questa sensazione» rispose. «Ho già spiegato come sia importante riconoscere che la sofferenza è un fatto naturale della vita umana. E credo che sotto certi aspetti i tibetani siano più disposti ad accettare la realtà delle situazioni difficili, in quanto dicono: "Forse è per via del mio karma, di qualcosa che ho fatto in passato". Attribuiscono l'origine del problema ad azioni negative compiute in questa vita o nella vita precedente, sicché hanno un maggior grado di accettazione. Nei nostri insediamenti in India ho visto famiglie che vivevano in condizioni assai dure: erano poverissime e per giunta con figli completamente ciechi o ritardati. In qualche modo, quelle povere madri si prendevano ugualmente cura di loro, dicendo: "Questo è dovuto al loro karma, è il loro destino".

«A tal proposito è importante capire e sottolineare che a volte, fraintendendo la dottrina, si tende ad attribuire la responsabilità di tutto al karma e a esonerarsi dalla responsabilità o dalla necessità di prendere iniziative personali. È troppo facile dire: "Ciò è dovuto al mio karma passato negativo, per cui cosa posso farci? Sono inerme". È un modo del tutto errato di interpretare il karma; benché infatti le nostre esperienze siano la conseguenza delle azioni passate, ciò non significa che l'individuo non abbia scelta o non abbia la possibilità di modificare le cose, di produrre un cambiamento positivo. Questo vale in tutti i settori della vita. Non si deve cedere alla passività ed evitare di prendere iniziative personali con la scusa che tutto è causato dal karma: se si capisce bene il concetto di karma, si capirà anche che karma significa "azione". Il karma è un processo molto attivo e quando parliamo di karma, o azione, parliamo dell'azione compiuta da un agente, in questo caso noi stessi, nel passato. Perciò il tipo di futuro che ci attende dipenderà in larga misura da quanto noi stessi faremo nel presente. Il futuro sarà determinato dalle iniziative che prendiamo adesso.

«Dobbiamo dunque considerare il karma non già una forza passiva e statica, bensì una forza attiva. Bisogna capire che il singolo agente svolge un ruolo importante nel determinare il corso del processo karmico. Prendiamo un atto o un obiettivo semplici, come soddisfare il bisogno di mangiare. Per conseguire lo scopo è necessario che compiamo un'azione. Dobbiamo procacciarci il cibo e poi dobbiamo mangiare; ciò dimostra che anche il più semplice degli atti, anche un obiettivo banale si raggiunge attraverso l'azione.»

«Ridurre la sensazione che i propri guai siano ingiusti dicendosi che sono causati dal karma varrà per i buddhisti» osservai, «ma non per chi non crede nella dottrina del karma, come molti occidentali...»

«Chi crede all'idea di un Creatore, di Dio, può accettare più facilmente le prove della vita se le considera parte della creazione o del disegno divino. I credenti possono pensare che, siccome Dio è onnipotente e molto misericordioso, anche in una situazione negativa vi sia un qualche significato, un elemento rilevante di cui loro magari non si rendono conto. A mio avviso, questa fede può sorreggerli e aiutarli nei periodi di sofferenza.»

«E chi non crede né nella dottrina del karma né in un Dio Creatore?»

Il Dalai Lama rifletté parecchi secondi, poi rispose:

«Forse al non credente può giovare un approccio pratico, scientifico. Penso che quasi tutti gli scienziati ritengano assai importante analizzare i problemi obiettivamente, studiarli senza troppo coinvolgimento emotivo. È l'approccio di chi, davanti alle situazioni difficili, dice: "Se c'è un modo di risolvere la questione la risolveremo, anche dovessimo adire le vie legali!"». Rise e aggiunse: «Se invece si scopre che non c'è soluzione al problema, si può semplicemente lasciarlo perdere.

«L'analisi obiettiva delle circostanze difficili o problematiche è assai importante, perché consente di verificare subito se alla base vi siano altri fattori in gioco. Quando per esempio riteniamo di essere stati trattati ingiustamente dal nostro capo sul luogo di lavoro, è utile appurare se nel quadro entrino altri elementi: magari egli è irritato per qualcos'altro, come un recente litigio con la moglie o cose del genere, e nel trattarci male non ha inteso punirci personalmente, indirizzare le sgarberie proprio verso di noi. Certo, bisogna lo stesso affrontare il problema, qualunque sia; ma se non altro con tale approccio si può evitare di aggiungere indebita ansia alla situazione».

«Questo approccio "scientifico", di analisi obiettiva, può aiutarci anche a scoprire in che modo noi stessi contribuiamo ad aggravare il problema?» chiesi. «E può aiutarci a ridurre la sensazione che la difficoltà in cui ci troviamo sia ingiusta?»

«Sì» rispose convinto il Dalai Lama. «Ed è, questo, un elemento assai importante. In genere, se esaminiamo qualsiasi situazione con cura, sincerità e mancanza di pregiudizi, arriviamo a capire che anche noi siamo, in larga misura, responsabili del dispiegarsi degli eventi.

«Molti, per esempio, imputarono la responsabilità della Guerra del Golfo a Saddam Hussein. Ma all'epoca io dissi in varie occasioni che non era giusto dare questo giudizio. Anzi, mi dispiacque molto per Saddam. Senza dubbio egli è un rais e senza dubbio ha avuto spesso un comportamento negativo. Se si considera la situazione in maniera superficiale, è facile attribuirgli tutte le colpe: è un dittatore, ha imposto un regime totalitario e ha perfino uno sguardo inquietante!» Scoppiò a ridere, poi continuò: «Ma senza un esercito può nuocere ben poco e senza equipaggiamento militare non può armare i soldati. Se analizziamo le cose con cura, ci renderemo conto che il suo ingente apparato militare non è nato dal nulla e che a metterlo insieme hanno contribuito molte nazioni.

«Insomma, sovente abbiamo l'innata tendenza a dare la colpa di tutti i nostri mali agli altri, a fattori esterni. Inoltre siamo inclini a cercare un'unica causa e ad esentarci poi dalla responsabilità. Ogniqualvolta entrano in gioco emozioni intense, si riscontra uno squilibrio tra apparenza e realtà. Nel caso dell'Irak, se esamineremo la situazione con la massima obiettività possibile, capiremo che Saddam Hussein fu solo parzialmente la causa del problema, solo uno dei fattori, e che altre condizioni contribuirono alla crisi. Una volta compreso questo, smetteremo di credere che egli sia stato *l'unica* causa e vedremo emergere automaticamente la realtà.

«Comportarsi così significa considerare le cose in maniera olistica, comprendere che non uno, ma molti eventi determinano una situazione. Anche nel conflitto tra noi tibetani e i cinesi non vanno trascurate le responsabilità nostre. Può darsi che la nostra generazione abbia contribuito alla genesi della crisi, ma è indubbio che le generazioni precedenti, soprattutto quelle più lontane, abbiano mostrato grave incuria. Perciò credo che noi tibetani abbiamo avuto una responsabilità nell'attuale, tragica situazione. Non è giusto imputare tutte le colpe alla Cina. Ma bisogna tenere presente che i livelli di lettura sono numerosi. Benché forse siamo stati uno dei fattori che hanno condotto alla crisi, non siamo certo stati l'unico. I tibetani, per esempio, non si sono mai piegati del tutto all'oppressione cinese e hanno opposto prolungata resistenza. Pechino allora ha cambiato politica: ha cominciato a trasferire grandi masse di cinesi in Tibet per mettere in forte minoranza i tibetani, allontanarli dal loro territorio e neutralizzare il movimento per la libertà. In questo caso non possiamo affermare che la resistenza tibetana abbia avuto colpe o sia responsabile della politica cinese.»

«Restando sull'argomento delle nostre personali responsabilità, cosa pensa delle situazioni che non sono assolutamente imputabili a noi, quelle situazioni, a volte anche quotidiane e abbastanza insignificanti, cui non contribuiamo in alcun modo? Pensi per esempio a quando qualcuno ci dice chiaramente una bugia.»

«Certo, quando qualcuno non è sincero con me, all'inizio provo un senso di delusione, ma anche qui, se considero con cura il quadro generale, magari scopro che la persona mi ha nascosto qualcosa non per dolo o cattiveria. Forse, semplicemente, non si fidava molto di me. A volte, dunque, quando mi sento deluso da episodi del genere, cerco di guardarli da un'altra angolazione, di pensare che chi ha mentito non si è fidato pienamente di me perché non sono capace di mantenere un segreto. Io per carattere sono alquanto diretto, e l'altro può aver pensato che proprio per questa mia caratteristica non avrei conservato il segreto, non avrei taciuto come avrebbe desiderato facessi. In altre parole, non ero degno della sua piena fiducia per via del mio carattere. Se considero la situazione in questo modo, concludo che all'origine della bugia altrui c'era un mio difetto.»

Anche se veniva dal Dalai Lama, questo ragionamento mi parve piuttosto forzato; mi sembrava eccessivo rinvenire una «nostra responsabilità» nell'insincerità degli altri. Ma parlando egli aveva avuto un tono assai franco e convinto, sicché era lecito arguire che, a livello personale, avesse usato quella tecnica ricavandone vantaggi pratici quando aveva dovuto affrontare avversità. È chiaro che, adoperando tale metodo nella vita, potremmo non riuscire sempre a individuare le nostre responsabilità in una situazione problematica. Ma, che abbiamo o no successo nell'impresa, anche soltanto l'onesto *tentativo* di capire fino a che punto un problema dipenda da noi ci permette di vedere le cose da un'altra angolazione e di modificare quell'ottica ristretta che, procurandoci la distruttiva sensazione di aver subìto un'ingiustizia, induce un profondo scontento nei confronti di noi stessi e del mondo intero.

Il senso di colpa

In quanto prodotti di un mondo imperfetto, siamo tutti imperfetti. Tutti abbiamo compiuto azioni sbagliate, e prima o poi proviamo rammarico: rammarico per le cose che abbiamo fatto o per le cose che avremmo dovuto fare. Se riconosciamo i nostri torti con un autentico senso di rimorso, potremo più facilmente mantenere la giusta rotta nella vita, correggere gli errori quando possibile e agire in modo da modificare positivamente le situazioni future. Se invece lasciamo che il rimpianto degeneri in eccessivo senso di colpa, se persistiamo nel ricordo delle passate trasgressioni continuando a odiarci e ad attribuirci responsabilità, non faremo che alimentare in maniera costante e inesorabile l'autopunizione e la sofferenza autoindotta.

Ricordavo che, durante il colloquio nel quale avevo accennato alla scomparsa di Lobsang, il Dalai Lama aveva parlato di un rimpianto connesso alla morte del fratello. Curioso di sapere come affrontasse quella sensazione e forse anche il senso di colpa, tornai sull'argomento in una conversazione successiva, dicendo: «Quando abbiamo parlato della morte di Lobsang, lei ha accennato al rimpianto. Vi sono state altre situazioni nella vita in cui ha provato quel sentimento?».

«Oh, sì. Penso per esempio a un anziano monaco che viveva come un eremita. Veniva a trovarmi per affinarsi nella dottrina, ma credo che in realtà fosse più esperto di me e mi facesse visita per una sorta di formalità. In ogni caso, un giorno arrivò e mi chiese consiglio sul modo di compiere una pratica esoterica di alto livello. Io risposi con noncuranza che era una tecnica difficile, più adatta a una persona giovane, in quanto, per tradizione, doveva essere iniziata a metà dell'adolescenza. In seguito seppi che si era ucciso per rinascere in un corpo più giovane e dedicarsi alla pratica in maniera più efficace...»

«Ma è terribile!» dissi, colpito dalla storia. «Dev'essere stato duro, per lei, apprendere la notizia.»

Il Dalai Lama annuì con aria triste.

«Immagino abbia provato rimpianto. Come se ne liberò?»

Sua Santità rifletté a lungo in silenzio, poi rispose: «Non me ne liberai. È ancora lì». Tacque di nuovo, quindi aggiunse: «Ma anche se è ancora presente, il rimpianto non è tale da gravare su di me e abbattermi. Non gioverebbe a nessuno se lasciassi quel sentimento opprimermi, scoraggiarmi e demoralizzarmi senza scopo, o se gli permettessi di interferire nella mia vita e nella mia capacità di condurla nel modo migliore».

Ancora una volta, mi impressionò vedere come una persona potesse affrontare fino in fondo le tragedie della vita; potesse, cioè, mostrare sentimenti intensi, tra cui un forte rammarico, senza lasciarsi prendere da un eccessivo senso di colpa o disprezzo di sé. Mi colpiva, insomma, constatare come un essere umano fosse in grado di accettare interamente se stesso, compresi i suoi limiti, le sue fissazioni e i suoi errori di giudizio; come potesse riconoscere una situazione negativa per quella che era e reagirvi, sì, emotivamente, ma senza eccessi. Il Dalai Lama provava sincero rammarico per l'episodio che aveva riferito, ma recava in sé quel rammarico con dignità e grazia. E se da un lato conservava tale sentimento, dall'altro non se ne faceva abbattere, e anzi procedeva avanti cercando di aiutare gli altri nella misura massima consentita dalle sue possibilità.

Mi chiedo a volte se la capacità di vivere senza indulgere a un senso di colpa autodistruttivo non sia in parte culturale. Quando parlai del colloquio col Dalai Lama sul tema del rimpianto a uno studioso tibetano mio amico, egli disse che in effetti, in lingua tibetana, non c'è il termine «senso di colpa», anche se ci sono parole come «rimorso», «pentimento» o «rimpianto», nelle quali è compresa l'idea di «correggere le cose in futuro». Ma qualunque sia la componente culturale, sono convinto che, mettendo in discussione i nostri consueti modi di pensare e maturando una nuova visione mentale basata sui principi descritti dal Dalai Lama, tutti noi possiamo imparare a vivere senza il marchio del senso di colpa, fonte solo di inutili sofferenze.

La resistenza al cambiamento

Il senso di colpa nasce quando ci convinciamo d'aver commesso un errore irreparabile, ed è tormentoso perché ci fa credere che tutti i problemi siano permanenti. Tuttavia, poiché non vi è nulla che non cambi, anche il dolore diminuisce: i problemi non sussistono per l'eternità. Questo modificarsi delle cose è positivo; ma è negativo il fatto che noi resistiamo a tale modifica in quasi tutti i settori della vita. Se vogliamo cominciare a liberarci del dolore, dobbiamo analizzare una delle sue cause principali: la resistenza al cambiamento.

Descrivendo la natura in perpetua evoluzione della vita, il Dalai Lama osservò: «È assai importante analizzare le cause o le origini della sofferenza, il modo in cui essa insorge. Per avviare simile processo, bisogna comprendere la natura «impermanente», transitoria dell'esistenza. Tutte le cose, gli eventi e i fenomeni sono dinamici, mutano in continuazione: niente resta statico. Ne troviamo conferma riflettendo per esempio sulla circolazione sanguigna: il sangue si muove e fluisce senza posa, non sta mai fermo. Il carattere perpetuamente mutevole dei fenomeni è una sorta di meccanismo innato. E da questo costante cambiamento è lecito dedurre che niente può durare nel tempo, niente può restare identico. Poiché tutte le cose sono soggette a mutare, non vi è nulla che abbia una condizione permanente, non vi è nulla che riesca a restare identico per sua capacità intrinseca. Tutto, quindi, subisce il potere o l'influenza di altri fattori. Perciò, indipendentemente dalla sua bellezza o gradevolezza, qualsiasi nostra esperienza, in qualunque momento la facciamo, è destinata a non durare. Tale realtà produce quello che nel buddhismo chiamiamo "dolore del cambiamento"».

Il concetto di «impermanenza» ha un ruolo centrale nel pensiero buddhista. La contemplazione della impermanenza è una pratica assai importante, e assolve due funzioni essenziali all'interno della via verso l'illuminazione. Sul piano comune della quotidianità, il praticante contempla la propria impermanenza, ovvero il fatto che la vita sia effimera e che non si conosca il momento della morte. Quando si unisce alla credenza che vivere sia un evento singolare e che possiamo liberare il nostro spirito, affrancarlo dalla sofferenza e dall'eterno ciclo delle rinascite, tale meditazione rende il praticante sempre più determinato a impiegare il tempo nel modo più vantaggioso, ossia a impegnarsi nelle pratiche spirituali che determinano la liberazione. Su un piano più profondo, la contemplazione degli aspetti più sottili della impermanenza, come il carattere impermanente di tutti i fenomeni, induce il praticante a cercare di comprendere la vera natura della realtà e ad eliminare, tramite questa comprensione, l'ignoranza, massima fonte della sofferenza.

La contemplazione e la comprensione della impermanenza sono dunque essenziali nell'ambito della visione buddhista, ma è lecito chiedersi se possano svolgere una funzione pratica anche nella vita quotidiana dei non buddhisti. Se con «impermanenza» intendiamo «cambiamento», la risposta è senz'altro affermativa. Dopotutto, che si parta dall'ottica buddhista o dall'ottica occidentale, è indubbio che *la vita è cambiamento*. E finché rifiuteremo di accettare questa realtà e di resistere ai mutamenti naturali dell'esistenza, perpetueremo le nostre pene.

Accettare il cambiamento può consentirci di ridurre in larga misura le sofferenze autoindotte. È per esempio assai frequente che ci procuriamo le nostre pene da soli rifiutandoci di rinunciare al passato. Se l'immagine di sé viene definita in base al modo in cui il soggetto appariva un tempo o in base a ciò che riusciva a fare un tempo e non riesce più a fare, quasi sicuramente il passare degli anni non sarà fonte di maggior felicità. Sovente, più si cerca di conservare il passato, più la realtà della vita viene distorta ai limiti del grottesco.

Benché, come principio generale, l'accettazione dell'inevitabilità del cambiamento aiuti ad affrontare numerose difficoltà, assumere un ruolo più attivo apprendendo nozioni specifiche sui normali mutamenti della vita consente di prevenire ancor di più quelle ansie quotidiane che sono la causa di molti problemi.

Un giorno una neomadre, parlando di quanto fosse importante riconoscere i cambiamenti normali e naturali, mi descrisse la visita che aveva fatto al pronto soccorso alle due del mattino.

«Qual è il problema?» le aveva chiesto il pediatra.

«IL MIO BAMBINO! IL MIO BAMBINO STA MALE!» aveva gridato lei, fuori di sé. «Credo stia soffocando, perché tira fuori la lingua in continuazione, come se cercasse di sputare qualcosa, ma non ha niente in bocca...»

Dopo qualche altra domanda e una breve visita, il dottore la rassicurò: «Non si preoccupi. A mano a mano che cresce, il bambino diventa sempre più consapevole del proprio corpo e di ciò che questo può fare. Suo figlio ha appena scoperto la lingua».

Il caso di Margaret, una giornalista di trentun anni, illustra bene quanto sia importante capire e accettare il cambiamento nell'ambito delle relazioni personali. La donna venne da me perché accusava una lieve ansia che attribuiva alla difficoltà di adattarsi a un recente divorzio.

«Mi è parsa una buona idea fare alcune sedute terapeutiche, giusto per parlare con qualcuno» spiegò. «Ho pensato che potessero aiutarmi a chiudere con il passato e a tornare senza problemi alla vita da *single*. Per la verità, la prospettiva di riprendere a vivere da sola mi rende piuttosto nervosa.»

Le chiesi notizie sul suo divorzio.

«È stato molto civile, direi. Nessuna lite furiosa, nessuno scontro. Il mio ex marito e io abbiamo entrambi ottimi impieghi, sicché non ci sono stati contrasti in merito alle questioni finanziarie. Abbiamo un bambino, che però sembra essersi adattato bene alla situazione. Il mio ex e io abbiamo firmato un accordo di affidamento congiunto che funziona egregiamente.»

«Intendevo dire se può spiegarmi cosa ha condotto al divorzio» chiarii.

«Ah. Be', credo che in pratica non fossimo più innamorati» sospirò. «A poco a poco l'amore romantico è finito; non avevamo più l'intimità dei primi tempi. Entrambi eravamo molto presi dal lavoro e dal bambino, ed è forse così che ci siamo allontanati l'uno dall'altra. Abbiamo provato ad andare al consultorio familiare, ma dopo qualche seduta ci siamo resi conto che non serviva a niente. Continuavamo ad andare d'accordo, ma era come se fossimo fratello e sorella. Non mi pareva più amore, non mi pareva più un vero matrimonio. In ogni caso convenimmo che sarebbe stato meglio divorziare; in sostanza, era venuto a mancare qualcosa.»

Dopo aver delineato il problema nel corso di due sedute, decidemmo di procedere a una psicoterapia a breve termine, e di concentrarci soprattutto sulla riduzione dell'ansia e sull'adattamento ai recenti cambiamenti. Nel complesso Margaret era una persona intelligente e ben adattata sotto il profilo emozionale. Reagì molto bene alla terapia e non ebbe difficoltà a riprendere la vita di *single*.

Benché si volessero senza dubbio bene, Margaret e il marito avevano visto nella diminuzione del loro grado di passione un segno della fine del matrimonio. Troppo spesso tendiamo a considerare il calo di passione un indice di fatale deterioramento del rapporto. Spesso e volentieri, i primi cenni di cambiamento nelle relazioni producono un senso di panico, l'idea che qualcosa stia andando malissimo. Forse, ci diciamo, non abbiamo scelto il partner giusto. Il compagno o la compagna non sembra più la persona di cui ci eravamo innamorati. Nascono disaccordi: noi abbiamo voglia di far l'amore e il partner è stanco; noi desideriamo vedere un particolare film, ma il partner non è interessato a quel film oppure è sempre troppo occupato. Scopriamo differenze che prima non avevamo notato. E concludiamo così che la storia è finita; dopotutto non possiamo nasconderci che ci stiamo allontanando sempre di più. Le cose non sono più *le stesse*; forse, pensiamo, dovremmo divorziare.

Che cosa si fa a quel punto? Gli esperti del settore sfornano dozzine di libri, dozzine di «ricettari» che ci dicono cosa fare esattamente quando la fiamma della passione romantica comincia a vacillare. E offrono una miriade di consigli a chi ha bisogno di ravvivarla: riorganizzare il carnet degli impegni in maniera da concedere maggiore spazio all'elemento romantico; programmare cene o weekend d'amore; gratificare il partner con complimenti; trovare argomenti interessanti da discutere insieme. A volte queste cose funzionano, altre no.

Ma prima di dichiarare finita un'unione ci conviene, quando notiamo un cambiamento, prendere le distanze da quanto sta avvenendo, valutare con un certo distacco la situazione e cercare di apprendere quanto più possiamo in merito ai normali modelli di evoluzione dei rapporti.

Nel corso della vita, passiamo dall'infanzia all'adolescenza, dall'adolescenza all'età adulta e dall'età adulta alla vecchiaia. E accettiamo tali stadi dello sviluppo individuale considerandoli normali. Ma anche la relazione coniugale è un sistema vivo e dinamico, composto da due organismi che interagiscono in un ambiente reale. Come è naturale che si evolva un sistema vivente, così è naturale e giusto che si evolva una relazione. In qualsiasi rapporto l'intimità presenta diversi aspetti: uno fisico, uno emotivo e uno intellettuale. Il contatto fisico, la condivisione di emozioni e sentimenti e lo scambio di idee sono tutti modi legittimi di porsi in relazione con chi si ama. È normale che l'equilibrio muti e si trasformi: a volte diminuisce l'intimità fisica, ma aumenta quella emotiva; altre non abbiamo voglia di scambiarci parole, ma solo gesti pieni di calore. Se siamo sensibili alla comunicazione corporea, gioiremo della grande passione iniziale, ma se la fiamma si raffredda, invece di preoccuparci o arrabbiarci potremo aprirci a nuove forme di intimità altrettanto – o ancor più – soddisfacenti. Potremo, insomma, apprezzare nel nostro partner il compagno, e godere di un amore più stabile e profondo.

Nel suo libro *Il comportamento intimo*, Desmond Morris descrive i normali cambiamenti che si verificano nel bisogno d'intimità degli esseri umani. Egli ipotizza che ciascuno di noi attraversi più volte tre stadi: «Tienimi stretto», «Mettimi giù» e «Lasciami in pace». Il ciclo si manifesta per la prima volta nell'infanzia, quando i bambini passano dalla fase del «tienimi stretto», tipica del neonato, alla fase del «mettimi giù», in cui cominciano a esplorare il mondo, girano carponi, poi camminano e raggiungono una certa indipendenza e autonomia dalla madre. Tutto ciò fa parte dello sviluppo e della crescita normali. I tre stadi, però, non sono reciprocamente incompatibili: nelle diverse fasi il bambino può provare una certa ansia quando il senso di separatezza diventa troppo forte, e allora torna dalla madre per farsi consolare e per sentire l'intimità. Nell'adolescenza, quando il ragazzo lotta per conquistarsi un'identità personale, lo stadio dominante diventa il «lasciami in pace», che potrà risultare difficile o doloroso per i genitori, ma che, secondo la maggior parte degli esperti, è normale e necessario nel passaggio dall'infanzia all'età adulta. Nemmeno tale fase è incompatibile con le altre. Mentre, in casa, grida: «Lasciatemi in pace!» ai genitori, l'adolescente può soddisfare i bisogni del «tienimi stretto» identificandosi in pieno con il gruppo dei coetanei.

Anche nelle relazioni adulte si verifica lo stesso fenomeno. Il livello d'intimità cambia e a periodi di maggior vicinanza si alternano periodi di maggior distanza, secondo il normale ciclo della crescita e dello sviluppo. Per raggiungere il nostro pieno potenziale umano, dobbiamo riuscire a bilanciare l'esigenza di intimità e unione con il senso di autonomia, ovvero con quel bisogno di rivolgere l'attenzione verso noi stessi che è parte integrante della nostra evoluzione di individui.

Se comprenderemo questo, non reagiremo più con panico oppure orrore quando ci accorgeremo per la prima volta di stare «allontanandoci» dal partner, così come non ci spaventiamo quando guardiamo le onde rompersi sulla spiaggia. Certo, un crescente distacco emotivo all'interno di un rapporto è a volte sintomo di gravi problemi (come una sotterranea corrente di rabbia), e in quel caso si può verificare una vera e propria rottura, per rimediare alla quale lo psicoterapeuta può essere assai utile. Ma il concetto fondamentale da tener presente è che una maggior distanza tra i partner non significa *automaticamente* il disastro: spesso rientra infatti in un ciclo, e serve a ridefinire il rapporto in forme nuove capaci di reintegrare o addirittura affinare l'intimità del passato.

L'atto di accettare, di riconoscere che il cambiamento è parte naturale dell'interazione tra noi e gli altri ha dunque un ruolo essenziale nelle nostre relazioni. Spesso scopriamo che proprio quando ci sentiamo più delusi, proprio quando ci sembra sia venuto a mancare qualcosa nel rapporto, la trasformazione in atto è feconda; perché simili periodi di transizione possono diventare quelli cruciali in cui comincia a maturare e fiorire il vero amore. Dopo tale fase, la relazione non si baserà forse più sull'intensa passione e noi non vedremo più l'altro come l'incarnazione della perfezione, né saremo tutt'uno con lui. Ma in cambio saremo finalmente in grado di conoscerlo davvero, di guardarlo come realmente è: un individuo distinto, magari con difetti e debolezze, ma non meno umano di noi. E allora potremo assumerci un impegno autentico: quello di far crescere il partner con noi, come di fatto accade nell'amore vero.

Forse il matrimonio di Margaret avrebbe potuto essere salvato se marito e moglie avessero accettato la naturale evoluzione del rapporto e creato una nuova intesa basata su fattori diversi dalla passione e dall'amore romantico.

Ma per fortuna la storia non finì lì. Due anni dopo l'ultima seduta con Margaret, mi imbattei in lei in un centro commerciale (e mi sentii piuttosto imbarazzato, come accade a quasi tutti i terapeuti quando incontrano ex pazienti in un contesto diverso dallo studio).

«Come va?» domandai.

«Non potrebbe andare meglio!» esclamò. «Il mese scorso il mio ex marito e io ci siamo risposati.»

«Davvero?»

«Sì, e tutto funziona a meraviglia. Naturalmente avevamo continuato a vederci per via dell'affidamento congiunto del bambino. La situazione al tempo della crisi è stata difficile, ma dopo il divorzio la tensione in qualche modo si è allentata, perché non avevamo più aspettative. E abbiamo scoperto che ci piacevamo e amavamo molto. Certo, le cose non sono più come quando ci sposammo la prima volta, ma in fondo sembra non importare a nessuno dei due: siamo molto felici insieme e abbiamo la sensazione che tutto vada bene.»

X

Cambiare ottica

Un giorno un filosofo greco ordinò a un suo discepolo di continuare per tre anni a dare soldi a chiunque lo insultasse. Quando tale periodo di prova fu finito, il maestro disse: «Ora puoi andare ad Atene a imparare la Saggezza». Mentre stava per entrare in Atene, il discepolo vide un saggio che sedeva davanti alle porte della città e insultava tutti quelli che passavano. Insultò anche il discepolo, che scoppiò a ridere. «Perché ridi quando ti insulto?» chiese il saggio. «Perché per tre anni ho pagato per essere insultato e ora tu mi insulti gratis» rispose il discepolo. «Entra nella città» disse il saggio. «È tutta tua.»

I Padri del deserto, eccentrici monaci che nel quarto secolo d.C. si ritirarono nei deserti di Scete per condurre una vita di preghiera e sacrificio, raccontavano questa storia per insegnare il valore della sofferenza e delle privazioni. Non furono però solo le privazioni ad aprire la «città della saggezza» al discepolo. A permettergli di affrontare così bene una situazione difficile fu soprattutto la capacità di *cambiare ottica*, di considerare le cose da un altro punto di vista.

Mutare prospettiva è spesso uno degli strumenti più potenti ed efficaci che abbiamo a disposizione quando ci confrontiamo con i problemi quotidiani della vita.

«La capacità di considerare gli eventi con occhi diversi può essere assai utile» spiegò il Dalai Lama. «Se si coltiva quest'arte, si possono usare certe esperienze o addirittura tragedie per maturare la pace dello spirito. Bisogna rendersi conto di come tutti i fenomeni, tutti gli avvenimenti presentino aspetti diversi. Tutto ha natura relativa. Prendiamo il mio caso. Io ho perso il mio paese e questo fatto, considerato da una certa ottica, è senza dubbio tragico. Inoltre vi sono circostanze ancor più brutte: il Tibet è attualmente teatro di grandi distruzioni, e anche questa è una cosa assai negativa. Ma se considero gli stessi avvenimenti da un'altra angolazione, mi rendo conto che, come profugo, ho alcuni vantaggi: per esempio non ho bisogno di formalità, cerimonie, protocollo. Se viene conservato lo statu quo, se la situazione va bene, spesso ci tocca fare la commedia, fingere. Quando invece ci troviamo in situazioni disperate, non abbiamo né il tempo né il modo di fingere. Sotto questo profilo, dunque, la mia tragica esperienza mi è stata assai utile. Inoltre la condizione di profugo offre numerose opportunità di conoscere gente: persone con differenti fedi religiose e differenti esperienze di vita, persone che forse non avrei conosciuto se fossi rimasto nel mio paese. In questo senso, quindi, la mia drammatica vicenda mi ha giovato molto, moltissimo.

«Spesso, quando insorge una difficoltà, la nostra visione sembra restringersi. Tendiamo a concentrare tutta l'attenzione sul problema e magari abbiamo l'impressione di essere gli unici a doverlo affrontare. Ciò può renderci così assorti in noi stessi da farci giudicare la situazione molto grave. Quando questo accade, credo che guardare le cose da un'ottica più ampia sia di grande aiuto: giova, per esempio, capire che molte altre persone hanno vissuto esperienze analoghe o addirittura peggiori. La pratica del mutamento di prospettiva può essere utile quando si ha una malattia o si soffre. Nel momento in cui si manifesta il dolore, è ovviamente difficilissimo dedicarsi a pratiche formali di meditazione per calmare la mente. Ma se si opera un confronto, se si considera la propria situazione da un'ottica diversa, qualcosa cambia. Quando esaminiamo da un unico punto di vista un certo problema, questo ci appare sempre più arduo; se ci concentriamo con troppa forza o intensità su di esso, ci sembrerà incontrollabile. Se invece lo confrontiamo con un problema più vasto, se lo consideriamo da una certa distanza, lo vedremo ridimensionarsi e farsi meno opprimente.»

Poco prima di uno dei miei colloqui con il Dalai Lama, mi capitò d'incontrare l'amministratore di un centro nel quale un tempo lavoravo. Nel periodo in cui avevo prestato servizio là, avevo avuto parecchi scontri con lui, perché mi pareva che pensasse molto più ai soldi che alla cura dei pazienti. Non lo vedevo da tempo, ma appena lo incontrai ripensai a tutti i nostri litigi e sentii l'odio e la rabbia montarmi in petto. Quando, quello stesso pomeriggio, entrai nella suite del Dalai Lama per il nostro colloquio, ero assai più calmo, ma ancora un po' turbato.

«Poniamo che qualcuno ci faccia arrabbiare» dissi. «Quando qualcuno ci ferisce, la reazione immediata, la reazione naturale, è montare in collera. Ma in molti casi il problema non è solo quello dell'ira che scoppia nel momento dell'offesa; spesso si pensa all'avvenimento anche in seguito, anche molto tempo dopo, e tutte le volte ci si arrabbia di nuovo. Secondo lei, che cosa si può fare in questo tipo di situazione?»

Annuendo pensieroso, Sua Santità mi guardò, e mi domandai se per caso avesse intuito che non avevo tirato fuori l'argomento per motivi puramente accademici.

«Si può provare a considerare l'episodio da un'altra angolazione» disse. «Senza dubbio la persona che ci ha fatto incollerire avrà diversi aspetti e qualità positivi. Se rifletteremo bene sulla situazione, scopriremo come l'atto che ha suscitato in noi l'ira ci abbia anche offerto determinate opportunità, opportunità che altrimenti non avremmo avuto, nemmeno dal nostro originario punto di vista, la possibilità di cogliere. Con adeguato sforzo si può dunque vedere un singolo evento da diverse ottiche. E questo aiuta.»

«E se, pur cercando il lato positivo di una persona o di un avvenimento, non se ne trova nessuno?»

«In frangenti del genere bisogna sforzarsi al massimo,

dedicare tempo alla seria ricerca di una visione diversa della situazione. La ricerca, insomma, non dovrà essere superficiale, ma energica e diretta. Occorre impiegare tutte le proprie capacità razionali per considerare il problema nella maniera più obiettiva possibile. Potremmo per esempio riflettere sul fatto che, quando siamo molto irati con qualcuno, tendiamo a vedere in lui sempre e soltanto caratteristiche negative, così come, quando siamo fortemente attratti da qualcuno, tendiamo a vedere in lui sempre e soltanto caratteristiche positive. Ma tale percezione non corrisponde alla realtà. Se l'amico più caro, che consideriamo una persona meravigliosa, un giorno ci ferisse di proposito, d'un tratto ci renderemmo dolorosamente conto della sua vera natura, che non è buona al cento per cento. Analogamente, se il nemico che odiamo ci chiedesse sinceramente perdono e continuasse a mostrarsi gentile, non lo percepiremmo più come cattivo al cento per cento. Benché dunque, quando siamo arrabbiati, abbiamo l'impressione che chi ci ha offeso non abbia alcuna virtù, la realtà è che nessuno è totalmente cattivo. Gli altri esseri umani hanno sempre qualche caratteristica positiva: basta cercarla con cura. La tendenza a vedere solo i difetti non si basa sulla reale natura dell'altro, ma sulla percezione che abbiamo noi, fondata su una nostra proiezione mentale.

«Perciò anche le circostanze che all'inizio consideriamo del tutto negative possono presentare aspetti positivi. Ma anche quando scopriamo un lato buono in una situazione cattiva, questo, da solo, non basta. Bisogna rafforzare il concetto. Bisogna che ricordiamo sovente a noi stessi quel lato positivo, finché a poco a poco la nostra percezione non cambi. *In genere, quando siamo coinvolti in un problema, non possiamo cambiare atteggiamento assumendo un'ottica diversa solo a tratti. Ci riusciamo invece attraverso un processo di apprendimento e addestramento, attraverso l'assunzione costante di nuovi punti di vista.*»

Si fermò un attimo a riflettere, poi, con il consueto atteggiamento pragmatico, concluse: «Se però, nonostante gli sforzi, non troviamo alcun lato o aspetto positivo nell'azione di una persona, la strategia migliore da seguire è forse quella di lasciar perdere, per il momento, la faccenda».

Ispirato dalle sue parole, quella sera cercai di trovare alcuni «lati positivi» nell'amministratore, di non considerarlo, per una volta, «cattivo al cento per cento». Non fu difficile. Sapevo per esempio che era un padre affettuoso, che cercava di allevare i figli nella maniera migliore. E dovetti ammettere che i nostri litigi alla fine mi avevano recato vantaggio: mi avevano infatti indotto ad abbandonare quel centro e a iniziare, in seguito, un lavoro più soddisfacente. Benché non suscitassero in me un'improvvisa simpatia per quell'uomo, simili considerazioni tolsero asprezza al mio odio con una facilità che mi stupì. Presto il Dalai Lama mi avrebbe impartito una lezione ancora più profonda: cambiare radicalmente atteggiamento verso i nemici e cominciare ad amarli.

Una nuova visione del nemico

Per mutare atteggiamento verso i nemici dobbiamo, spiegò Tenzin Gyatso, compiere un'analisi sistematica e razionale del nostro abituale modo di reagire a chi ci nuoce.

«Innanzitutto, esaminiamo la nostra tipica reazione verso gli avversari» disse. «È chiaro che in genere non auguriamo loro del bene. Ma se anche riuscissimo, con le nostre azioni, a renderli infelici, perché mai dovremmo gioirne? Riflettiamoci bene: non può esservi cosa più sciagurata di questa. Ci toccherebbe infatti sopportare il peso di un simile sentimento di ostilità e malevolenza. E vogliamo davvero essere così meschini?

«Quando ci vendichiamo del nemico, si crea una sorta di circolo vizioso. Se rendiamo la pariglia, l'altro non si acquieterà, ma procederà a una rappresaglia, dopo di che noi faremo altrettanto, e così via. Quando questo accade, soprattutto a livello di comunità, la faida può continuare di generazione in generazione, con il risultato che entrambe le parti soffrono e che la vita stessa perde senso. Lo si constata facilmente nei campi profughi, dove l'odio di un gruppo per l'altro viene coltivato fin dall'infanzia. È una cosa molto triste. La rabbia e l'odio sono come l'amo di un pescatore: è fondamentale assicurarsi di non essere presi al suo gancio.

«Qualcuno è convinto che l'odio intenso giovi agli interessi nazionali; io credo invece che sia assai negativo, che sia una visione estremamente miope. La volontà di neutralizzare tale ottica è alla base della comprensione e dello spirito di non violenza.»

Dopo aver messo in discussione l'atteggiamento che abbiamo in genere verso i nostri nemici, il Dalai Lama propose di guardarli in un modo diverso, di adottare una nuova prospettiva capace di rivoluzionare la nostra vita.

«Il buddhismo, nel suo complesso, dedica grande attenzione all'atteggiamento verso avversari e nemici» disse. «L'odio, infatti, può essere il maggiore ostacolo allo sviluppo della compassione e della felicità. Se si impara a coltivare la pazienza e la tolleranza verso i nemici, tutto il resto diventa assai più facile: la compassione verso gli altri esseri umani diventa a quel punto naturale.

«Per il praticante che mira all'evoluzione spirituale, i nemici svolgono un ruolo di estrema importanza. A mio avviso, la compassione è l'essenza della vita spirituale. E per riuscire a maturare l'amore e la compassione, la pratica della pazienza e della tolleranza è indispensabile. Non vi è forza morale maggiore della pazienza, come non vi è afflizione peggiore dell'odio. Bisogna quindi sforzarsi al massimo di non nutrire odio verso il nemico, ma cercare semmai di vedere nel contrasto con lui un'occasione per rafforzare la pratica della pazienza e della tolleranza.

«*Di fatto, il nemico è la condizione necessaria per praticare la pazienza*. Senza la sua azione, non potremmo mai sviluppare questa virtù. Di solito gli amici non ci mettono alla prova e non ci danno l'opportunità di coltivarla; sono invece i nemici a farlo. Sotto questo profilo, quindi, possiamo considerare il nemico un grande maestro e ringraziarlo per averci dato la preziosa opportunità di maturare la tolleranza.

«Ebbene, nel mondo ci sono innumerevoli persone, ma sono relativamente poche quelle con cui interagiamo e ancor meno quelle che ci procurano problemi. Quando abbiamo modo di praticare la pazienza e la tolleranza, dovremmo sentirci grati, perché una simile opportunità si presenta di rado. Dovremmo essere felici e mostrarci riconoscenti al nemico per averci fornito una così preziosa occasione, che equivale all'inaspettato rinvenimento di un tesoro in casa. Se infatti avremo successo nella pratica della pazienza e della tolleranza, che sono fattori essenziali all'eliminazione delle emozioni negative, lo dovremo sia ai nostri sforzi, sia all'opportunità offertaci da chi ci avversa.

«Certo, potremmo pensare: "Perché dovrei venerare il nemico o riconoscere il suo contributo, visto che non aveva alcuna intenzione di aiutarmi, di darmi la preziosa occasione di praticare la pazienza, ma, anzi, aveva la precisa, perversa intenzione di nuocermi? È giusto odiarlo; non è minimamente degno di rispetto". In realtà, però, è proprio lo stato mentale carico di odio, è proprio la volontà del nemico di farci del male a rendere la sua azione unica. Se il valore negativo fosse dato solo dall'atto di procurarci dolore, noi odieremmo i dottori e li considereremmo nemici, perché a volte adottano metodi dolorosi, come la chirurgia. Invece non giudichiamo i loro atti nocivi o malvagi, perché sappiamo che sono compiuti con l'intenzione di aiutarci. È dunque la stessa, perversa intenzione di danneggiarci a rendere il nemico unico e a darci la preziosa opportunità di coltivare la pazienza.»

L'invito del Dalai Lama a venerare i nemici per le occasioni di crescita che ci offrono può essere, all'inizio, piuttosto difficile da digerire. Ma è un'impresa in fondo simile a quella di chi cerchi di tonificare e rafforzare il corpo con il sollevamento pesi. Sollevare pesi è senza dubbio spiacevole in un primo tempo: i pesi pesano e quindi lo sforzo, la fatica e il sudore sono grandi. Ma è la stessa lotta contro la resistenza dell'aria a produrre infine la forza. Si apprezza una buona attrezzatura pesistica non per il piacere immediato che dà, ma per il beneficio finale che si riceve.

Forse anche le osservazioni di Sua Santità sul carattere «raro» e «prezioso» del nemico sono qualcosa di più di vivide metafore. Quando ascolto i miei pazienti descrivere le difficoltà che hanno con gli altri, mi diventa chiarissima una cosa: la maggior parte della gente, almeno a livello personale, non ha affatto legioni di nemici e antagonisti. Di solito sono in conflitto con pochissime persone: magari un capufficio, un collega di lavoro, un ex coniuge o un fratello. Sotto questo profilo il nemico è davvero «raro»: ne abbiamo un rifornimento limitato. Ed è la lotta, il tentativo di risolvere il conflitto con lui attraverso la scoperta, l'analisi e l'applicazione di metodi alternativi d'affrontarlo che produce alla fine una vera crescita, una vera comprensione e un efficace risultato psicoterapeutico.

Proviamo a immaginare cos'accadrebbe se per tutta la vita non incontrassimo mai un avversario o altri ostacoli; se dalla culla alla tomba tutti ci viziassero, ci coccolassero, ci nutrissero con le loro mani (dandoci cibo leggero e insipido, facile da digerire) e ci allietassero con buffonate e smancerie; se fin dall'infanzia venissimo condotti in giro in una cesta (e poi magari in portantina) e non dovessimo mai risolvere alcun problema, mai metterci alla prova in alcun modo. Proviamo a immaginare, insomma, se tutti continuassero a trattarci come bambini. All'apparenza potrebbe essere bello; e nei primi mesi di vita sarebbe la cosa giusta. Ma se continuassimo a essere così viziati diventeremmo delle orrende pappemolli, dei veri e propri mostri, con la maturità mentale ed emozionale di un vitello. Nella vita è proprio la lotta a renderci quello che siamo. E sono i nostri nemici a metterci alla prova, a fornirci le capacità di resistenza necessarie alla crescita.

Attualità della nuova visione del nemico

L'idea di affrontare i problemi razionalmente e di imparare a considerare i nemici e le situazioni difficili con un'ottica diversa pareva lodevole, ma mi chiesi in quale misura servisse davvero a cambiare radicalmente atteggiamento. Ricordavo di aver letto in passato, in un'intervista, che tra le pratiche spirituali quotidiane del Dalai Lama vi era quella di recitare *Gli otto versi dell'addestramento mentale*, una preghiera scritta nell'undicesimo secolo dal santo tibetano Langri Thangpa. Il testo dice, fra l'altro:

Ogni volta che mi accompagno a qualcuno, ch'io mi reputi il più umile di tutti e ritenga l'altro sommo nel profondo del cuore...

Quando vedo persone di natura malvagia, tormentate da peccati e afflizioni violente, ch'io le abbia care come avessi trovato un tesoro prezioso...

Quando altri, per invidia, mi riservano ingiurie, calunnie e analoghe offese, ch'io subisca la sconfitta e offra la vittoria agli altri...

Quando chi ho beneficiato con cuore colmo di speranza mi reca gravissima offesa, ch'io lo consideri il mio supremo guru!

In breve, ch'io possa, direttamente o indirettamente, donare bene e felicità a tutte le creature, ch'io possa in segreto caricarmi del male e delle sofferenze di tutte le creature...

Dopo aver letto le parole di Langri Thangpa, chiesi al Dalai Lama: «So che ha meditato molto su questa preghiera, ma crede davvero che sia attuale oggigiorno? Voglio dire, fu scritta da un monaco che viveva in un monastero, un ambiente dove il peggio che poteva capitare era che qualcuno diffondesse qualche maldicenza o dicesse qualche bugia, o che a volte mollasse uno schiaffo o un pugno. In casi del genere è facile "offrire la vittoria" all'avversario; ma nella società odierna l'"offesa" o il cattivo trattamento che si riceve dagli altri può comprendere lo stupro, la tortura, l'omicidio e via dicendo. In questo senso l'atteggiamento suggerito dalla preghiera sembra oggi poco attuale e poco realistico». Ero piuttosto soddisfatto della mia osservazione, che giudicavo appropriata e pertinente.

Il Dalai Lama rimase a lungo zitto, con la fronte aggrottata di chi è immerso nei pensieri. «Forse c'è del vero in quel che dice» rispose poi. E proseguì analizzando casi nei quali bisognava forse modificare tale atteggiamento e, davanti all'aggressione, prendere decise contromisure per prevenire danni a se stessi e agli altri.

Quella stessa sera, quando ripensai alla nostra conversazione, emersero vividamente due punti. Primo, mi aveva colpito la straordinaria prontezza con cui il Dalai Lama aveva ripreso in esame le sue stesse credenze e pratiche; nel caso specifico, si era mostrato disposto a mettere in discussione una preghiera che amava molto e che nei lunghi anni di frequentazione si era senza dubbio fusa con il suo stesso essere. Secondo, e meno nobile, punto: quanto ero stato arrogante! Avevo insinuato che la preghiera non fosse più valida, in quanto non adeguata alle dure realtà del mondo moderno. Solo dopo mi ero reso conto che la persona con cui avevo parlato aveva perso la sua patria a seguito di una delle più brutali invasioni della storia. Capii di avere detto quelle cose a un uomo che viveva in esilio da quasi quarant'anni e nel quale un'intera nazione riponeva le sue speranze e i suoi sogni di libertà. Un uomo dotato di un profondo senso di responsabilità personale, che aveva ascoltato con animo compassionevole innumerevoli profughi parlargli di omicidi, stupri, torture e altri orrori inflitti dai cinesi al popolo tibetano. Più di una volta ho visto nei suoi occhi uno sguardo di infinita tristezza e pietà mentre sentiva quei resoconti, spesso fatti da persone che avevano attraversato l'Himalaya a piedi (un viaggio di due giorni) al solo scopo di vederlo per pochi attimi.

E spesso le storie non riguardavano soltanto la violenza fisica, ma anche la violenza psicologica, la volontà di distruggere lo spirito del popolo tibetano. Una volta un profugo mi parlò della «scuola» cinese che aveva dovuto frequentare da ragazzo in Tibet. La mattina era dedicata all'indottrinamento e allo studio del «libretto rosso» del presidente Mao; il pomeriggio a una serie di compiti a casa. Il «compito a casa» aveva di solito lo scopo di estirpare lo spirito del buddhismo, profondamente radicato nei tibetani. Sapendo per esempio che il buddhismo proibiva di uccidere e considerava ogni creatura della terra un essere senziente non meno prezioso dell'altro, un insegnante assegnò ai suoi alunni il compito di uccidere un animale e portarlo a scuola il giorno dopo. Gli studenti ricevevano un voto. A ciascun animale era attribuito un determinato punteggio: una mosca valeva un punto, un verme due, un topo cinque, un gatto dieci e così via. (Quando, non molto tempo fa, raccontai la storia a un amico, egli scosse la testa con aria disgustata e disse: «Mi chiedo quanti punti l'alunno otterrebbe se uccidesse il maledetto insegnante».)

Tramite le pratiche spirituali, come la recita degli *Otto versi dell'addestramento mentale*, il Dalai Lama è riuscito a venire a patti con questa terribile situazione e tuttavia non ha mai cessato, in quarant'anni, di condurre un'attiva campagna per la libertà e i diritti umani in Tibet. Nel contempo ha mantenuto con i cinesi un atteggiamento umile e compassionevole, che ha impressionato milioni di persone in tutto il mondo. E a un uomo così io avevo detto che la preghiera di Langri Thangpa non era adatta alla «realtà» del mondo odierno! Ogni volta che penso a quella conversazione, arrossisco di imbarazzo.

Scoprire nuove ottiche

Un pomeriggio, mentre cercavo di applicare il metodo suggerito dal Dalai Lama per mutare prospettiva riguardo al «nemico», trovai per caso un'altra tecnica. Durante la preparazione del libro partecipai ad alcune conferenze di Tenzin Gyatso sulla costa orientale, e per tornare a Phoenix presi un volo nonstop. Come sempre, avevo prenotato un sedile esterno che dava sul corridoio tra le file. Benché avessi ascoltato insegnamenti spirituali, mi sentii di umore piuttosto nero appena salii sull'aereo affollato. Scoprii che mi era stato assegnato per sbaglio un posto interno e che mi sarebbe toccato sedere tra un uomo assai corpulento, propenso a invadere il *mio* lato del bracciolo con la sua manona grassa, e una donna di mezz'età che giudicai subito antipatica perché, mi dissi, doveva aver occupato dolosamente il *mio* sedile esterno. C'era in lei qualcosa che mi infastidiva molto: forse la voce stridula, forse i modi imperiosi. Poco dopo il decollo la mia vicina si mise a parlare ininterrottamente con l'uomo seduto davanti a lei, che risultò essere il marito, e io, «cavallerescamente», proposi di scambiarmi di posto con lui. Non abboccarono: volevano entrambi il sedile esterno. Mi irritai ancor di più. La prospettiva di passare cinque lunghe ore di volo accanto a quella donna mi pareva intollerabile.

Rendendomi conto che stavo reagendo in maniera eccessiva a una persona che nemmeno conoscevo, mi dissi che il mio doveva essere una sorta di «transfert» e che forse la donna mi ricordava inconsciamente una figura della mia infanzia: insomma mi riproponeva l'antico problema dell'odio irrisolto per mia madre o qualcosa del genere. Frugai nella memoria, ma non riuscii a trovare una candidata probabile: la vicina di posto non mi ricordava nessuno del passato.

Pensai allora che fosse l'occasione giusta per coltivare la virtù e cominciai a figurarmi l'usurpatrice del mio sedile esterno come una venerabile benefattrice che la sorte mi aveva posto accanto per insegnarmi la pazienza e la tolleranza. Reputai che in quel caso la tecnica di visualizzazione fosse assai facile (dopotutto, la «nemica» era di modeste proporzioni: l'avevo appena conosciuta e in realtà non mi aveva fatto alcun male). Ma dopo una ventina di minuti rinunciai: continuava a seccarmi! Mi rassegnai all'idea di rimanere irritato per il resto del viaggio e con occhio torvo guardai la sua mano, che furtivamente invadeva il mio bracciolo. Odiavo tutto di lei. Poi, mentre fissavo distratto l'unghia del suo pollice, pensai: odio quest'unghia? No, non la odiavo; era solo un'unghia di pollice, niente di trascendentale. Sbirciai quindi l'occhio e mi chiesi: odio quest'occhio? Sì, lo odiavo. (Senza alcun motivo, naturalmente, il che rappresenta forse la forma più pura di odio.) Mi concentrai sulle parti di quell'organo. Odiavo la pupilla? No. Odiavo la cornea, l'iride o la sclera? No. Ma allora odiavo davvero l'occhio? Dovetti riconoscere di no. Sentii di essere sulla strada giusta. Passai alla nocca, a un dito, alla mandibola, al gomito. Con una certa sorpresa constatai come ci fossero parti di quella donna che non odiavo. Concentrandomi sui particolari anziché sull'eccesso di generalizzazione, riuscii ad ammorbidirmi, a sentire un certo mutamento interno.

Il cambiamento di prospettiva aprì nel mio pregiudizio un varco abbastanza grande da permettermi di guardare la vicina di posto come un comune essere umano. Mentre correggevo così i miei sentimenti, la donna d'un tratto si girò verso di me e mi rivolse la parola. Non ricordo di che cosa parlammo (del più e del meno, immagino), ma alla fine del volo la mia rabbia e la mia irritazione si erano assai mitigate. Certo, la «nemica» non era diventata la mia «nuova, migliore amica», ma non era neanche più la «perfida usurpatrice del mio sedile esterno». Era solo un qualsiasi essere umano che, come me, cercava di vivere la vita meglio che poteva.

Una mente duttile

La capacità di mutare prospettiva, di considerare i problemi «da angolazioni diverse» è alimentata dalla *duttilità mentale*. Il beneficio finale che ci dà una mente duttile è quello di farci accettare tutto della vita, di farci sentire completamente vivi e umani. Un pomeriggio, dopo una lunga giornata di conferenze a Tucson, il Dalai Lama tornò a piedi nella sua suite. Mentre s'incamminava piano verso l'albergo, una fila di rosse nubi temporalesche solcava il cielo, assorbendo la luce del tardo pomeriggio e trasformando i Monti Catalina in un bassorilievo. Pareva di guardare una grande tavolozza di sfumature purpuree e l'effetto era profondamente suggestivo. L'aria tiepida sapeva di salvia e di piante del deserto, e una brezza umida e inquieta prometteva uno di quei violenti temporali che sono tipici dell'area di Sonora. Il Dalai Lama si fermò, scrutò a lungo l'orizzonte contemplando l'intero panorama, e manifestò il suo apprezzamento per la bellezza del paesaggio. Riprese a camminare, ma dopo pochi passi si arrestò di nuovo per chinarsi a guardare il bocciolo di una piantina di lavanda. Lo toccò gentilmente, ammirò la sua forma delicata e, a voce alta, si domandò il nome della pianta. Fui colpito dalla sua elasticità mentale. Egli passava con gran facilità dal quadro generale ai particolari: riusciva a contemplare tanto l'intero panorama quanto il singolo bocciolo, ad apprezzare l'insieme non meno delle sue più piccole componenti, a cogliere le sfumature come l'intero spettro.

Tutti noi possiamo sviluppare la duttilità mentale, che è, almeno in parte, il prodotto diretto del tentativo di ampliare la nostra prospettiva e adottare volutamente nuovi punti di vista. Come risultato finale, otteniamo la comprensione sia del quadro generale sia delle nostre circostanze personali. Questa duplice ottica, questa visione simultanea del «grande mondo» e del «piccolo mondo» individuale assolve la funzione di meccanismo di cernita, aiutandoci a discernere ciò che è importante nella vita da ciò che non lo è.

Per quanto mi riguarda, dovetti essere pungolato dal Dalai Lama nel corso dei colloqui prima di cominciare a uscire dal mio limitato mondo. Per natura e per professione, ho sempre avuto la tendenza a considerare i problemi nel contesto della dinamica individuale, a riflettere sui processi psicologici che avvengono all'interno dei reami della mente. L'ottica politico-sociologica non mi ha mai interessato molto. Durante una conversazione, domandai al Dalai Lama perché fosse tanto importante avere una prospettiva più ampia. Siccome in precedenza avevo bevuto parecchie tazze di caffè, cominciai a parlare animatamente, affermando che a mio avviso la capacità di mutare ottica era un processo interno, un'impresa solitaria basata esclusivamente sulla volontà del singolo individuo di adottare una visione diversa.

Mentre sostenevo con foga la mia tesi, Tenzin Gyatso m'interruppe dicendo: «Quando si parla di assumere un'ottica più ampia, s'intende includere nel processo la collaborazione attiva con gli altri. Se per esempio si verificano crisi di natura globale, come accade con il problema dell'ambiente o con quello dell'economia moderna, è necessario, per affrontarle, che vi sia lo sforzo concertato e coordinato di molte persone, che tanti si assumano le loro responsabilità e i loro impegni. Sono questioni più vaste di quelle individuali o personali».

Mi irritò che introducesse l'argomento del *mondo* mentre cercavo di concentrarmi su quello dell'*individuo* (e, lo ammetto con imbarazzo, ciò mi accadde proprio mentre si parlava di ampliare la propria ottica).

«Ma questa settimana» dissi «sia nei colloqui sia nelle conferenze lei ha sottolineato quanto sia importante trasformarsi dentro, realizzare un'evoluzione interiore. Ha per esempio definito essenziale maturare compassione e calore umano, vincere la rabbia e l'odio, coltivare la pazienza e la tolleranza...»

«Sì, è chiaro che il cambiamento deve venire dall'interno dell'individuo. Ma quando si cercano soluzioni a problemi globali, bisogna riuscire a valutare la situazione sia dal punto di vista del singolo sia da quello della società nel suo complesso. Perché vi siano vera duttilità e vera ampiezza di prospettive, occorre che le questioni vengano affrontate a diversi livelli: i livelli dell'individuo, della comunità e del mondo.

«Per esempio, durante il discorso tenuto all'università l'altra sera, ho detto che bisogna cercare di ridurre la rabbia e l'odio coltivando la pazienza e la tolleranza. Ridurre al minimo l'odio è una sorta di disarmo interno. Ma, come ho affermato nel corso della medesima conferenza, il disarmo interno deve procedere assieme al disarmo esterno: la ritengo una cosa assolutamente essenziale. Per fortuna, ora che l'impero sovietico è crollato non c'è più il pericolo di un olocausto nucleare, per cui credo che questo sia un momento molto positivo, un eccellente punto di partenza; non dobbiamo lasciarci sfuggire una simile opportunità! Bisogna, a mio avviso, rendere sempre più solida e forte la pace vera: la pace autentica, non la mera assenza di guerra o violenza. La mera assenza di guerra può essere indotta dalle armi, come il deterrente nucleare, ma non è una pace genuina e durevole. La pace deve svilupparsi sul filo della fiducia reciproca. E poiché le armi sono il maggiore ostacolo al formarsi della fiducia reciproca, credo sia ora di studiare il modo di liberarsene. È una questione di estrema importanza, questa. Certo, non possiamo raggiungere un obiettivo del genere da un giorno all'altro; penso che la maniera più realistica di conseguirlo sia procedere passo passo. Ma in ogni caso credo si debba rendere ben palese l'obiettivo finale: il mondo intero dev'essere smilitarizzato. Dunque a un certo livello dobbiamo sforzarci di maturare la pace interiore, il disarmo interno, ma è cruciale che nel contempo ci adoperiamo per il disarmo esterno e la pace mondiale, dando il nostro piccolo contributo, qualunque esso sia. È nostro dovere.»

L'importanza del pensiero duttile

La mente duttile e la capacità di cambiare ottica sono interconnesse. Una mente elastica e flessibile ci aiuta ad affrontare i nostri problemi da prospettive differenti; viceversa, analizzare obiettivamente i nostri problemi da prospettive differenti è una sorta di addestramento alla duttilità mentale. Nel mondo odierno, cercare di sviluppare la flessibilità del pensiero non è solo uno sport narcisistico per intellettuali oziosi: può diventare una questione di sopravvivenza. Anche se guardiamo alla scala evolutiva vediamo come le specie più duttili e adattabili ai mutamenti siano state quelle che sono riuscite a sopravvivere e prosperare. Oggi la vita è caratterizzata da cambiamenti improvvisi, inaspettati e a volte violenti. Una mente elastica può aiutarci da un lato a comprendere le trasformazioni esterne che si verificano intorno a noi, dall'altro a integrare le nostre incoerenze, le nostre ambivalenze e i nostri conflitti interni. Se non coltiveremo la flessibilità mentale, la nostra visione diventerà fragile e il nostro rapporto col mondo sarà caratterizzato dalla paura. Adottando invece un approccio elastico e flessibile alla vita, conserveremo la calma anche nella più inquieta e turbolenta delle situazioni. È cercando di maturare la duttilità mentale che si alimenta l'apertura dello spirito.

Quando imparai a conoscere il Dalai Lama, fui stupito dal suo grado di duttilità, dalla sua capacità di assumere diversi punti di vista. E dire che la sua singolare posizione, di buddhista forse più conosciuto del mondo, avrebbe dovuto renderlo una sorta di «defensor fidei».

Riflettendo su questo, un giorno gli chiesi: «Sente mai di essere stato troppo rigido nel suo atteggiamento, di aver assunto un'ottica troppo limitata?».

Rifletté un attimo, poi rispose deciso: «No, credo di no. Semmai mi capita l'opposto. A volte sono così duttile che vengo accusato di non avere una politica coerente». Rise di gusto, e aggiunse: «Se qualcuno viene da me con un'idea che mi sembra sensata, mi dichiaro d'accordo e dico: "Perfetto!" Se poi però viene da me un'altra persona con un'idea opposta che mi sembra altrettanto sensata, mi dichiaro d'accordo anche con lei. A volte mi criticano per questa mia tendenza e, ricordandomi che ci siamo impegnati in una certa politica, mi esortano ad attenermi per il momento a quella».

La frase, presa da sola, potrebbe far pensare che il Dalai Lama sia indeciso, privo di una sua linea coerente; ma non si potrebbe essere più lontani dal vero. Egli ha, senz'ombra di dubbio, alcune credenze profonde che rappresentano il substrato di tutte le sue azioni. Innanzitutto crede nella fondamentale bontà di tutti gli esseri umani. Poi crede nel valore della compassione, in una politica improntata alla mitezza e nel senso di solidarietà con tutte le creature viventi.

Quando sottolineo l'importanza della flessibilità, della duttilità e dell'adattabilità, non intendo dire che dobbiamo comportarci come camaleonti, adottare qualunque sistema di credenze in cui ci capiti d'imbatterci, cambiare la nostra identità o assimilare passivamente tutte le idee possibili e immaginabili. Gli stadi più elevati di crescita e maturazione si basano su una serie di fondamentali principi-guida, su un sistema di valori capace di dare continuità e coerenza alla nostra vita, di farci valutare adeguatamente le nostre esperienze, di aiutarci a decidere quali obiettivi siano davvero degni di essere perseguiti e quali invece siano privi di significato.

Il problema è: come possiamo conservare con coerenza e costanza questi valori fondamentali e rimanere nel contempo flessibili? Il Dalai Lama pare essere riuscito nell'impresa riducendo il proprio sistema di credenze ad alcuni principi basilari: 1) sono un essere umano; 2) voglio essere felice e non soffrire; 3) come me, anche gli altri esseri umani vogliono essere felici e non soffrire. Porre l'accento su ciò che ci accomuna agli altri anziché su ciò che ci divide da loro, produce un senso di legame col resto dell'umanità e induce a credere profondamente nel valore della compassione e dell'altruismo. Ricorrendo al medesimo approccio, è assai utile prendersi il tempo di riflettere sulla propria serie di principi-guida per ridurla ai suoi elementi fondamentali. La capacità di riportare il nostro sistema di valori alle sue basi e di vivere secondo queste ultime ci rende estremamente liberi e flessibili nell'affrontare gli innumerevoli problemi con cui ci misuriamo ogni giorno.

Trovare l'equilibrio

Una visione duttile della vita non solo ci consente di risolvere meglio le difficoltà quotidiane, ma è anche essenziale al conseguimento di un elemento chiave della felicità: *l'equilibrio.*

«Un approccio equilibrato e saggio all'esistenza, alieno dagli estremi, è un fattore cruciale nella gestione della vita quotidiana» disse il Dalai Lama. «È importante sotto tutti i profili. Quando per esempio si semina una piantina o un arboscello, ai primi stadi della crescita bisogna usare cautela e delicatezza. La troppa umidità o il troppo sole la ucciderebbero; e altrettanto farebbero la troppa poca umidità o il troppo poco sole. È dunque necessario un ambiente molto equilibrato, nel quale la pianta possa svilupparsi nella maniera migliore. Anche sulla salute fisica di una persona il troppo e il troppo poco possono avere effetti distruttivi. Credo per esempio che troppe o troppo poche proteine siano nocive.

«Tale approccio delicato e saggio, alieno dagli estremi, giova sia alla salute fisica sia a quella mentale. Se ci rendiamo conto che stiamo diventando arroganti, che ci gonfiamo di boria per i nostri veri o presunti successi e qualità, l'antidoto sarà pensare di più ai problemi e alle sofferenze, riflettere sugli aspetti insoddisfacenti della nostra esistenza. In questo modo diminuiremo il livello di presunzione e staremo un po' più con i piedi per terra. Se, viceversa, ci rendiamo conto che riflettere sulla natura insoddisfacente dell'esistenza, sulle sue sofferenze e le sue pene ci fa sentire sopraffatti e annichiliti, ancora una volta corriamo il rischio di toccare un estremo, benché opposto a quello dell'esempio precedente; potremmo scoraggiarci molto e sentirci così inermi e depressi da pensare: "Mah, non so fare niente, non valgo niente". In quel caso è importante che ci tiriamo su di morale riflettendo sui nostri successi, sui progressi compiuti e sulle altre nostre qualità positive, così da risollevarci e uscire dallo stato mentale di scoraggiamento e sconforto. Nell'uno e nell'altro esempio, occorre un approccio assai saggio ed equilibrato.

«Tale approccio è utile non solo alla salute fisica ed emozionale, ma anche alla crescita spirituale. Per esempio la tradizione buddhista comprende numerose tecniche e pratiche; ma è essenziale essere saggi nell'usarle, evitare gli estremi. Anche in questo campo occorre agire con cautela ed equilibrio. Il praticante deve saper coordinare gli sforzi, unire lo studio e l'apprendimento alla contemplazione e alla meditazione. Il coordinamento è importante, perché scongiura il rischio di squilibri tra il versante accademico o intellettuale e il versante contemplativo; l'eccessiva intellettualizzazione, infatti, annulla la meditazione. Viceversa, privilegiare troppo la pratica a scapito dello studio annulla la comprensione. Insomma, ci dev'essere un equilibrio...»

Dopo un attimo di riflessione, il Dalai Lama aggiunse: «In altre parole, il dharma, la vera e propria pratica spirituale, è una sorta di stabilizzatore di tensione, la cui funzione è prevenire sovratensioni anomale e garantirci una fonte stabile e costante di energia».

«Lei sottolinea che è importante evitare gli estremi» dissi, «ma non è proprio lo slancio verso le cose estreme a dare sapore e colore alla vita? Rifuggire da esse, scegliere sempre la "via di mezzo" non produce un'esistenza insipida e grigia?»

Scuotendo la testa, rispose: «Bisogna capire bene la fonte o la base del comportamento estremo. Prendiamo la ricerca dei beni materiali, come la casa, i mobili, i vestiti e così via. Da un lato la povertà si può considerare una sorta di estremo ed è perfettamente legittimo che cerchiamo di eliminarla e di assicurarci gli agi; dall'altro il lusso, la brama di ricchezze eccessive rappresenta un altro estre-

mo. Inseguendo un benessere sempre maggiore ci poniamo come obiettivo la soddisfazione, la felicità; ma questa
voglia di avere *di più* nasce dalla scontentezza, dall'idea di
non possedere abbastanza. Insomma il senso d'insoddisfazione, la ricerca di sempre più benessere, non deriva
tanto dall'intrinseca desiderabilità degli oggetti cui aspi-
riamo, quanto dal nostro stato mentale.

«Penso dunque che la tendenza a spingersi agli estremi
sia spesso alimentata da un fondamentale scontento. Certo, anche altri fattori possono contribuire al fenomeno; ma
credo sia importante riconoscere che, per quanto possa
apparire affascinante o eccitante, inseguire gli estremi sia
nocivo. Vi sono molti esempi dei pericoli insiti in questo
tipo di comportamento e, se li analizzassimo, capiremmo
che esso ha come esito finale di farci soffrire. Prendiamo,
su scala planetaria, il caso della pesca eccessiva: se la si
pratica, se, irresponsabilmente, non si tiene abbastanza
conto delle conseguenze a lungo termine, si provocherà
l'estinzione della fauna marina. O prendiamo il comportamento sessuale. È chiaro che esiste la pulsione biologica
verso la riproduzione e che esiste il piacere ricavato dal-
l'attività sessuale. Però se ci si comporta sessualmente in
maniera estrema, senza il giusto senso di responsabilità, si
compiranno atti gravi e illeciti, come gli abusi sessuali e
l'incesto».

«Lei ha detto che, oltre all'insoddisfazione, anche altri
fattori potrebbero spingere verso gli estremi...»

«Sì, certo» annuì.

«Può farmi un esempio?»

«Credo che uno di essi sia la ristrettezza di vedute.»

«Che cosa intende con "ristrettezza di vedute"?»

«Per esempio la pesca eccessiva che porta all'estinzione
della fauna marina: si guarda *solo* al risultato a breve termine, ignorando quello a lungo termine. Nel caso specifico, l'educazione e la conoscenza potrebbero servire ad
ampliare le proprie prospettive e ad assumere un'ottica
meno ristretta.»

Raccolse da un tavolino il rosario e se lo rigirò tra le dita, riflettendo in silenzio sull'argomento in discussione. Guardando i grani del rosario, riprese poi il discorso e disse: «Penso che la ristrettezza mentale conduca in molti modi all'estremismo. E questo crea problemi. Il Tibet, per esempio, è una nazione buddhista da molti secoli, e ovviamente ciò ha indotto i tibetani a giudicare il buddhismo la religione migliore e a ritenere un bene che *tutta* l'umanità diventasse buddhista. L'idea che *tutti* debbano essere buddhisti è senza dubbio estrema; è un tipo di mentalità che provoca problemi. Ma ora che abbiamo lasciato il Tibet, abbiamo avuto occasione d'entrare in contatto con altre fedi religiose e di apprendere parecchio su di esse. Questo ci ha fatto avvicinare alla realtà e capire che gli esseri umani hanno molteplici inclinazioni mentali. Anche se volessimo rendere buddhista il mondo intero, scopriremmo che è un'impresa impossibile. Attraverso il contatto più stretto si comprendono i lati positivi delle altre credenze. Così adesso abbiamo, nei confronti delle religioni diverse dalla nostra, un atteggiamento sereno, pacato. Ci va benissimo che altri trovino più adatta e più efficace un'altra fede. È un po' come andare al ristorante: possiamo sedere tutti al tavolo e ordinare piatti diversi a seconda dei gusti. Non c'è niente da ridire se le singole persone mangiano pietanze differenti.

«Credo dunque che, se cercheremo di ampliare la nostra visione, potremo in molti casi vincere quel tipo di pensiero estremo che produce conseguenze tanto negative».

Così dicendo, s'infilò il rosario al polso, batté amichevolmente la sua mano sulla mia e si alzò, ponendo fine al colloquio.

XI

Dare un significato
al dolore e alla sofferenza

Victor Frankl, uno psichiatra ebreo incarcerato dai nazisti durante la seconda guerra mondiale, disse una volta: «L'uomo è pronto a caricarsi di qualsiasi sofferenza purché e finché veda in essa un significato». Egli usò l'esperienza disumana e brutale della detenzione in campo di concentramento per cercare di capire come si riuscisse a sopravvivere alle atrocità. Osservando con cura chi sopravviveva e chi no, dedusse che la sopravvivenza non dipendeva dalla giovane età o dal vigore fisico, ma dalla forza morale e dalla saldezza interiore, ossia dalla capacità di dare un senso alla propria vita e alla propria esperienza.

Conferire significato al dolore aiuta molto e consente di affrontare anche le situazioni più dure. Ma non è un'impresa facile. Il male spesso ci colpisce per caso, senza motivo, giustificazione o senso, e meno che mai per qualche scopo preciso o positivo. E mentre soffriamo, concentriamo tutta la nostra energia sul tentativo di rifuggire dalla pena. Nei periodi drammatici, di crisi profonda, sembra impossibile riflettere su un eventuale significato nascosto dei nostri travagli: in quei momenti non possiamo far altro che sopportare il dolore. Ed è naturale considerare quest'ultimo insensato e ingiusto, e domandarsi: «Perché è toccato proprio a me?». Tuttavia, nei periodi di relativa serenità che precedono o seguono le esperienze drammatiche, possiamo fortunatamente riflettere sulla sofferenza, tentare di comprenderne il significato. E il tempo e la fatica che dedicheremo alla ricerca ci saranno di grande aiuto quando saremo colpiti dalle disgrazie. Per raccogliere questi frutti positivi bisogna però iniziare la riflessione quando tutto va bene. L'albero saldamente piantato in terra può resistere al più violento dei temporali, ma non può sviluppare radici tanto solide nel momento in cui la tempesta appare all'orizzonte.

Da dove bisogna cominciare quando si cerca di trovare un significato alla sofferenza? Molti rinvengono il punto di partenza nella fede religiosa. Benché affrontino in maniera diversa il problema del senso e dello scopo delle traversie umane, tutte le religioni del mondo hanno, del dolore e del modo di affrontarlo, una visione basata sui loro dogmi fondamentali. Per il buddhismo e l'induismo, ad esempio, la sofferenza è causata dalle azioni negative compiute in passato ed è considerata lo strumento per conseguire la liberazione spirituale.

Secondo la tradizione ebraico-cristiana, un Dio buono e giusto creò l'universo, e benché il suo disegno sia a volte misterioso e indecifrabile, sopporteremo di più le sofferenze avendo fede e fiducia nelle Sue vie, confidando che, come dice il Talmud, «Tutto quanto Dio fa, lo fa per il meglio». La vita sarà ugualmente dolorosa, ma il travaglio, come quello della partoriente, sarà compensato dalla bontà del prodotto finale. Il guaio è che, diversamente da quanto accade con il parto, non è affatto chiaro quale sia il bene ultimo. Chi però ha una forte fede nel Dio ebraico-cristiano è convinto che la sofferenza abbia un fine positivo. Come osservò un pio *chassid*: «Quando un uomo soffre, non deve dire: "Che brutto, che brutto!". Niente di ciò che Dio impone all'uomo è brutto. Deve invece dire: "Che amaro, che amaro!". Perché, tra le medicine, ve ne sono alcune ricavate da erbe amare». Dunque, secondo quest'ottica, il dolore serve a molti scopi: può mettere alla prova e forse rafforzare la nostra fede, può avvicinarci a Dio in maniera intima e profonda, può allentare i nostri legami con il mondo materiale e indurci a trovare rifugio e conforto nel trascendente.

Benché la religione aiuti molto le persone a trovare un senso alle traversie della vita, anche chi non ha credenze religiose può, con attenta riflessione, rinvenire un significato e un valore nella sofferenza. È indubbio che, per quanto riesca sgradevole a tutti, il dolore ci tempra e ci rafforza, rendendo più profonda la nostra esperienza di vita. Martin Luther King jr disse una volta: «Ciò che non mi distrugge mi rende più forte». E benché sia naturale rifuggirne, esso a volte si trasforma in sfida e ci induce addirittura a sfruttare al meglio le nostre possibilità. Nel *Terzo uomo*, Graham Greene scrisse: «L'Italia sotto i Borgia vide per trent'anni guerre, terrore, delitti e massacri, ma vide anche fiorire Michelangelo, Leonardo da Vinci e il Rinascimento. La Svizzera ha vissuto cinquecento anni di pace, amore fraterno e democrazia, e che cosa ha prodotto? L'orologio a cucù».

A volte la sofferenza rende più duri e forti, altre invece agisce positivamente in senso opposto, rendendoci più dolci, buoni e sensibili. La vulnerabilità che abbiamo quando soffriamo può aprirci al mondo e conferire maggior spessore al nostro legame con gli altri. Il poeta William Wordsworth scrisse: «Un profondo dolore ha reso più umana la mia anima». E a proposito di questa qualità «umanizzante» della sofferenza, mi viene in mente un mio conoscente, Robert, un tempo amministratore delegato di un'azienda assai florida. Diversi anni fa ebbe un grave tracollo finanziario in seguito al quale diventò così depresso da non riuscire a fare più niente. Ci incontrammo un giorno mentre era al culmine della depressione. Lo conoscevo da sempre come un carattere pieno di fiducia ed entusiasmo, sicché mi allarmai vedendolo assai abbattuto. Con voce profondamente angosciata, disse: «Non mi sono mai sentito così male in vita mia. Non riesco a scrollarmi di dosso questa sensazione. Non immaginavo proprio che ci si potesse sentire così sopraffatti, disperati e privi di controllo». Dopo aver parlato un po' con lui delle sue difficoltà, gli consigliai di andare da un mio collega per farsi curare.

Diverse settimane dopo m'imbattei in Karen, sua moglie, e le chiesi come stesse Robert. «Molto meglio, grazie» rispose. «Lo psichiatra che gli hai consigliato ha prescritto degli antidepressivi che lo hanno aiutato parecchio. Certo, ci vorrà ancora del tempo prima che si possano risolvere i problemi finanziari, ma Robert adesso è assai migliorato e riusciremo sicuramente a venirne fuori.»

«Mi fa molto piacere saperlo.»

Dopo un attimo di esitazione, mi confidò: «Sai, non sopportavo di vederlo così depresso, ma in un certo senso credo sia stata una benedizione. Una notte, durante un attacco di angoscia, scoppiò in un pianto dirotto, irrefrenabile. Lo tenni fra le mie braccia per ore mentre piangeva, sinché poi si addormentò. Era la prima volta che accadeva un fatto del genere in ventitré anni di matrimonio, e devo dirti che non mi sono mai sentita così vicina a lui in tutta la vita. Benché adesso la depressione si sia mitigata, le cose, per qualche motivo, sono diverse da prima. È come se tra noi si fosse aperta una porta. E quel senso di intimità c'è ancora. Il fatto che Robert mi abbia reso partecipe del suo problema e che lo abbiamo affrontato insieme ha cambiato la nostra relazione, ci ha avvicinato di più».

Per capire in che modo la sofferenza personale possa acquistare un significato, rivolgiamoci ancora una volta al Dalai Lama. «Nella pratica buddhista» egli disse, illustrando la funzione concreta del dolore all'interno del cammino verso l'illuminazione, «si può usare formalmente la sofferenza personale per rafforzare la compassione; la si può considerare un'opportunità per applicare la tecnica del *tong-len*. Il *tong-len* è il metodo di visualizzazione māhāyana con cui ci figuriamo mentalmente il dolore degli altri e ce ne facciamo carico con l'intento di dare agli altri le nostre risorse, la nostra salute, la nostra fortuna materiale e così via. Spiegherò in maggior dettaglio tale pratica in seguito. Impegnarsi nel *tong-len* significa che, quando ci tocca sopportare malattie, dolore e sofferenza, possiamo vedere in tutto ciò un'opportunità positiva, cioè pensare: "Possa il mio dolore fungere da sostituto del dolore di tutti gli altri esseri senzienti. Soffrendo così, possa io salvare tutti gli altri esseri senzienti che subiscono travagli analoghi". Nel *tong-len*, insomma, usiamo la nostra sofferenza come strumento per caricarci delle sofferenze altrui.

«A questo proposito va sottolineato un concetto. Poniamo che, in caso di nostra malattia, utilizziamo la tecnica pensando: "Possa la mia malattia fungere da sostituto della sofferenza che gli altri provano per analoghe malattie" e ci facciamo carico del travaglio e del dolore altrui offrendo la nostra salute: sia chiaro che ciò non comporta l'essere trascurati nei confronti del nostro stesso benessere. Riguardo alle malattie, è importante prendere misure preventive per mantenersi sani, ossia usare precauzioni come un equilibrato regime alimentare e via dicendo. Quando poi ci si ammala, non bisogna trascurare di assumere i farmaci specifici e di ricorrere a tutti gli altri metodi tradizionali.

«Ma, una volta che ci siamo ammalati, pratiche come il *tong-len* possono influire molto sul modo in cui *reagiamo mentalmente* alla situazione di disagio. Invece di lamentarci del dolore, commiserarci e farci travolgere dall'ansia e dalla preoccupazione, possiamo risparmiarci altro dolore e altre afflizioni mentali adottando l'atteggiamento giusto. Non è detto che la meditazione *tong-len*, o "dare e ricevere", riesca ad alleviare il vero e proprio male fisico o a indurre la guarigione, ma senza dubbio ci difende da pene, angosce e dolori psicologici inutili. Se pensiamo: "Possa io, provando questo dolore e questa sofferenza, aiutare e salvare tutti coloro che sono costretti a sopportare la stessa situazione", *la sofferenza assumerà un nuovo significato, perché verrà usata come base di una pratica religiosa o spirituale.* Inoltre, alcuni di coloro che utilizzano la tecnica smettono di dolersi e crucciarsi per l'esperienza della malattia, e anzi la considerano una sorta di privilegio. La ritengono insomma un'opportunità e, di fatto, si sentono lieti, perché ciò che vivono in quel momento li arricchisce.»

«Lei afferma dunque che il *tong-len* serve a fare un uso positivo del dolore. E in precedenza ha detto che riflettere bene, in anticipo, sulla natura della sofferenza può permetterci di reggere alle future traversie, di non esserne sopraffatti, in quanto aiuta ad accettare il fatto che la sofferenza sia parte integrante della vita...»

«Sì, è vero» annuì.

«Ci sono altri modi per attribuire un significato al dolore o, almeno, esistono casi in cui la contemplazione del nostro dolore può avere un valore pratico?»

«Sì, certo» rispose. «Se non sbaglio, in precedenza abbiamo detto che, nel contesto della via buddhista, riflettere sulla sofferenza ha un'enorme importanza, perché comprendendo la sua natura si sviluppa una maggior volontà di porre fine alle sue cause e agli atti immorali che la producono. E si accresce sensibilmente il desiderio di impegnarsi nelle azioni morali che portano alla felicità e alla gioia.»

«Secondo lei, riflettere sulla sofferenza può giovare anche ai non buddhisti?»

«Sì, credo possa avere un certo valore pratico in alcune situazioni. Per esempio può ridurre l'arroganza e la presunzione. Certo» e qui rise di cuore «non può, questo, essere considerato un beneficio pratico o una ragione convincente da chi non ritenga l'arroganza e l'orgoglio un difetto.»

Tornando serio, aggiunse: «In ogni caso, penso che il nostro esperire la sofferenza presenti un vantaggio grandissimo. La consapevolezza del nostro dolore e delle nostre pene ci aiuta a maturare l'empatia, la capacità di metterci in relazione con i sentimenti e le sofferenze altrui. Ciò rafforza il senso di compassione per gli altri. Dunque il fatto che la sofferenza ci aiuti a legarci agli altri può essere considerato un valore.

«Se guardiamo alla sofferenza con quest'ottica, il nostro

atteggiamento forse comincerà a cambiare, e il dolore non ci parrà più così brutto e inutile come ci pareva prima».

Affrontare il dolore fisico

Se nei momenti più sereni della vita, quando le cose vanno bene e sono relativamente stabili, riflettiamo sulla sofferenza, scopriremo il suo valore e il suo significato profondi. Ma a volte ci tocca sopportare un dolore che sembra senza scopo, senza la minima capacità di redenzione. Le pene fisiche paiono sovente rientrare in tale categoria. C'è però una differenza tra il dolore fisico, che è un processo fisiologico, e la sofferenza, che è la nostra risposta mentale ed emozionale al dolore. Sorge quindi la domanda se rinvenire uno scopo e un senso nel dolore possa modificare l'atteggiamento che abbiamo verso di esso e se il mutato atteggiamento attenui il nostro grado di sofferenza quando stiamo male fisicamente.

Nel suo libro, *Pain: The Gift Nobody Wants*, Paul Brand analizzò lo scopo e il significato del dolore fisico. Chirurgo di fama mondiale specializzatosi nella cura della lebbra, egli trascorse l'infanzia in India, dove, essendo figlio di missionari, era circondato da gente che viveva tra grandi privazioni e sofferenze. Notando che gli indiani parevano considerare naturale il male fisico e lo sopportavano molto più degli occidentali, cominciò a studiare il meccanismo del dolore nel corpo umano. Poi, mentre si occupava dei lebbrosi in India, compì una notevole scoperta. Si rese conto che le devastazioni e le orribili deturpazioni della lebbra non erano dovute al bacillo diretto responsabile della malattia, ma al fatto che questa provocava la perdita della sensazione di dolore negli arti. Senza la «protezione» del dolore, ai lebbrosi veniva a mancare il meccanismo che avverte il nostro corpo del danno ai tessuti. Brand osservò dunque che i pazienti camminavano o correvano con arti in cui la pelle era lacerata e le ossa addirittura esposte, e che era questo a provocare il progressivo peggioramento. Talvolta i lebbrosi mettevano addirittura le mani sul fuoco per prendere l'oggetto che vi stava sopra, ed erano del tutto indifferenti alle ustioni. Nel suo libro il chirurgo descrisse, caso per caso, i devastanti effetti indotti dall'assenza del meccanismo del dolore; raccontò come i pazienti si ferissero in continuazione e come alcuni dormissero beatamente mentre i ratti rosicchiavano loro le dita dei piedi e delle mani.

Dopo una vita passata a occuparsi di malati in preda alla sensazione del dolore e di malati che ne erano del tutto privi, giunse a considerare il dolore non un nemico universale, com'è reputato in Occidente, ma un meccanismo biologico straordinario, elegante e complesso che ci avverte del danno al corpo e quindi ci protegge. Ma perché l'esperienza del male fisico dev'essere così spiacevole? Egli concluse che era proprio la spiacevolezza, l'aspetto che più odiamo, a rendere così efficace il meccanismo di protezione e di «messa in guardia». La sgradevolezza del dolore costringe l'intero organismo ad affrontare il problema. Benché noi siamo dotati di movimenti riflessi che rappresentano una sorta di strato protettivo esterno atto ad allontanarci automaticamente dal male, è la sensazione sgradevole a eccitare l'intero organismo e a costringerlo ad agire per risolvere il problema. Inoltre, il dolore s'imprime nella memoria, consentendoci di difenderci anche in futuro.

Come rinvenire un significato nella sofferenza può aiutarci ad affrontare le difficoltà della vita, così, secondo Paul Brand, il comprendere lo scopo del male fisico può ridurre la pena quando quel male insorge. Alla luce di questa teoria, egli propone il concetto di «assicurazione contro il dolore». In altre parole, è convinto che possiamo prepararci al dolore in anticipo, finché siamo sani, cercando di capire il motivo per cui si manifesta e premurandoci di riflettere su cosa sarebbe la vita senza di esso. Ma poiché la forte sofferenza fisica può annullare l'obiettività, bisogna appunto riflettere prima di stare male. Se cominceremo a ritenere il dolore un «discorso che l'organismo fa, nel modo più efficace per attirare l'attenzione, su un tema di vitale importanza per noi», il nostro atteggiamento al riguardo comincerà a cambiare; e più cambierà, meno soffriremo. Come afferma Brand: «Sono convinto che l'atteggiamento maturato in anticipo determini il tipo e il grado di sofferenza nel momento in cui il dolore ci colpisce». A suo avviso, potremmo addirittura arrivare a sentirci grati al dolore: forse non grati per l'*esperienza in sé*, ma grati per il *meccanismo* che ce lo fa percepire.

È indubbio che l'ottica e l'atteggiamento mentale influiscono molto sulla misura della pena quando siamo tormentati dal male fisico. Poniamo che due individui, un muratore e un pianista, riportino la stessa ferita a un dito. Benché la quantità di dolore fisico sia la stessa in entrambi, il muratore soffrirà ben poco e, anzi, gioirà per la ferita, in quanto potrà farsi quel mese di vacanza pagata di cui sentiva bisogno da tempo, mentre il pianista, che considera i concerti la massima fonte di gioia nella vita, soffrirà intensamente.

L'idea che l'atteggiamento mentale influisca sulla capacità di percepire e sopportare il dolore non ha solo valore di ipotesi, come nell'esempio sopra riportato, ma è stata confermata da numerosi studi ed esperimenti scientifici. I ricercatori che hanno analizzato l'argomento hanno cercato innanzitutto di individuare le vie attraverso le quali il dolore viene sentito ed esperito. Il male fisico inizia con un segnale sensoriale, un allarme che scatta quando le terminazioni nervose sono stimolate da qualcosa che è percepito come pericoloso. Attraverso il midollo spinale vengono inviati all'area inferiore del cervello milioni di segnali; dopo che questi sono stati vagliati, un messaggio di dolore è trasmesso alle aree superiori. L'encefalo allora sceglie tra i messaggi vagliati in precedenza e decide la risposta. È a questo stadio che la mente riesce ad assegnare valore e significato al dolore e a intensificare o modificare la percezione che di esso abbiamo; *è nella mente che conver-*

tiamo il dolore in sofferenza. Per ridurre la sofferenza, dobbiamo operare una distinzione cruciale tra il male vero e proprio e quello che noi stessi generiamo con i nostri pensieri su di esso. La paura, la rabbia, il senso di colpa, la solitudine e l'impotenza sono tutte risposte mentali ed emotive che intensificano la pena. Quando dunque cerchiamo l'approccio giusto al problema del dolore, possiamo naturalmente agire sui livelli percettivi inferiori utilizzando strumenti della scienza moderna come le medicine e via dicendo, ma possiamo anche agire sui livelli superiori modificando la nostra visione e il nostro atteggiamento mentali.

Molti scienziati hanno analizzato il ruolo della mente nella percezione del male fisico. Com'è noto, Pavlov addestrò i cani a vincere l'istinto del dolore associando la presentazione del cibo a una scossa elettrica. Ronald Melzak si spinse ancor più in là. Allevò cuccioli di terrier scozzese in un ambiente imbottito dove non potevano ferirsi e scorticarsi come in un ambiente normale. I terrier quindi non appresero le consuete risposte al dolore: quando per esempio venivano punti nelle zampe con uno spillo, non reagivano come gli altri cuccioli, che guaivano per il male. Sulla base di simili esperimenti, Melzak concluse che gran parte del cosiddetto «dolore», compresa la spiacevole risposta emotiva, è dovuta più all'apprendimento che all'istinto. Anche dalle indagini sull'ipnosi e l'effetto placebo condotte sugli esseri umani risulta che in molti casi le funzioni cerebrali superiori prevalgono sui segnali provenienti dagli stadi inferiori delle vie del dolore. La mente, quindi, spesso stabilirebbe in qual modo percepiamo il male fisico, il che contribuirebbe a spiegare gli interessanti risultati ottenuti da ricercatori come Richard Sternback e Bernard Tusky, della facoltà di medicina di Harvard (e in seguito confermati da Maryann Bates e altri), secondo i quali i vari gruppi etnici avrebbero una capacità assai diversa di percepire e sopportare il dolore.

A quanto sembra, dunque, l'ipotesi che il nostro atteggiamento in questo campo influenzi il grado di sofferenza non è meramente filosofica, ma è suffragata da prove scientifiche. E se, cercando di riflettere sul significato e il valore del dolore muteremo il nostro atteggiamento verso di esso, la nostra non sarà stata fatica sprecata. Nella sua analisi del dolore e del suo principale scopo, Paul Brand fece un'altra affascinante osservazione. Riferì che molti lebbrosi avevano dichiarato: «Sì, vedo le mie mani e i miei piedi, ma chissà perché non mi sembrano parte di *me*. È come se fossero solo degli strumenti». Il dolore, quindi, non solo ci protegge e ci mette in guardia, ma ci *unifica*. Se non lo percepiamo alle mani o ai piedi, abbiamo la sensazione che gli arti non appartengano più al nostro corpo.

Come il male fisico rende unitaria la nostra percezione del corpo, così esperire la sofferenza rende forse unitaria la nostra percezione degli altri, perché ci mette in profonda relazione con loro. Forse questo è il significato ultimo della sofferenza. *È la sofferenza l'elemento fondamentale che condividiamo con gli altri e che ci unisce a tutte le creature viventi.*

Concludiamo la nostra analisi della sofferenza umana con le istruzioni del Dalai Lama sul *tong-len*, la pratica cui aveva accennato nel nostro precedente colloquio. Come egli spiegherà, tale meditazione con immagini mentali ha lo scopo di rafforzare la compassione, ma si può considerare anche un efficace mezzo di elaborazione della sofferenza personale. Quando si è costretti ad affrontare qualsiasi pena o privazione, si può intensificare lo stato mentale compassionevole immaginando di dar sollievo ad altre persone colpite da sofferenze analoghe: con il *tong-len* si assorbe il loro dolore facendolo confluire nel proprio e annullandolo, in una sorta di «sofferenza per procura».

Il Dalai Lama illustrò la pratica un torrido pomeriggio di settembre davanti a un folto pubblico radunato a Tucson. L'impianto d'aria condizionata della sala, che già doveva vedersela con le elevatissime temperature del deserto, non riuscì a far fronte anche al calore prodotto da milleseicento corpi. Il caldo diventò sempre più insopportabile, causando un disagio generale che ben si adattava a una meditazione sulla sofferenza.

La pratica del tong-len

«Oggi pomeriggio meditiamo sul *tong-len*, o "dare e ricevere". La pratica ha lo scopo di aiutarci ad addestrare la mente, a consolidare la forza e l'innato potere della compassione. Tale risultato si ottiene perché il *tong-len* ci consente di neutralizzare l'egoismo. Aumenta infatti il potere e la forza mentali dandoci il coraggio di aprirci alle sofferenze altrui.

«Cominciate l'esercizio immaginando d'avere al vostro fianco un gruppo di gente disperatamente bisognosa di aiuto: persone che sopportano i più duri travagli e vivono in uno stato di povertà, privazione e dolore. Visualizzate questo gruppo di individui al vostro fianco. Sul lato opposto immaginate voi stessi come l'incarnazione dell'egocentrismo, come individui abituati ad avere un egoistico atteggiamento di indifferenza al benessere e ai bisogni degli altri. Quindi, tra le persone sofferenti e l'immagine egoistica di voi stessi figuratevi, al centro, come osservatori neutrali.

«Ora controllate verso quale lato propendete per natura. Siete più attratti dall'immagine che incarna l'egoismo o il vostro naturale sentimento di empatia vi fa protendere verso il gruppo di deboli e bisognosi d'aiuto? Se considererete le cose con obiettività, capirete che il benessere di un gruppo o di un gran numero di individui è più importante di quello del singolo.

«Adesso concentrate l'attenzione sugli indigenti e disperati, dirigendo verso di loro tutta la vostra energia positiva. Con la forza della mente date loro i vostri successi, le vostre risorse, le vostre virtù. E dopo aver fatto questo, immaginate di caricarvi delle loro sofferenze, dei loro problemi e di tutte le circostanze negative in cui si trovano.

«Figuratevi per esempio un innocente bambino somalo che muore di fame e cercate di capire quale sarebbe la vostra reazione naturale davanti a un simile spettacolo. In casi del genere, il profondo sentimento di empatia per la sofferenza dell'altro non nasce da considerazioni come: "È mio parente" o: "È mio amico". Non conoscete nemmeno la persona che state immaginando. Ma il fatto che l'altro sia un essere umano e che anche voi lo siate permette al naturale sentimento di empatia di affiorare e vi induce ad andargli incontro. Visualizzate dunque il bambino somalo e pensate: "Questo bambino non ha né la capacità né i mezzi per affrancarsi dallo stato di sofferenza e privazione in cui versa". Caricatevi allora, mentalmente, di tutto il suo dolore, la sua povertà, la sua fame e le sue ristrettezze e offritegli i vostri mezzi, la vostra ricchezza e il vostro successo. Esercitandovi in questa visualizzazione del "dare e ricevere", addestrerete la mente.

«Quando vi impegnate nel *tong-len*, vi potrà essere utile all'inizio immaginare la vostra stessa sofferenza futura e, con animo compassionevole, farvene carico con il sincero desiderio di affrancarvene. Dopo aver acquisito la capacità di produrre uno stato mentale compassionevole nei confronti di voi stessi, potrete ampliare il processo fino a includervi la capacità di farvi carico delle sofferenze altrui.

«Quando, mentalmente, ci si "fa carico", giova pensare alle sofferenze, ai problemi e alle difficoltà come a sostanze velenose, armi pericolose o animali terribili, tutte cose la cui sola vista ci atterrisce. Visualizzate dunque la sofferenza in questa forma, poi assorbitela direttamente col cuore.

«Figurarci che tali immagini negative e spaventose si dissolvano nel nostro cuore serve a eliminare gli atteggiamenti egoistici che in esso sovente risiedono. Tuttavia, le persone che hanno qualche problema con l'immagine di sé, quelle che nutrono odio o rabbia verso se stesse o mancano di autostima, dovranno valutare bene se questa particolare pratica sia o meno appropriata. Forse non lo è.

«Il *tong-len* può diventare assai efficace se si accorda il "dare e ricevere" con il respiro, se cioè si immagina di "ricevere" quando si inspira e di "dare" quando si espira. Se ci si impegna seriamente nella tecnica, si prova un lieve disagio. Vuol dire allora che essa ha colto nel segno, che sta insidiando il nostro consueto atteggiamento egocentrico ed egoistico. Ora meditiamo.»

Verso la fine del suo discorso sul *tong-len*, il Dalai Lama aveva fatto un'osservazione importante. Nessun esercizio, qualunque esso sia, è indicato e appropriato per tutti. Nel corso del nostro viaggio spirituale, dobbiamo assolutamente capire se una particolare pratica sia adatta o no a noi. Capita che all'inizio una certa tecnica non ci vada a genio, e perché diventi efficace bisogna comprenderla meglio. Fu per esempio il mio caso quando, quel pomeriggio, seguii le istruzioni sul *tong-len*. Scoprii di avere delle difficoltà, delle resistenze, anche se sul momento non capivo bene quali. Ma la sera riflettei sul discorso del Dalai Lama e mi resi conto che le resistenze erano nate in me quando egli, nell'illustrare il *tong-len*, aveva osservato che un nutrito gruppo di individui è più importante del singolo. Avevo già udito quell'asserzione; era l'assioma del vulcaniano signor Spock di *Star Trek*: *i bisogni di molti superano le esigenze di uno solo*. Tuttavia in quell'idea c'era qualcosa che non mi andava giù. Prima di sollevare l'argomento con il Dalai Lama, non desiderando fare la figura di «quello che vuole a tutti i costi stare al primo posto», ne parlai con un amico che studiava da tempo il buddhismo.

«Una cosa mi disturba» dissi. «Affermare che i bisogni di un numeroso gruppo di individui superano quelli del singolo in teoria è sensato, ma nella vita quotidiana noi non interagiamo con le persone *en masse*, bensì con una alla volta: insomma con una serie di esseri umani. Ebbene, se ci atteniamo al rapporto tra singolo e singolo, perché mai io dovrei considerare i bisogni dell'altro più importanti dei miei? Anch'io ho i miei diritti. Siamo uguali...»

Il mio amico rifletté un attimo. «Sì, è vero. Ma credo che se tu provassi a considerare ciascun individuo *veramente* uguale a te, non più importante, *ma neppure meno,* sarebbe già un inizio.»

Non sollevai l'argomento con il Dalai Lama.

Parte quarta

Superare gli ostacoli

XII

Produrre il cambiamento

Il processo di cambiamento

«Abbiamo analizzato la possibilità di raggiungere la felicità eliminando i comportamenti e gli stati mentali negativi» dissi. «Quale ritiene che sia, in generale, il giusto metodo per conseguire concretamente lo scopo, ossia per vincere i comportamenti negativi e realizzare cambiamenti positivi nella vita?»

«Il primo passo consiste nell'apprendimento, nell'educazione» rispose il Dalai Lama. «Credo di aver già accennato all'importanza dell'apprendimento...»

«Si riferisce al colloquio in cui abbiamo sottolineato quanto sia cruciale capire che le emozioni e i comportamenti negativi sono dannosi e che, invece, le emozioni positive sono utili al conseguimento della felicità?»

«Sì. Ma quanto al metodo per produrre cambiamenti interiori positivi, l'apprendimento rappresenta solo il primo passo. A esso si aggiungono altri fattori: la convinzione, la determinazione, l'azione e lo sforzo. *Perciò il passo successivo è maturare la convinzione.* L'apprendimento e l'educazione sono importanti, perché ci persuadono della necessità di cambiare e ci consentono di accrescere il nostro impegno. *Se saremo convinti di cambiare, diventeremo poi determinati. E a quel punto la determinazione si trasformerà in azione*: la forte volontà di cambiare ci permetterà di compiere uno sforzo prolungato per realizzare le vere e proprie modifiche. *Questo fattore finale, lo sforzo, è essenziale.*

«Poniamo per esempio che vogliamo smettere di fumare: prima di tutto dovremo essere consapevoli che fumare fa male all'organismo. Dovremo, cioè, essere educati. Di fatto, credo che l'informazione e le campagne pubbliche sugli effetti nocivi del fumo abbiano modificato il comportamento della gente; ora, grazie alle informazioni disponibili, nei paesi occidentali fumano molte meno persone che in un paese comunista come la Cina. Ma spesso il solo *apprendimento* non basta. Bisogna accrescere a tal punto la consapevolezza, da trasformarla nella ferma *convinzione* della dannosità del fumo, la quale a sua volta rafforzerà la *determinazione* a cambiare. Infine, occorrerà compiere uno *sforzo* per instaurare nuove abitudini. In ogni campo, qualunque sia l'obiettivo, il cambiamento e l'evoluzione interiori si realizzano in questo modo.

«Ebbene, qualunque comportamento cerchiamo di modificare, qualunque obiettivo o azione sia oggetto dei nostri sforzi, dovremo maturare innanzitutto la forte disposizione, il forte desiderio di cambiare. Dovremo produrre in noi stessi un grande entusiasmo, *e a tale scopo ci risulterà essenziale il senso di urgenza,* che è un fattore cruciale per chi voglia superare i problemi. Conoscere per esempio le gravi conseguenze dell'AIDS ha generato un senso di urgenza che ha indotto molti a controllare il proprio comportamento sessuale. Quando le informazioni sono adeguate, la gente spesso si impegna seriamente a evitare i danni.

«Il senso di urgenza può quindi essere un fattore cruciale per il processo di cambiamento e infonderci immensa energia. Se per esempio in un movimento politico serpeggia la disperazione, nascerà un così forte senso di urgenza che la gente dimenticherà perfino di aver fame e non accuserà stanchezza e cedimenti nel perseguimento degli obiettivi.

«L'urgenza serve a superare i problemi non solo a livello di individuo, ma anche a livello di comunità e di mondo intero. Penso a quando visitai St. Louis, che era stata da poco colpita da una grave inondazione. Nella prima fase del disastro il governatore aveva temuto, mi spiegò, che, data l'impronta individualistica della società, la gente collaborasse poco e non si impegnasse in un costruttivo lavoro comune. Ma al culmine della crisi si era stupito della reazione dei cittadini. Aveva constatato con meraviglia che tutti apparivano pronti a rimboccarsi le maniche per affrontare insieme i problemi dell'alluvione. A mio avviso, l'esempio dimostra che per realizzare obiettivi importanti bisogna, come in questo caso, avvertire la necessità di un'azione immediata; a St. Louis lo stato di calamità era così drammatico che tutti unirono istintivamente le forze per reagire alla situazione. Purtroppo» conclude con tristezza «spesso quel senso di urgenza ci manca.»

Mi stupii che ponesse l'accento sul senso di urgenza; secondo il cliché occidentale, infatti, vedevo gli asiatici come tendenzialmente lassisti, come persone che, credendo in molte vite, erano sempre pronte a rimandare un'azione dall'esistenza presente a quella futura...

«Ma il problema è come maturare quest'urgenza, questa forte, entusiastica volontà di cambiare atteggiamento» dissi. «C'è un particolare approccio buddhista al problema?»

«Il praticante buddhista ha a disposizione varie tecniche per generare entusiasmo interno» rispose il Dalai Lama. «Per produrre questo intimo senso di fiducia ci rivolgiamo al testo in cui il Buddha sottolinea il valore prezioso dell'esistenza umana. Analizziamo il grande potenziale insito nel nostro corpo, nonché la sua importanza e i buoni scopi per i quali può essere usato; e soppesiamo i benefici e i vantaggi che reca il possedere una forma umana. Poniamo l'accento su queste cose per instillare un senso di fiducia e coraggio e per indurre i praticanti a servirsi del corpo in maniera positiva.

«Poi, per stimolare l'urgenza, la necessità di impegnarsi in pratiche spirituali, ricordiamo loro la nostra impermanenza, la morte. Quando parliamo di impermanenza in tale contesto, lo facciamo in termini molto convenzionali, trascurando gli aspetti più impalpabili del concetto. In altre parole, ricordiamo ai praticanti che un giorno potrebbero non essere più qui: una nozione molto semplice. La consapevolezza della impermanenza viene incoraggiata perché, coniugandosi con la comprensione dell'enorme potenziale umano, imprime nell'animo un senso di urgenza, l'idea che *si debba usare ogni prezioso momento della vita.*»

«Questa contemplazione della impermanenza e della morte pare una tecnica assai utile a motivare le persone, a far loro maturare l'urgente desiderio di realizzare cambiamenti positivi» osservai. «Non potrebbe essere un metodo utile anche ai non buddhisti?»

«Credo che i non buddhisti debbano usare una certa cautela nell'adozione delle varie tecniche» rispose pensieroso. «Forse quella di cui stiamo parlando è più adatta ai buddhisti. Dopotutto» e qui rise «si potrebbe usare la medesima contemplazione per lo scopo esattamente opposto. Si potrebbe cioè dire: "Be', se non ho alcuna garanzia di vivere fino a domani, tanto vale che mi dia alla pazza gioia oggi!"»

«Che cosa potrebbero fare a suo avviso i non buddhisti per maturare il senso d'urgenza?»

«Come ho sottolineato, in questo hanno un ruolo cruciale l'informazione e l'educazione. Io per esempio, prima di conoscere alcuni esperti o specialisti, non mi rendevo conto del problema ecologico. Ma quando li ho conosciuti e quando mi hanno illustrato la crisi ambientale, sono divenuto consapevole della gravità della situazione. Lo stesso vale per gli altri problemi che ci troviamo ad affrontare.»

«Ma a volte, pur disponendo delle informazioni, possiamo non trovare dentro di noi la forza di cambiare» dissi. «Come si può superare l'impasse?»

Dopo aver riflettuto un attimo in silenzio, rispose: «Credo che in questi casi entrino in gioco fattori diversi.

Per esempio la mancanza di energia e l'apatia possono essere dovute a fattori biologici. Quando la causa dell'inazione è biologica, forse occorre intervenire sullo stile di vita. Se si cerca di dormire un numero sufficiente di ore, si segue un regime alimentare sano, ci si astiene dall'alcol e così via, la mente diventerà più pronta. Quando l'apatia è conseguenza di una malattia occorrerà addirittura far ricorso a medicine e ad altri rimedi fisici. C'è invece un'apatia, o una pigrizia, dovuta soltanto a una certa debolezza della mente...».

«Sì, è a quella che mi riferivo...»

«Per vincerla e indurre la persona a impegnarsi con entusiasmo nel superamento di comportamenti o stati mentali negativi, credo che il metodo più efficace – e forse l'unico – sia ancora una volta quello di capire fino in fondo gli effetti distruttivi del comportamento negativo, di ricordarli in continuazione a se stessi.»

Benché le parole del Dalai Lama suonassero vere, come psichiatra mi rendevo dolorosamente conto di quanto radicati fossero alcuni comportamenti e atteggiamenti mentali negativi e di quanto risultasse difficile il cambiamento per certi soggetti. Convinto che nel fenomeno entrassero in gioco complessi fattori psicodinamici, avevo passato innumerevoli ore a esaminare e analizzare in dettaglio la resistenza dei pazienti a cambiare. Pensando a questo, dissi: «La gente spesso vorrebbe modificare la propria vita in senso positivo, adottare comportamenti più sani e così via, ma a volte pare accusare una sorta di inerzia o resistenza. Come spiega lei simili situazioni?».

«È molto facile...» esordì con noncuranza.

Facile?, pensai.

«Semplicemente» continuò «noi ci abituiamo o ci assuefacciamo a determinati comportamenti. E diventiamo, come dire, viziati: facciamo solo le cose che ci piace fare, che siamo soliti fare.»

«Ma come possiamo vincere questo "vizio"?»

«Usando l'assuefazione a nostro vantaggio. *Attraverso*

la costante familiarizzazione, possiamo senza dubbio adottare nuovi modelli di comportamento. Le farò un esempio. Di solito a Dharamsala mi sveglio e inizio la giornata alle tre e mezzo, mentre in questi giorni che sto trascorrendo in Arizona mi sveglio alle quattro e mezzo, cioè mi concedo un'ora in più di sonno.» Rise, e proseguì: «All'inizio si fa una certa fatica ad abituarsi a quell'orario, ma dopo qualche mese diventa tranquilla routine e non occorre alcuno sforzo speciale per svegliarsi. Se una volta andiamo a letto tardi, magari d'istinto dormiremmo qualche minuto in più, ma ci alziamo lo stesso alle tre e mezzo senza pensarci tanto e compiamo le nostre pratiche quotidiane. Tutto è dovuto alla forza dell'abitudine.

«Credo quindi che, con uno sforzo costante, possiamo vincere qualsiasi tipo di condizionamento negativo e cambiare in maniera positiva la nostra vita. Bisogna però capire che il cambiamento autentico non avviene dal giorno alla notte. Prendiamo il mio caso: se confronto il mio quotidiano stato mentale di oggi con quello di venti o trent'anni fa, rilevo una grande differenza, ma è una differenza cui sono pervenuto passo passo. Iniziai l'educazione buddhista a cinque o sei anni, ma all'epoca non nutrivo alcun interesse per la dottrina», e qui rise, «anche se ero chiamato alla più alta delle reincarnazioni. Solo verso i sedici anni cominciai a maturare un interesse serio per il buddhismo e solo allora mi cimentai nella pratica seria. Poi, nel corso di anni e anni, finii per apprezzarne moltissimo i principi, e le pratiche, che in un primo tempo mi erano parse impossibili o addirittura innaturali, mi riuscirono sempre più facili e congeniali. Subii quest'evoluzione familiarizzandomi gradatamente con la dottrina e la sua applicazione. Certo, per tale processo sono occorsi più di quarant'anni.

«Capisce quindi che, a livello profondo, l'evoluzione mentale richiede tempo. Se qualcuno mi dice: "Attraverso molti anni di faticosi sforzi sono riuscito a modificare le cose", posso prendere il suo discorso sul serio, perché vi sono buone probabilità che i mutamenti siano autentici e durevoli. Se invece mi dice: "Nel giro di un breve periodo, un biennio all'incirca, ho registrato un grosso cambiamento", giudicherò il discorso poco realistico.»

Benché l'approccio del Dalai Lama al cambiamento fosse senza dubbio ragionevole, rilevai alcune apparenti contraddizioni che mi pareva necessario chiarire.

«Lei ha detto che occorre un alto grado di entusiasmo e determinazione per modificare lo stato mentale e realizzare cambiamenti positivi» osservai. «Nel contempo, però, afferma che la vera evoluzione è lenta e richiede molto tempo. Ebbene, se si verifica così lentamente, è facile scoraggiarsi. Non l'ha mai scoraggiata la gradualità dei progressi nella pratica spirituale e, in generale, non ha mai provato scoraggiamento in altri settori della vita?»

«Sì, certo» rispose.

«Come affronta questo sentimento?»

«Per quanto riguarda la pratica spirituale, *se m'imbatto in un ostacolo o in un problema, trovo utile assumere un'ottica distaccata e considerare le cose nel lungo periodo anziché nel breve.* In questi casi riflettere su alcuni versi mi dà coraggio e mi aiuta a mantenere la determinazione. Dicono questi versi:

Finché dura la spazio
Finché permangono gli esseri senzienti
Ch'io possa vivere
Per cacciare la sofferenza dal mondo.

«Credo però che, se facessi assegnamento su questa credenza, sul concetto espresso da questi versi in un campo come la lotta per la libertà del Tibet, sarei sciocco. Nel caso specifico non si possono aspettare eoni: bisogna impegnarsi in maniera più immediata, più attiva. Quanto alla lotta per la libertà, è chiaro che se penso ai quattordici o quindici anni di inutili sforzi diplomatici e ai quasi quindici anni di fallimenti, provo una certa impazienza e una certa frustrazione. Ma la frustrazione non mi scoraggia al punto da farmi perdere la speranza.»

Cercando di arrivare al nocciolo della questione, domandai: «Ma che cosa le impedisce di perdere la speranza?».

«Anche nel caso del Tibet è molto utile, a mio avviso, adottare un'ottica più ampia. Se per esempio considero la situazione interna del Tibet da un'angolazione ristretta, limitata al solo paese, il quadro appare quasi disperato. Se invece parto da una prospettiva più ampia, capace di abbracciare il mondo intero, vedo che, a livello internazionale, interi sistemi sociali improntati al comunismo e al totalitarismo stanno crollando, e che perfino in Cina c'è un movimento democratico; adottando quest'ottica, lo spirito dei tibetani resta alto e quindi io non perdo la speranza.»

Considerate la vasta cultura e la vasta competenza del Dalai Lama nel campo della filosofia e della meditazione buddhiste, è interessante che egli ritenga l'apprendimento e l'educazione, e non pratiche spirituali più mistiche o trascendentali, il primo passo per produrre un cambiamento interno. Benché tutti riconoscano che l'istruzione consente di acquisire nuove competenze o di trovare un buon lavoro, pochi la reputano un fattore vitale nel raggiungimento della felicità. Diversi studi hanno però dimostrato che anche il sapere puramente accademico ha un nesso diretto con una vita felice. Da numerose indagini risulta in maniera inequivocabile che un alto livello d'istruzione è correlato a una salute migliore e a una vita più lunga, e che addirittura difende l'individuo dalla depressione. Nel tentativo di stabilire le cause di tali effetti benefici, gli scienziati hanno ipotizzato che i soggetti istruiti siano più consapevoli dei fattori di rischio per la salute, più capaci di scegliere uno stile di vita salutare, più dotati di autostima e considerazione di sé, più in grado di risolvere i problemi e trovare strategie efficaci per affrontarli: tutti fattori, questi, atti a rendere l'esistenza maggiormente sana e felice. Se dunque il mero sapere accademico ha simili effetti positivi, ancora più efficaci saranno l'apprendimento e l'educazione propugnati dal Dalai Lama e incentrati sulla comprensione – e l'applicazione pratica – di tutti gli elementi capaci di condurre a una felicità durevole.

Per Sua Santità, il secondo passo che porta al cambiamento consiste nel maturare «determinazione ed entusiasmo». Anche questo fattore è considerato dall'odierna scienza occidentale assai importante ai fini del conseguimento dei propri obiettivi. Nel corso di un'indagine, per esempio, lo psicopedagogo Benjamin Bloom analizzò la vita di alcuni dei più famosi artisti, atleti e scienziati d'America e scoprì che il successo nei rispettivi campi non era dovuto tanto allo spiccato talento naturale, quanto all'energia e alla determinazione. È lecito pensare che, come in qualsiasi altro settore, il principio valga anche per l'arte di conquistare la felicità.

Gli studiosi del comportamento hanno esaminato a fondo i meccanismi che innescano, governano e ispirano le nostre attività, ovvero hanno condotto estese ricerche su quelle che definiscono «motivazioni umane». Secondo gli psicologi, le principali motivazioni sono tre. Le prime, le *motivazioni primarie*, sono pulsioni basate su necessità biologiche legate alla sopravvivenza, e comprendono l'esigenza di cibo, acqua e aria. Le seconde sono rappresentate dal *bisogno di stimoli e informazioni* proprio degli esseri umani, un bisogno che secondo i ricercatori è innato e indispensabile a una maturazione, uno sviluppo e un funzionamento adeguati del sistema nervoso. Infine le terze, le *motivazioni secondarie*, sono quelle dettate da pulsioni ed esigenze apprese, e in molti casi sono connesse al bisogno appreso di successo, potere, status e concreti risultati positivi. All'interno di questa categoria il comportamento e le pulsioni sono a volte influenzati da fattori sociali e sono forgiati dall'apprendimento. È a tale livello che le teorie psicologiche moderne si accordano con il concetto di «determinazione ed entusiasmo» esposto dal Dalai Lama.

Nella visione di Tenzin Gyatso, però, la spinta interna e la determinazione non servono solo alla ricerca del successo materiale: si sviluppano quando il soggetto arriva a comprendere bene i fattori che conducono alla vera felicità e sono usate per perseguire obiettivi elevati, come la gentilezza, la compassione e l'evoluzione spirituale.

Lo «sforzo» rappresenta l'elemento finale nella genesi del cambiamento. Il Dalai Lama lo considera un fattore necessario alla creazione di un nuovo condizionamento. L'idea che possiamo modificare il nostro comportamento e i nostri pensieri negativi attraverso un nuovo condizionamento non solo è condivisa dagli psicologi occidentali, ma di fatto è la base della moderna terapia comportamentale, secondo la quale gli individui hanno perlopiù *imparato* a essere come sono. Proponendo strategie atte a generare un nuovo condizionamento, la terapia comportamentale è riuscita a risolvere un'ampia gamma di problemi.

Benché di recente gli scienziati abbiano dimostrato che la predisposizione genetica determina in parte il tipo di risposta individuale al mondo esterno, la maggior parte dei sociologi e degli psicologi è convinta che il modo di pensare, sentire e comportarsi sia dovuto soprattutto all'apprendimento e al condizionamento, cioè al risultato dell'educazione e delle forze sociali e culturali cui l'individuo è esposto. Se dunque, come si reputa, i comportamenti sono in gran parte frutto del condizionamento e sono rafforzati e amplificati dall'«assuefazione», è possibile, come afferma il Dalai Lama, conseguire la capacità di eliminare il condizionamento nocivo o negativo e di sostituirlo con un condizionamento utile alla vita e alla felicità.

Sforzarsi con tenacia di modificare il comportamento esteriore serve non solo a vincere cattive abitudini, ma anche a mutare certi sentimenti e atteggiamenti interiori. Come dimostrano alcuni esperimenti, è vero che inclinazioni e caratteristiche psicologiche determinano il comportamento – un'idea comunemente accettata –, ma è anche vero che il comportamento può correggere l'atteggiamento mentale. I ricercatori hanno scoperto che perfino un sorriso o un cipiglio simulati tendono a produrre corrispondenti sensazioni di felicità o rabbia; viene quindi da pensare che anche il mero «far finta» e il mero adottare in ripetute circostanze un comportamento positivo determinino infine un autentico cambiamento interno. Simili considerazioni paiono confermare in pieno la validità dell'approccio del Dalai Lama alla costruzione di una vita felice. Se per esempio cominciassimo ad aiutare regolarmente gli altri pur non sentendoci, dentro, particolarmente gentili e solleciti, potremmo rilevare in noi stessi un mutamento interno e una graduale maturazione di autentici sentimenti compassionevoli.

Aspettative realistiche

Secondo il Dalai Lama, per produrre una vera evoluzione interiore è molto importante impegnarsi in uno sforzo prolungato. Il processo, egli afferma, è graduale. La sua visione è dunque in netto contrasto con le innumerevoli terapie e tecniche di autosoccorso, come le «affermazioni positive» o la «scoperta del bambino dentro di noi», che propagandano una «soluzione rapida» e che negli ultimi decenni sono diventate assai popolari nella civiltà occidentale.

Per Tenzin Gyatso, l'evoluzione e la maturazione sono lente. Egli è convinto che la mente abbia un potere enorme, forse addirittura illimitato, ma che debba essere sistematicamente addestrata alla concentrazione e temprata da anni di esperienza e sano ragionamento. È in molto tempo che abbiamo maturato il comportamento e le abitudini mentali fonte dei nostri problemi; ed è in altrettanto tempo che si instaurano le nuove abitudini atte a garantirci la felicità. Non c'è modo di aggirare i fattori essenziali al cambiamento: la determinazione, lo sforzo e il tempo. Sono questi i veri segreti della felicità.

Nel momento in cui si imbocca la nuova strada, è importante avere aspettative ragionevoli. Se ci aspettiamo troppo, rimarremo inevitabilmente delusi; se ci aspettiamo troppo poco, non avremo più la volontà di sfidare i nostri limiti e sfruttare tutto il nostro potenziale. Dopo i colloqui sul processo di cambiamento, il Dalai Lama spiegò:

«Bisogna sempre tener presente che è essenziale avere un atteggiamento realistico, valutare con grande cura e attenzione la situazione concreta in cui ci si trova mentre si procede verso l'obiettivo finale. Dobbiamo riconoscere le difficoltà intrinseche del cammino, sapere che possono occorrere tempo e sforzo costante. È importante che a livello mentale operiamo una netta distinzione tra gli *ideali* e i *parametri* in base ai quali giudichiamo i nostri progressi. Come buddhisti, per esempio, abbiamo ideali molto alti: la nostra aspettativa ultima è la piena illuminazione. Porsi la piena illuminazione come ideale da realizzare non rappresenta un estremo, ma pensare di realizzarla in fretta, qui e ora, sì. Se dunque consideriamo simile obiettivo un *parametro* anziché un *ideale,* ci scoraggeremo e perderemo del tutto la speranza quando constateremo che l'illuminazione non è a portata di mano. Occorre quindi un approccio realistico. D'altro canto, senza aspettative, speranze e aspirazioni non vi può essere progresso. Nutrire la speranza è essenziale. Trovare il giusto equilibrio non è facile; bisogna valutare ciascuna situazione sul momento.»

Io però continuavo ad avere tormentosi dubbi; pur tenendo conto del fatto che con il dovuto tempo e il dovuto impegno si riuscissero a correggere comportamenti e atteggiamenti negativi, mi chiedevo in che misura si potessero davvero eliminare le *emozioni* negative. «Abbiamo sottolineato che la felicità finale si ottiene neutralizzando comportamenti e stati mentali negativi come la rabbia, l'odio, l'avidità e così via» dissi.

Il Dalai Lama annuì.

«Ma queste emozioni» continuai «paiono intrinseche

alla nostra struttura psicologica. Tutti gli esseri umani, anche se in diverso grado, le provano. Data la premessa, ha senso odiare, negare e combattere una parte di noi stessi? Voglio dire, sembra poco realistico e perfino innaturale sforzarsi di sradicare del tutto sentimenti che sono parte integrante della nostra struttura biologica.»

«Sì, alcuni ritengono che la rabbia, l'odio e altre emozioni negative siano innati» rispose scuotendo la testa. «E pensano che, siccome fanno naturalmente parte della nostra struttura, tali stati mentali non siano realmente modificabili. Ma si sbagliano. Facciamo un esempio. Tutti nasciamo in una condizione di ignoranza; in questo senso anche l'ignoranza è del tutto naturale. Da piccoli siamo senza dubbio molto ignoranti; ma a mano a mano che cresciamo, attraverso l'educazione e l'apprendimento possiamo, giorno per giorno, acquisire la conoscenza ed eliminare l'ignoranza. Se però restiamo allo stato grezzo senza sviluppare a livello conscio l'apprendimento, non riusciremo mai a combattere l'ignoranza: se scegliamo lo "stato naturale" senza cercare di imparare, i fattori e le forze dell'istruzione e dell'apprendimento non entreranno in azione spontaneamente. Allo stesso modo, con un addestramento adeguato si possono a poco a poco ridurre le emozioni negative e rafforzare stati mentali positivi come l'amore, la compassione e il perdono.»

«Ma se quei sentimenti sono intrinseci alla nostra psiche, come si può pensare di combattere con successo qualcosa che fa parte di noi stessi?»

«Nella lotta alle emozioni negative, è utile tener presente il funzionamento della mente umana» rispose. «Certo la mente è assai complessa, ma è anche assai abile. Può trovare innumerevoli modi di affrontare una serie di situazioni e condizioni. Sa per esempio adottare ottiche diverse quando deve risolvere i vari problemi.

«Nella pratica buddhista, la capacità di vedere le cose da prospettive differenti è utilizzata in un certo numero di meditazioni, nel corso delle quali isoliamo a livello mentale diversi aspetti di noi stessi e conduciamo poi un dialogo tra essi. Per esempio, in una pratica volta a rafforzare l'altruismo, ci impegniamo in un dialogo tra il nostro "atteggiamento egocentrico", un sé che è l'incarnazione dell'egocentrismo, e il nostro sé spirituale. È una sorta di rapporto dialettico. Tornando al nostro discorso, benché caratteristiche negative come l'odio e la rabbia facciano parte della nostra mente, possiamo, analogamente, sforzarci di considerarle come un oggetto e di combatterle in quanto oggetto.

«Pensiamo poi all'esperienza quotidiana: in diverse situazioni ci autocritichiamo o ci incolpiamo. Può capitarci di dire: "Quel certo giorno non sono stato all'altezza della situazione", e di prendercela con noi stessi. O magari ci pare di avere fatto una cosa sbagliata o di non averne fatta una giusta e ci rimproveriamo. Anche in questi casi conduciamo una sorta di dialogo interno. In realtà non vi sono due sé distinti: esiste un unico individuo con un unico continuum. Eppure ci autocritichiamo, ci inquietiamo con noi stessi. È un fenomeno che conosciamo tutti e che tutti abbiamo sperimentato.

«Benché dunque vi sia un unico continuum individuale, siamo in grado di adottare due ottiche diverse. Che cosa succede quando ci autocritichiamo? Il "sé" che critica assume la prospettiva della totalità, dell'intero essere, mentre il "sé" criticato è visto dalla prospettiva della singola esperienza o del singolo evento. È insomma possibile questa relazione dialettica tra i "sé".

«Volendo ampliare il concetto, può giovarci molto riflettere sui vari aspetti della nostra identità personale. Facciamo l'esempio del monaco buddhista tibetano. Egli avrà il senso dell'identità personale, del suo essere monaco; avrà, cioè, l'idea di "se stesso come monaco". Potrà inoltre avere un senso dell'identità basato non tanto sul concetto dello stato monacale, quanto su quello dell'origine etnica: in altre parole, l'idea del suo "essere tibetano". Infine, a un altro livello, sentirà un terzo tipo di identità, nel quale la condizione monacale e l'origine etnica svolgeranno un ruolo irrilevante. Avrà insomma il senso della sua identità di "essere umano". All'interno del medesimo individuo, dunque, possono coesistere diverse prospettive riguardo a se stessi.

«Questo ci fa capire che, quando ci correliamo con qualcosa a livello concettuale, siamo in grado di considerare il fenomeno da molteplici angolazioni. E tale capacità di valutare le cose da punti di vista diversi è assai selettiva; possiamo concentrarci su un particolare aspetto, un particolare lato del fenomeno, e adottare una prospettiva specifica. Tale facoltà diventa assai importante quando tentiamo di identificare ed eliminare tratti negativi o di rafforzare tratti positivi di noi stessi. *Grazie alla capacità di adottare un'ottica diversa, siamo in grado di isolare quelle caratteristiche personali che cerchiamo di combattere ed eliminare.*

«Analizzando più a fondo l'argomento, vediamo poi profilarsi un problema cruciale: anche nel caso che ci impegniamo a combattere la rabbia, l'odio e altri stati mentali negativi, quale sicurezza o garanzia abbiamo di riportare una vittoria su di essi?

«Voglio chiarire che, quando parlo degli stati mentali negativi, mi riferisco a quello che in tibetano si chiama *nyon mong* e in sanscrito *klesha*. Il termine significa letteralmente "ciò che affligge da dentro", e poiché è lungo spesso viene tradotto con "illusioni". È la stessa etimologia della parola tibetana *nyon mong* a darci l'idea di un evento emotivo e cognitivo che, quando insorge in maniera spontanea, affligge la mente, toglie la tranquillità d'animo e produce turbamento psichico. Se analizzeremo con sufficiente attenzione il problema, riconosceremo facilmente la natura afflittiva di queste "illusioni", perché tendono a distruggere la nostra calma e presenza di spirito. Ma è assai più difficile scoprire se siamo in grado di vincerle. È una questione direttamente connessa a un'altra più generale: se sia possibile comprendere fino in fondo il proprio potenziale spirituale, un dilemma, questo, davvero serio e arduo.

«In base a quali argomenti possiamo decidere se le emozioni e gli eventi cognitivi afflittivi, o "illusioni", possano infine essere estirpati ed eliminati dalla mente? Il pensiero buddhista reputa che siano tre le principali premesse – o motivi – che rendono plausibile l'annullamento delle negatività.

«La prima dice che tutti gli stati "illusori" della mente, tutte le emozioni e i pensieri afflittivi sono in sostanza distorti, perché si basano su un'errata percezione della realtà concreta. Benché potenti, tali emozioni negative non hanno, a livello profondo, fondamenta valide, in quanto affondano le radici nell'ignoranza. Tutte le emozioni e gli stati mentali positivi, come l'amore, la compassione, la comprensione e così via, hanno invece una base solida. Quando la mente esperisce gli stati positivi, non vi è distorsione; inoltre, essi affondano le radici nella realtà e possono essere verificati dalla nostra stessa esperienza. La ragione e la comprensione hanno fondamenta profonde e solide, ciò che non vale invece per emozioni afflittive come la collera e l'odio. Per giunta, tutti gli stati mentali positivi condividono una caratteristica: possiamo rafforzarli e accrescere il loro potenziale in misura illimitata se li esperiamo regolarmente attraverso l'addestramento e la costante familiarità.»

«Può spiegare meglio» interloquii «che cosa intende dire affermando che gli stati mentali positivi hanno "fondamenta valide", mentre quelli negativi no?»

«La compassione, per esempio, è considerata un'emozione positiva» rispose. «Per generarla cominciamo col riconoscere che non vogliamo soffrire e che riteniamo d'aver diritto alla felicità: questo è un dato che può essere verificato o confermato dalla nostra stessa esperienza. Poi riconosciamo che, come noi, anche gli altri non vogliono soffrire e ritengono d'aver diritto alla felicità; e questa diventa la base del nostro cammino verso il sentimento di compassione.

«In sostanza, esistono due tipi di emozioni o stati mentali: i positivi e i negativi. Un modo per classificarli consiste nel capire che quelli positivi hanno una loro ragion d'essere, mentre quelli negativi no. In un precedente colloquio abbiamo analizzato l'argomento del desiderio, osservando che vi sono desideri positivi e desideri negativi. Il desiderio che siano soddisfatti i propri fondamentali bisogni è positivo, ha una ragion d'essere, perché è legato alla nostra stessa esistenza e al nostro diritto a sopravvivere. Per sopravvivere abbiamo bisogno di determinate cose, di soddisfare determinate esigenze. Dunque questo tipo di desiderio ha fondamenta valide. Come abbiamo già detto, esistono invece desideri negativi, come la brama smodata e l'avidità. Essi si basano solo su un senso di scontento: si vuole di più anche se l'oggetto voluto non è in realtà necessario. Questi tipi di desiderio non hanno una vera ragion d'essere. Ecco perché, quindi, possiamo dire che le emozioni positive hanno fondamenta solide e valide, mentre le emozioni negative no.»

Il Dalai Lama proseguì il suo discorso analizzando il funzionamento della mente umana con la minuziosità di un botanico che stesse classificando specie rare di fiori.

«Ora veniamo alla seconda premessa in base alla quale riteniamo d'aver motivo di credere alla possibilità di neutralizzare ed eliminare le emozioni negative. Essa dice che i nostri stati mentali positivi possono fungere da antidoto alle tendenze negative e agli stati mentali illusori, e che più si rafforzano i fattori-antidoto, più si riescono a ridurre sia l'intensità delle afflizioni mentali ed emotive, sia la loro influenza e il loro effetto.

«A proposito del superamento degli stati mentali negativi, occorre sottolineare alcuni concetti. Nella pratica buddhista, si reputa che coltivare qualità mentali positive come la pazienza, la tolleranza e la gentilezza funga da antidoto specifico a stati mentali negativi come la rabbia, l'odio e l'attaccamento. Coltivare l'amore e la compassione permette di ridurre parecchio il grado o l'influenza delle afflizioni mentali ed emotive, ma poiché sono volti all'eliminazione di sentimenti afflittivi specifici o individuali, tali antidoti vanno considerati, in un certo senso, solo misure parziali. Emozioni afflittive come l'attaccamento e l'odio si basano in ultima analisi sull'ignoranza, su un'idea errata della vera natura della realtà; perciò tutte le scuole buddhiste convengono che, per superare *appieno* l'intera rosa delle tendenze negative, occorre utilizzare l'antidoto dell'ignoranza, ossia il "fattore saggezza". Il "fattore saggezza", che è indispensabile, consiste nel comprendere la vera natura della realtà.

«In sintesi, all'interno della tradizione buddhista abbiamo non solo antidoti specifici per stati mentali specifici – per esempio la pazienza e la tolleranza sono gli antidoti della collera e dell'odio –, ma anche un antidoto generale: la comprensione della vera natura della realtà, che serve a combattere *tutti* gli stati negativi della mente. È un po' come liberarsi di una pianta velenosa: si possono eliminare gli effetti nocivi tagliando certi rami e certe foglie o si può eliminare l'intera pianta strappandole le radici.»

Concludendo la sua analisi del metodo per vincere gli stati mentali negativi, il Dalai Lama spiegò: «La terza premessa dice che la natura fondamentale della mente è pura e che la sottile coscienza alla base di tutto non è contaminata da emozioni negative. Essa è intrinsecamente pura, uno stato che viene definito "mente di chiara luce". Questa natura fondamentale della mente è chiamata anche "natura di buddha", e poiché le emozioni negative non ne fanno parte, è possibile eliminarle e purificare la mente.

«In base a queste premesse, dunque, il buddhismo reputa che le afflizioni mentali ed emozionali si possano infine neutralizzare coltivando con cura fattori-antidoto come l'amore, la compassione, la tolleranza e il perdono, nonché impegnandosi in diverse pratiche, come la meditazione».

Sapevo che il Dalai Lama aveva già parlato in precedenza di quell'argomento: la purezza della natura fondamentale della mente e la nostra capacità di eliminare i modelli negativi di pensiero. Egli aveva paragonato la mente a un bicchiere d'acqua fangosa; gli stati mentali afflittivi erano le «impurità» o il fango, che si potevano rimuovere per rivelare la vera natura «pura» dell'acqua. Ma mi parevano discorsi piuttosto astratti, sicché, passando a questioni più pratiche, lo interruppi.

«Poniamo che uno riconosca di poter eliminare le emozioni negative e cominci anche a fare passi in quella direzione. Dal nostro colloquio mi sembra però di capire che occorra uno sforzo enorme per superare il lato oscuro di se stessi: tanto studio, tanta contemplazione, la costante applicazione dei fattori-antidoto, intense pratiche meditative e così via. Tali metodi saranno magari adatti a un monaco o a chi può coltivarli a lungo e con grande attenzione, ma come la mettiamo con la gente comune, che ha famiglia o in ogni caso non ha tempo e modo di dedicarsi a simili pratiche intensive? Queste persone non farebbero meglio a cercare soltanto di controllare le emozioni afflittive, imparare a convivere con esse e gestirle in maniera adeguata, senza pretendere di eliminarle del tutto? Mi viene in mente il paragone coi diabetici, che possono non avere i mezzi per curarsi in maniera completa, ma seguendo una dieta appropriata, prendendo l'insulina e via dicendo riescono a controllare la malattia e a prevenire i sintomi e i postumi negativi.»

«Sì, è questo il modo!» esclamò entusiasta. «Sono d'accordo con lei. Qualunque passo, sia pur piccolo, si faccia per ridurre l'influenza delle emozioni negative è senza dubbio utilissimo, e aiuta non poco le persone a condurre una vita più felice e soddisfacente. Tuttavia anche un laico può raggiungere alti livelli di perfezione spirituale; anche chi ha un lavoro, una famiglia, una relazione sessuale col proprio coniuge e così via. Non solo: so di alcuni che hanno iniziato una pratica seria solo in età matura, a quaranta, cinquant'anni o addirittura dopo gli ottanta, e che sono riusciti a diventare grandi maestri altamente realizzati.»

«Lei, personalmente, ha conosciuto molti individui che hanno raggiunto questo stadio elevato?» chiesi.

«Credo sia molto, molto difficile giudicare. I veri, sinceri praticanti non mettono mai in evidenza i loro risultati» rispose ridendo.

Tanti, in Occidente, si rivolgono alle credenze religiose nella loro ricerca della felicità; tuttavia l'approccio del Dalai Lama è assai diverso da quello di molte religioni occidentali, perché si basa più sul ragionamento e l'addestramento mentale che sulla fede. Sotto certi aspetti, è una scienza della mente, un metodo che ricorda per molti versi l'approccio psicoterapeutico. Ma il Dalai Lama suggerisce una prassi che si spinge più in là della psicoterapia. Mentre siamo abituati all'idea che si possano utilizzare le tecniche psicoterapeutiche – come la terapia comportamentale – per eliminare cattive abitudini quali il fumo, l'alcol o gli scoppi d'ira, non siamo abituati all'idea che si possano coltivare qualità positive come l'amore, la compassione, la pazienza e la generosità per combattere tutte le emozioni e gli stati mentali negativi. Il metodo proposto dal Dalai Lama per raggiungere la felicità si basa sul concetto rivoluzionario che gli stati mentali negativi non siano intrinseci alla mente, ma rappresentino ostacoli transitori che impediscono l'espressione dello stato naturale di gioia e felicità alla base del nostro essere.

In Occidente, quasi tutte le scuole psicoterapeutiche tradizionali ritengono che il paziente debba cercare di adattarsi alla propria nevrosi anziché rivedere del tutto la propria Weltanschauung. Analizzano la sua storia personale, le sue relazioni, sue esperienze quotidiane (tra cui i sogni e le fantasie) e perfino il suo rapporto con il terapeuta nel tentativo di risolvere i conflitti interni, le motivazioni inconsce e la dinamica psichica che gli hanno procurato problemi e sofferenze. Il loro obiettivo non è indurlo ad addestrare la mente alla felicità, ma permettergli di gestire in maniera più sana le situazioni, migliorare il suo adattamento e alleviargli i sintomi.

La caratteristica più singolare del metodo del Dalai Lama è senza dubbio il concetto che _gli stati mentali positivi fungano da antidoto diretto agli stati mentali negativi._ Se si cerca un approccio analogo nelle moderne scienze comportamentali, si scoprirà che il più simile è quello della terapia cognitiva. Negli ultimi decenni questo tipo di psicoterapia è diventato sempre più popolare e si è dimostrato assai efficace nel trattamento di un'ampia varietà di nevrosi diffuse, soprattutto i disturbi dell'umore come l'ansia e la depressione. La moderna terapia cognitiva, messa a punto da psicoterapeuti come Albert Ellis e Aaron Beck, si basa sull'idea che le emozioni perturbanti e i comportamenti maladattativi siano provocati da credenze irrazionali ed errate impostazioni di pensiero. La terapia cerca di aiutare il paziente a riconoscere, analizzare e correggere sistematicamente tali errate impostazioni. In un certo senso i pensieri correttivi fungono da antidoto ai modelli distorti di ragionamento che rappresentano la fonte della sofferenza.

Poniamo per esempio che una persona venga rifiutata da un'altra e reagisca con un eccessivo risentimento. Prima di tutto il terapeuta cognitivo aiuta il soggetto a identificare la credenza irrazionale di base, come: «Se non sono amato e approvato sempre da tutte le persone per me importanti, vuol dire che non valgo niente e che mi trovo in una situazione orribile». Poi gli presenta prove che mettono in discussione quella credenza poco realistica. Benché l'approccio possa apparire superficiale, diversi studi hanno dimostrato che funziona. I terapeuti cognitivi sostengono per esempio che alla base della depressione vi sono pensieri negativi autolesionistici. Come i buddhisti giudicano distorte tutte le emozioni afflittive, così i terapeuti cognitivi considerano «sostanzialmente distorti» i pensieri negativi all'origine della depressione. In tale sindrome il pensiero viene stravolto, perché il soggetto valuta gli eventi secondo l'ottica del tutto-o-niente o dell'eccessiva generalizzazione (se per esempio perde il lavoro o non supera un corso di studi, pensa subito: «Sono una vera frana»), e percepisce selettivamente solo certi eventi (se un giorno accadono tre cose buone e due cattive, ignora le buone e si concentra solo sulle cattive). Perciò nel trattamento della depressione il paziente viene incoraggiato, con l'aiuto del terapeuta, a controllare l'insorgere automatico dei pensieri negativi («Non valgo niente») e a correggerli attivamente raccogliendo informazioni e prove atte a contraddirli o smentirli (per esempio: «Ho lavorato duro per allevare i miei due figli»; «Ho talento per il canto»; «Sono stato un buon amico»; «Sono riuscito a conservare un impiego difficile» ecc.). I ricercatori hanno dimostrato che sostituendo alle modalità distorte di pensiero delle informazioni accurate, si modificano i sentimenti e si migliora l'umore.

Il fatto che le emozioni e i pensieri negativi si possano correggere ricorrendo a una diversa impostazione mentale suffraga l'idea del Dalai Lama che gli stati mentali negativi siano neutralizzabili con gli «antidoti», cioè con i corrispondenti stati mentali positivi. Se dunque teniamo conto delle recenti prove scientifiche, secondo le quali tutti noi siamo in grado di modificare la struttura e la funzione del cervello coltivando nuovi pensieri, l'idea di poter raggiungere la felicità attraverso l'addestramento mentale ci apparirà una possibilità molto concreta.

XIII

Come vincere la collera e l'odio

> Se ci si imbatte in qualcuno che è stato colpito da una freccia, non si perde tempo a domandarsi da dove sia arrivata la freccia o a quale casta appartenga l'individuo che l'ha tirata, né ad analizzare il legno di cui è fatta o la struttura della punta, ma ci si concentra subito sul compito di estrarla.
>
> *Śākyamuni, il Buddha*

Vediamo ora di esaminare alcune «frecce», ossia gli stati mentali negativi che distruggono la felicità, e i corrispondenti antidoti. Tutti gli stati mentali negativi pregiudicano la felicità, ma iniziamo dalla collera, che pare uno degli ostacoli più grandi. Seneca, il celebre filosofo stoico, la definiva «la più odiosa e frenetica delle emozioni».

Gli effetti distruttivi della rabbia e dell'odio sono stati ben documentati da recenti indagini scientifiche. Certo, non occorrono prove scientifiche per capire che simili passioni ottundono il giudizio, provocano un senso di estremo disagio e rovinano i rapporti interpersonali: ce lo dice la nostra stessa esperienza. Ma negli ultimi anni si sono registrati grandi progressi nell'analisi degli effetti nocivi dell'ira e dell'ostilità sull'organismo. Numerosi studi hanno dimostrato che tali emozioni sono un'importante causa di malattia e morte prematura. Ricercatori come Redford Williams, della Duke University, e Robert Sapolsky, della Stanford, hanno condotto ricerche dalle quali risulta che rabbia, collera e ostilità sono particolarmente dannose al sistema cardiovascolare. Anzi, si sono accumulate così tante prove sugli effetti deleteri dell'ostilità, che questo sentimento è considerato un grosso fattore di rischio nelle cardiopatie, pari o addirittura superiore al colesterolo alto e all'ipertensione, tradizionalmente ritenuti pericolosi.

Una volta riconosciuti gli effetti negativi della rabbia e dell'odio, sorge dunque il problema di come si possano vincere simili passioni.

Il giorno in cui iniziai la mia attività di psichiatra in un centro psicoterapeutico, una collega dello staff mi accompagnò nel mio nuovo studio, e mentre percorrevamo un corridoio sentii echeggiare urla disumane.

«Sono arrabbiata...»

«Più forte!»

«SONO ARRABBIATA!»

«PIÙ FORTE! ME LO DIMOSTRI! ME LO FACCIA VEDERE!»

«<u>SONO</u> <u>ARRABBIATA</u>! <u>SONO</u> <u>FURIOSA</u>! <u>LA</u> <u>ODIO</u>!!! <u>LA</u> <u>ODIO</u>!!!»

Erano urla che gelavano il sangue. Dissi alla collega che, a quanto pareva, una paziente era in preda a una crisi cui bisognava porre subito rimedio.

«Non preoccuparti» replicò lei ridendo. «Stanno solo facendo una seduta di terapia di gruppo e aiutano la paziente a entrare in contatto con la sua collera.»

Quello stesso giorno conobbi in privato la donna, che appariva esausta.

«Mi sento così *rilassata*» disse. «La seduta terapeutica ha funzionato a meraviglia. Ho l'impressione di avere scaricato tutta la rabbia.»

Tuttavia il giorno dopo, nella seduta successiva, osservò: «Mah, a pensarci bene non credo di essermi sfogata davvero. Ieri, appena terminata la terapia, stavo uscendo dal parcheggio quando un idiota mi ha quasi tagliato la strada, e *sono uscita dai gangheri*. Fra me e me ho continuato a maledire quell'imbecille per tutto il tragitto fino a casa. Credo di aver bisogno di qualche altra seduta terapeutica "di sfogo" per liberarmi fino in fondo della mia ostilità».

Accingendosi ad affrontare l'argomento della collera e dell'odio, il Dalai Lama cominciò con l'analizzare la natura di tali emozioni distruttive.

«Vi sono molti tipi di emozioni afflittive o negative, come la presunzione, l'arroganza, la gelosia, la brama, la libidine, la ristrettezza mentale e così via» esordì. «Ma l'odio e la rabbia sono ritenuti i mali di gran lunga peggiori, perché rappresentano il maggiore ostacolo allo sviluppo della compassione e dell'altruismo, e distruggono la virtù e la serenità di spirito.

«Quanto alla collera, può essere di due tipi, uno dei quali a volte è positivo: tutto dipende dalla motivazione. C'è per esempio quella motivata dalla compassione o dal senso di responsabilità. Quando è indotta dalla compassione, può fungere da molla o catalizzatore di un'azione positiva, ossia costituire la forza atta a generare un'azione rapida. Questo tipo di collera produce una sorta di energia che permette all'individuo di agire con rapidità e decisione, e a volte risulta un elemento dal forte potere motivante. In questo senso può avere effetti positivi. Troppo spesso, però, pur avendo una funzione protettiva e pur conferendo alla persona una dose supplementare di energia, tende a rendere quest'energia cieca, sicché non è chiaro se alla fine la sua funzione sarà costruttiva o distruttiva.

«Benché dunque in rare circostanze possa essere positiva, in genere la rabbia conduce all'odio e al rancore. Quanto all'odio, non è mai positivo e non reca mai benefici. È sempre, totalmente negativo.

«Non possiamo pensare di vincere la collera e l'ostilità semplicemente eliminandole. *Dobbiamo coltivare con cura i loro antidoti: la pazienza e la tolleranza.* Secondo il modello già illustrato in precedenza, per arrivare a maturare quelle virtù occorre generare in se stessi entusiasmo, avere un grande desiderio di raggiungere l'obiettivo. Più forte sarà l'entusiasmo, più grande risulterà la capacità di sopportare le difficoltà che si incontreranno nel corso del processo. Di fatto, quando ci si impegna nella pratica della pazienza e della tolleranza ci si impegna nella lotta all'odio e alla collera. Poiché si tratta di una battaglia, si cerca la vittoria; ma bisogna anche essere preparati all'eventualità di perdere. Perciò, mentre si ingaggia la lotta, va tenuto presente che durante il suo corso si dovranno affrontare molti problemi, che si dovrà cercare di sopportare tutte le difficoltà. Chi riesce a conseguire la vittoria sull'odio e la rabbia tramite questo arduo processo è un vero eroe.

«È tenendo presenti gli ostacoli che maturiamo un forte entusiasmo. L'entusiasmo deriva dalla consapevolezza e dalla profonda comprensione sia degli effetti benefici della tolleranza e della pazienza che degli effetti negativi e distruttivi della collera e dell'ostilità. Sarà la stessa presa di coscienza a produrre propensione per i sentimenti di tolleranza e pazienza e a indurre cautela e prudenza nei confronti dei pensieri animati da rabbia e odio. Di solito non stiamo in guardia da questi stati mentali negativi, sicché essi insorgono spontaneamente. Ma se maturiamo verso di essi un atteggiamento cauto, la nostra stessa cautela fungerà da misura preventiva.

«Gli effetti distruttivi dell'odio sono assai visibili, assai evidenti e immediati. Quando per esempio nasce in noi un pensiero intenso e violento di odio, esso istantaneamente ci sopraffà, distruggendo la nostra tranquillità d'animo e annullando la nostra presenza di spirito. I sentimenti intensi di collera e ostilità neutralizzano la parte migliore del cervello, ossia la facoltà di scegliere tra il bene e il male e di valutare le conseguenze a breve e lungo termine delle nostre azioni. La capacità di giudizio si annulla completamente, non funziona più. È come se fossimo impazziti. La rabbia e l'odio tendono quindi a gettarci in uno stato confusionale, il che rende ancor più gravi i problemi e le difficoltà.

«Anche a livello fisico l'odio produce una trasformazione assai negativa e sgradevole dell'individuo. Nel momento in cui prova forti sentimenti di collera e ostilità, una persona, per quanto si sforzi di simulare o di assumere un'aria dignitosa, ha il volto brutto e stravolto, un'espressione orribile ed emana vibrazioni molto ostili che gli altri captano. È come se dal suo corpo trasudasse vapore. È talmente vero, questo, che il "vapore" non lo sentono solo gli esseri umani, ma anche gli animali domestici, i quali in quel momento si tengono alla larga. Inoltre, quando qualcuno nutre odio, i pensieri ostili tendono ad accumularsi al suo interno, provocando ad esempio la perdita di appetito e di sonno e accrescendo quindi l'ansia e la tensione.

«È per tali motivi che l'odio è paragonato a un nemico. Questo nemico interno, questo nemico interiore non ha altra funzione che farci del male. È il nostro autentico avversario, il nostro più acerrimo avversario. Non ha altro scopo che la nostra distruzione, a breve come a lungo termine.

«Non è un nemico qualsiasi: tutt'altro. Il nemico comune, colui o colei che consideriamo nostro rivale, potrà, sì, commettere atti a noi nocivi, ma almeno ha anche altre azioni da compiere, come mangiare e dormire. Ha insomma varie altre attività in cui impegnarsi e non può dedicare ogni minuto della sua esistenza al progetto di distruggerci. L'odio, invece, non ha altre funzioni, altro scopo che quello. Se comprenderemo a fondo questa realtà, decideremo dunque di non dare mai al nemico per eccellenza, l'odio, l'occasione di nascere dentro di noi.»

«Veniamo alla collera» dissi. «Che cosa pensa dei metodi della psicoterapia occidentale che incoraggiano i pazienti a esprimerla?»

«In questo campo credo sia bene chiarire che ci troviamo di fronte a una molteplicità di situazioni» spiegò. «C'è per esempio chi nutre forte rabbia e forte risentimento per qualcosa che gli è stato fatto in passato, per un abuso subìto che si è tenuto dentro e di cui non ha mai parlato. Se c'è una malattia nella conchiglia dello strombo, la si può mandar via con un soffio, recita un detto tibetano. In altre parole, se qualcosa ostruisce la conchiglia, basterà soffiarlo via e lo strombo, dentro, sarà libero. Analogamente, nelle situazioni in cui certe emozioni o sentimenti di collera si sono come imbottigliati dentro la persona, forse è meglio lasciarli uscire, lasciarli esprimere.

«A mio avviso, però, generalmente parlando, la collera e l'odio sono passioni che, se prive di controllo e di governo, tendono ad acuirsi, ad aumentare progressivamente. Se ci si abitua sempre di più a esprimerle e a dar loro sfogo, di solito non le si riduce, ma le si accresce. Penso quindi che sia molto meglio adottare un atteggiamento cauto e cercare di diminuire la loro intensità.»

«Se ritiene che esprimere o sfogare la rabbia non sia opportuno, quale reputa essere la reazione giusta?»

«Va detto innanzitutto che i sentimenti di collera e odio nascono da una mente angustiata dall'insoddisfazione e dalla scontentezza. Ci si può quindi preparare in anticipo cercando con costanza di maturare letizia interiore e di coltivare gentilezza e compassione. Ciò produce una certa serenità spirituale che può impedire alla rabbia di insorgere e manifestarsi. Quando poi si presenta davvero una situazione che ci irrita profondamente, dobbiamo affrontare la collera in maniera diretta e analizzarla. Dobbiamo valutare quali fattori l'abbiano suscitata in quel particolare caso e condurre ulteriori indagini, cioè vedere se la risposta sia appropriata e, in particolare, se sia costruttiva o distruttiva. Bisogna inoltre tentare di imporsi una certa disciplina e un certo controllo interni, combattendo attivamente il sentimento negativo con gli antidoti: le emozioni negative vanno neutralizzate con idee di pazienza e tolleranza.»

Il Dalai Lama s'interruppe; poi, con il consueto pragmatismo, aggiunse: «Certo, nei primi tempi in cui ci sforziamo di condurre la nostra lotta interna, è facile continuare a provare i sentimenti negativi. Ma vi sono livelli diversi d'intensità: se la rabbia è limitata, possiamo cercare di affrontarla e combatterla direttamente; se invece è assai forte, a quello stadio potrà essere molto difficile controllarla. In quest'ultimo caso la soluzione migliore è forse provare a dimenticare la faccenda, pensare a qualcos'altro. Solo quando la mente si sia abbastanza calmata si potrà procedere all'analisi e ragionare». In altre parole, mi dissi, egli ci consigliava di prendere tempo.

«Quando si tenta di eliminare la collera e l'odio» proseguì «è indispensabile coltivare deliberatamente la pazienza e la tolleranza. Possiamo comprendere il valore e l'importanza di queste virtù pensando che dagli effetti distruttivi della collera e dell'odio non ci protegge neanche la più grande delle ricchezze. Anche se si è miliardari si è ugualmente soggetti ai danni devastanti di tali passioni. E protezione e difesa da esse non ce le danno nemmeno la sola educazione o la legge. E neppure le armi nucleari, per quanto sofisticato sia il sistema di difesa...»

Sua Santità fece una pausa; poi, con voce chiara e ferma, concluse solennemente: «*L'unico fattore che ci dà protezione e difesa dagli effetti distruttivi della collera e dell'odio è la pratica della tolleranza e della pazienza*».

Ancora una volta, la saggezza tradizionale del Dalai Lama ben si accorda con i dati scientifici. Dolf Zillmann, dell'università dell'Alabama, ha condotto esperimenti che dimostrano come i pensieri rabbiosi producano uno stato di eccitazione fisiologica che ci rende ancor più inclini all'ira. La collera genera collera e più lo stato di eccitazione aumenta, più facilmente siamo attivati da stimoli ambientali che inducono una reazione ostile.

Se non viene controllata, la rabbia tende a intensificarsi. E che cosa si ottiene sfogandola? Come fa capire il Dalai Lama, un beneficio molto limitato. Quella di esprimere catarticamente la collera in sede terapeutica è un'idea che pare trarre origine dalle teorie di Freud, il quale era convinto che le emozioni funzionassero secondo un modello idraulico: quando la pressione si accumula, bisogna darle sfogo. Che ci si possa liberare della rabbia esprimendola fino in fondo è un concetto che ha un qualche fascino tea-trale e che in un certo senso può apparire anche diverten-te; ma il guaio è che in pratica non funziona affatto. Negli ultimi quarant'anni molti studi hanno dimostrato in mo-do inequivocabile che sfogare verbalmente e fisicamente l'ira non serve a eliminarla e, anzi, peggiora solo le cose. Per esempio Aaron Siegman, uno psicologo dell'univer-sità del Maryland che ha compiuto ricerche sull'argomen-to, è convinto che proprio l'esprimere ripetutamente tale passione inneschi i sistemi di eccitazione interna e le ri-sposte biochimiche atti a provocare danni alle arterie.

Se è chiaro che sfogare la rabbia non è la pratica giusta, è altrettanto chiaro che non lo è l'ignorarla o il far finta che non ci sia. Come abbiamo visto nella terza parte del libro, evitare i problemi non li fa scomparire. Qual è allora l'ap-proccio migliore? Particolare interessante, odierni ricerca-tori come Zillmann e Williams reputano che i metodi più efficaci siano simili a quelli suggeriti dal Dalai Lama. Poi-ché una diffusa condizione di stress abbassa la soglia di ciò che scatena la rabbia, il primo passo è preventivo: giova molto coltivare, come raccomanda Tenzin Gyatso, la letizia interiore e una maggior calma mentale. E dai dati scientifi-ci risulta che, quando la collera esplode, combatterla atti-vamente, analizzando ed esaminando a livello razionale i pensieri che la scatenano, aiuta a eliminare il sentimento ostile. Prove sperimentali lasciano inoltre pensare che le tecniche illustrate in precedenza, come adottare un'ottica diversa o valutare la situazione da nuove angolazioni, sia-no assai efficaci. Certo, sono tecniche più facilmente utiliz-zabili quando il livello di collera è basso o moderato, sic-ché può essere molto importante agire per tempo, prima che i pensieri di ira e ostilità si intensifichino.

Visto il loro ruolo essenziale nella lotta alla rabbia e al-l'odio, il Dalai Lama parlò piuttosto in dettaglio del signi-ficato e del valore della pazienza e della tolleranza.

«Nella vita quotidiana, la tolleranza e la pazienza dan-no grandi benefici» esordì. «Svilupparle ci permette per esempio di mantenere e conservare la presenza di spirito. L'individuo che possedesse queste due qualità, pur vivendo in un ambiente molto teso, frenetico e stressante non perderebbe la calma e la tranquillità d'animo.

«Affrontare le situazioni difficili con pazienza anziché con ira dà un altro beneficio: ci difende dalle potenziali conseguenze negative che produrrebbe una reazione di collera. Se reagiamo ai problemi con rabbia e odio, non solo non ci difendiamo dalle offese e dal male che ci sono già stati fatti – perché ormai questi sono una realtà – ma ci procuriamo un'ulteriore fonte di sofferenza per il futuro. Se invece rispondiamo a un'offesa con pazienza e tolleranza, anche se forse proveremo un disagio e un risentimento temporanei, eviteremo conseguenze a lungo termine potenzialmente pericolose. Sacrificando piccole cose, sopportando piccole difficoltà o privazioni, ci risparmieremo esperienze negative e sofferenze di assai maggiore entità in futuro. Se per esempio un condannato a morte potesse salvarsi la vita sacrificando un braccio, non sarebbe forse grato dell'opportunità? Sopportando la pena e la sofferenza di farsi tagliare l'arto, scamperebbe alla morte, che è una sofferenza maggiore.»

«In Occidente» osservai «la pazienza e la tolleranza sono considerate senza dubbio virtù. Si reputa però che, quando qualcuno ci attacca brutalmente, quando ci fa tutto il male che può, reagire con "pazienza e tolleranza" sia da deboli, da passivi.»

Scuotendo la testa con aria di disapprovazione, Sua Santità replicò: «Poiché derivano dalla capacità di conservare fermezza e risolutezza e di non farsi sopraffare dalle situazioni o condizioni avverse che si incontrano, la pazienza e la tolleranza non vanno considerate un segno di debolezza e di rinuncia, ma anzi, un segno di forza: la forza che proviene dalla saldezza interiore. Reagire a circostanze difficili con pazienza e tolleranza, anziché con rabbia e odio, significa avere un controllo attivo delle cose, che è frutto di una mente forte e autodisciplinata.

«Certo, parlando del concetto di pazienza non bisogna dimenticare che, come quasi sempre accade, questo stato mentale può assumere forme positive e forme negative. L'impazienza non è sempre negativa: a volte per esempio induce ad agire o a far sì che gli altri agiscano. Anche nei compiti quotidiani, come pulire la propria stanza, l'eccessiva pazienza può produrre una certa lentezza o pigrizia. E l'impazienza di chi vuole a tutti i costi raggiungere la pace mondiale è senza dubbio positiva. Ma nelle situazioni ardue e difficili, la pazienza ci sorregge aiutandoci a mantenere la forza di volontà.»

Animandosi sempre di più man mano che analizzava in dettaglio l'importanza di quello stato mentale, egli aggiunse: «Credo vi sia un nesso strettissimo tra umiltà e pazienza. L'umiltà consiste nel riuscire ad assumere un atteggiamento di confronto; nell'essere capaci, volendo, di reagire con la ritorsione, ma nello scegliere deliberatamente di non farlo. È questa, a mio avviso, la vera umiltà. L'autentica tolleranza e l'autentica pazienza contengono un elemento o una componente di autodisciplina e controllo: si comprende che ci si sarebbe potuti comportare in modo diverso, che si sarebbe potuto adottare un approccio più aggressivo, ma si è deciso di non farlo. Avere invece una reazione passiva per un senso di impotenza o incapacità non significa essere umili. Forse significa essere miti, ma non realmente tolleranti.

«Ebbene, quando diciamo che bisogna imparare a essere tolleranti con chi ci fa del male, non dobbiamo fraintendere il concetto e credere semplicemente di dovere, da miti, accettare il male inflittoci. Piuttosto, se necessario» concluse ridendo «la linea d'azione migliore, la più saggia, sarebbe di scappare, di correre miglia e miglia lontano!»

«Non sempre è possibile evitare con la fuga i danni che ci infliggono...»

«Sì, questo è vero» ammise. «A volte ci si trova in situazioni nelle quali occorre prendere decise contromisure. Credo però che sia possibile assumere una posizione forte e perfino prendere contromisure decise partendo, anziché da un senso di rabbia, da un senso di compassione o sollecitudine per l'altro. Uno dei motivi per cui è necessario prendere provvedimenti molto decisi è che, qualunque sia il danno o il male arrecatoci, se si fa finta di niente si rischia che chi ci ha nuociuto si abitui a comportarsi in modo molto negativo; fatto, questo, che a lungo termine sarebbe per lui estremamente distruttivo e lo porterebbe alla rovina. Forti contromisure sono quindi necessarie, ma avendo questo pensiero in mente le adotteremo per compassione e sollecitudine, anziché per collera. Consideriamo i nostri rapporti con la Cina: anche se è facile che alla base vi sia un certo sentimento di odio, noi cerchiamo con tutte le nostre forze di controllarlo e ridurlo, di maturare consciamente un senso di compassione per i cinesi. A mio avviso, tra l'altro, le contromisure sono in ultima analisi più efficaci se non nascono dalla rabbia e dall'odio.

«Abbiamo dunque analizzato i metodi per maturare la pazienza e la tolleranza e per eliminare la collera e l'ostilità, metodi che consistono nell'analizzare razionalmente la situazione, adottare un'ottica più ampia e considerare le cose da nuove angolazioni. *Uno dei risultati finali, uno dei prodotti della pazienza e della tolleranza, è il perdono. Quando si è realmente pazienti e tolleranti, il perdono giunge spontaneo.*

«Anche se abbiamo vissuto in passato molte esperienze negative, maturando la pazienza e la tolleranza riusciremo a liberarci del senso di rabbia e risentimento. Analizzando la situazione, comprenderemo che il passato è passato, per cui è inutile continuare a nutrire collera e odio, sentimenti che non modificano la situazione, ma servono solo a turbare la mente e a far permanere l'infelicità. Certo, si continuerà a ricordare l'esperienza negativa. Dimenticare e perdonare sono due cose diverse. Non c'è niente di male nel rammentare gli eventi: se si ha una mente acuta, non si scorderà nulla. Credo che il Buddha» conclude ridendo «ricordasse tutto. Ma coltivando la pazienza e la tolleranza ci si può liberare dei sentimenti negativi associati a quegli avvenimenti.»

Meditazioni sulla collera

Durante molti dei nostri colloqui, il Dalai Lama disse che il metodo principale per vincere la rabbia e l'odio consisteva nell'analizzare razionalmente le cause di questi stati mentali nocivi e nel combatterli con la comprensione. In un certo senso, si può affermare che bisogna, da un lato, usare la logica per neutralizzare la collera e l'ostilità e, dall'altro, coltivare gli antidoti della pazienza e della tolleranza. Ma questa non è l'unica tecnica. Nel corso delle conferenze, Tenzin Gyatso integrò la sua analisi fornendo istruzioni sulle due meditazioni seguenti, che nella loro semplicità sono assai utili a combattere la collera.

MEDITAZIONE SULLA COLLERA: ESERCIZIO I. «Immaginiamo che una persona che conosciamo benissimo, una persona che ci è cara o vicina, si trovi in una situazione in cui perde le staffe. Poniamo che questo accada per via di un rapporto molto acrimonioso o di un evento inquietante sotto il profilo personale. L'individuo a cui vogliamo bene è così arrabbiato che perde completamente la calma mentale, producendo vibrazioni assai negative e arrivando al punto di percuotersi o rompere oggetti.

«Riflettiamo allora sugli effetti immediati della sua collera. Lo vediamo trasformarsi fisicamente: questa persona che ci è cara e sentiamo vicina, questa persona la cui sola vista fino a poco tempo fa ci dava piacere, diventa adesso brutta anche dal punto di vista estetico. Ritengo opportuno immaginare che ciò capiti a un altro perché ci è più facile vedere le colpe degli altri che le nostre. Con l'ausilio dell'immaginazione, meditiamo dunque così per alcuni minuti, visualizzando la scena.

«Dopo questa riflessione mentale, analizziamo la situazione collegandola alla nostra personale esperienza. Constateremo che anche noi ci siamo trovati molte volte in condizioni del genere. Decidiamo allora di non lasciarci mai più trascinare da una rabbia e un odio così intensi, perché cedendo a questi sentimenti finiremmo in quelle stesse condizioni: soffriremo le medesime conseguenze, perderemmo la calma e la tranquillità d'animo, assumeremmo quell'orribile aspetto fisico e così via. Una volta presa la decisione, concentriamo la mente su di essa durante gli ultimi minuti di meditazione: senza ulteriore analisi, lasciamo che la mente si soffermi sul proposito di non cedere mai all'influenza della collera e dell'odio.»

MEDITAZIONE SULLA COLLERA: ESERCIZIO II. «Procediamo a un'altra meditazione con la medesima tecnica della visualizzazione. Cominciamo con l'immaginare una persona che detestiamo, una persona che ci irrita, ci causa un sacco di problemi o ci dà ai nervi. Poi immaginiamo uno scenario in cui questo stesso soggetto ci disturba, o fa qualcosa che ci offende o infastidisce. E quando visualizziamo il quadro, lasciamolo fluire in maniera naturale, in modo che la nostra reazione sia spontanea. Poi vediamo come ci sentiamo: vediamo se il cuore ci batte più in fretta e così via. Verifichiamo se proviamo agio o disagio, se ci calmiamo subito o se ci turbiamo. Giudichiamo da soli: esaminiamo la situazione. Per alcuni minuti, diciamo dai tre ai quattro, valutiamo e sperimentiamo. Se al termine dell'analisi concludiamo: "No, non ha senso che dia sfogo all'irritazione, perché perdo immediatamente la tranquillità d'animo", diciamo a noi stessi: "In futuro cercherò di non reagire mai così". E maturiamo tale determinazione. Infine, negli ultimi minuti di esercizio, concentriamoci bene con la mente sulla nostra conclusione e risoluzione. La meditazione consiste proprio in questo.»

Il Dalai Lama s'interruppe un attimo; poi, guardando nella sala il pubblico che si preparava con sincerità alla pratica, aggiunse ridendo: «Credo che se avessi il dono, la facoltà o la chiara consapevolezza di leggere il pensiero degli altri, avrei qui davanti a me uno spettacolo straordinario!».

Dalla sala si levò un lieve suono di risa, che si smorzò subito appena gli astanti, iniziando la meditazione, si cimentarono nella seria impresa di combattere la loro collera.

XIV

Affrontare l'ansia
e costruire l'autostima

Si calcola che nel corso della vita almeno un americano su quattro soffra in misura così grave di ansia e preoccupazione, da giustificare la diagnosi medica di nevrosi d'angoscia. Ma anche a chi non accusa mai una sindrome patologica o invalidante capita di essere tormentato da un'ansia eccessiva che non ha alcuna funzione, se non quella di pregiudicare la felicità e interferire nella capacità di conseguire gli obiettivi.

Il cervello umano è dotato di un sofisticato sistema specializzato nel registrare le emozioni di paura e preoccupazione. Tale sistema assolve un compito importante: ci induce a reagire al pericolo innescando una complessa sequenza di eventi biochimici e fisiologici. La preoccupazione ha un aspetto adattativo: ci consente infatti di prevedere il pericolo e di adottare misure atte a prevenirlo. Perciò certi timori possono essere sani; se però permangono e addirittura aumentano in assenza di un'autentica minaccia, e se diventano sproporzionati al pericolo reale, finiscono per risultare maladattativi. Come la collera e l'odio, l'ansia eccessiva può avere effetti devastanti sulla mente e sul corpo, e causare sia una forte sofferenza emotiva, sia, in alcuni casi, vere e proprie malattie fisiche.

A livello mentale, nella sua forma cronica essa ostacola il giudizio, aumenta l'irritabilità e pregiudica il rendimento complessivo. Può anche influire negativamente sull'organismo, inducendo cardiopatie, indebolimento della funzione immunitaria, disturbi gastroenterici, affaticamento, tensione muscolare e dolore. È stato per esempio dimostrato che le sindromi ansiose rallentano la crescita nelle adolescenti.

Quando cerchiamo strategie per affrontare il problema, dobbiamo innanzitutto riconoscere, come sostiene il Dalai Lama, che i fattori ansiogeni sono spesso numerosi. In certi casi vi può essere una forte componente biologica. Alcune persone sembrano essere biologicamente portate all'angoscia e alla preoccupazione; di recente, infatti, gli scienziati hanno individuato un gene presente negli individui inclini all'ansia e al pensiero negativo. Non sempre, però, la tendenza ossessiva ad angustiarsi è di origine genetica, e senza dubbio l'apprendimento e il condizionamento svolgono un ruolo importante nell'eziologia della sindrome.

In ogni caso, indipendentemente dalla sua origine fisica o psichica, è bene sapere che si può far qualcosa per combatterla. Nei casi più gravi, i farmaci rappresentano un'utile componente del regime terapeutico. Ma la maggior parte di coloro che sono tormentati dall'ansia e dall'angoscia quotidiane non ha bisogno di supporto farmacologico; secondo gli esperti del settore, l'ideale sarebbe l'approccio multidimensionale. Tale approccio esclude innanzitutto che l'ansia sia una patologia di tipo medico, e si propone di migliorare la salute del corpo con una dieta alimentare adeguata e un utile esercizio fisico. Inoltre, come ha sottolineato il Dalai Lama, coltivare la compassione e rafforzare l'empatia nei confronti degli altri può favorire l'igiene mentale e contribuire a combattere gli stati ansiosi.

Tuttavia, per quanto riguarda le strategie pratiche, esiste una tecnica particolarmente efficace in questo settore: l'intervento cognitivo, uno dei metodi principali utilizzati dal Dalai Lama per combattere le preoccupazioni e le paure quotidiane. Simile alla procedura usata per vincere la collera e l'odio, la tecnica consiste nel mettere attivamente in discussione i pensieri ansiogeni e nel sostituirli con pensieri e atteggiamenti sereni e positivi.

Poiché l'ansia è assai diffusa nella nostra civiltà, non vedevo l'ora di analizzare il problema con il Dalai Lama per sapere come lo affrontasse. Quel giorno aveva l'agenda piena zeppa di impegni e la *mia* ansia aumentò quando, pochi attimi prima del colloquio, il suo segretario mi informò che avremmo dovuto parlare un po' meno del solito. Sentendomi premuto dalla mancanza di tempo e temendo di non riuscire a toccare tutti gli argomenti che volevo discutere, appena entrai e mi sedetti cercai subito, come a volte facevo, di strappargli risposte semplici come formule.

«La paura e l'ansia» esordii «possono rappresentare un grosso ostacolo al raggiungimento dei nostri obiettivi, siano questi esterni o interiori. In psichiatria abbiamo vari metodi per affrontare simili problemi, ma sono curioso di sapere quale considera *lei* il metodo migliore per risolverli.»

Ignorando il mio invito a rispondere in sintesi, Sua Santità adottò il consueto approccio di ampio respiro.

«Quanto alla paura, bisogna innanzitutto capire che si presenta in varie forme. Certe paure sono autentiche e nascono da valide ragioni: basti pensare a quella della violenza e dello spargimento di sangue, che sono chiaramente cose orribili. Inoltre temiamo la sofferenza, le conseguenze dannose a lungo termine delle nostre azioni negative e le nostre emozioni ostili, come l'odio. A mio avviso simili timori sono fondati e provarli ci porta sulla strada giusta, ci induce a diventare persone di buon cuore.» S'interruppe un attimo per riflettere, poi aggiunse: «Benché in un certo senso queste siano effettivamente paure, forse vi è una certa differenza fra il temere cose del genere e il comprendere con la ragione la loro natura distruttiva...».

Tacque di nuovo per qualche istante con aria meditabonda, mentre io sbirciavo l'orologio: era chiaro che non sentiva, come me, l'assillo del tempo. Poi riprese il discorso con tutta calma.

«Esistono invece paure infondate che in sostanza rappresentano proiezioni mentali. Alcune sono molto puerili» osservò ridendo. «Per esempio, quando ero piccolo e attraversavo un posto buio come certe sale del Potala,* avevo paura, una paura che era frutto esclusivo di una mia proiezione mentale. O ancora, ricordo che allora il personale di servizio e chi mi accudiva parlavano di un gufo che ghermiva i bambini e se li mangiava: e io ci credevo!»

Scoppiò in una sonora risata, poi riprese: «Vi sono altri timori generati da proiezioni. Chi per esempio nutre sentimenti negativi a causa del proprio stato mentale, spesso li proietta su un'altra persona, che allora gli appare come nemica e ostile e diventa dunque temibile. Credo che questo tipo di timore sia connesso all'odio e costituisca una sorta di creazione mentale. Perciò, quando si affronta la paura, bisogna usare innanzitutto il ragionamento per scoprire se vi sia fondato motivo di temere».

«In realtà, più che da un timore forte e specifico di particolari individui o situazioni, molti di noi sono tormentati dall'ansia costante che suscitano i vari problemi quotidiani» osservai. «Lei ha qualche consiglio da dare sul modo di risolvere questi stati ansiosi?»

«Personalmente», rispose annuendo, «per ridurre quel genere di ansie trovo utile pensare che *se la situazione o il problema è tale da consentirci di trovare una soluzione, non ha senso preoccuparsene.* In altre parole, se esiste il rimedio o il modo per trarsi d'impaccio, è assurdo farsi sopraffare dal timore. L'azione giusta è cercare una soluzione. È più ragionevole spendere le proprie energie per concentrarsi sulla soluzione che per preoccuparsi del problema. *Se poi*

---

* Il Potala era il tradizionale palazzo d'inverno del Dalai Lama e il simbolo dei patrimonio religioso e storico del Tibet. Costruito nel settimo secolo dal re tibetano Song-tsen Gampo, in seguito andò distrutto e venne ricostruito solo nel diciassettesimo secolo dal quinto Dalai Lama. L'attuale edificio, alto 134 metri, sorge maestoso sulla vetta della «Collina Rossa», a Lhasa. È lungo più di quattrocento metri, conta tredici piani e comprende oltre un migliaio di locali, tra camere, sale di riunioni, santuari e cappelle.

non esiste via d'uscita, se non vi è né possibilità né modo di trovare un rimedio, non ha senso preoccuparsi, perché in ogni caso non c'è sbocco. In quest'ultimo caso, prima si accetterà la realtà, prima si riuscirà a non farsene sopraffare. Procedere così significa naturalmente affrontare le difficoltà in maniera diretta: altrimenti non potremo mai sapere se esista o no una soluzione.»

«E se riflettere e ragionare non ci aiuta ad alleviare l'ansia?»

«Be', forse occorrerà approfondire la riflessione e meditare bene sui concetti che ho appena esposto. Dobbiamo ricordarli in continuazione a noi stessi. In ogni caso questo approccio, benché ci aiuti a ridurre l'ansia e la preoccupazione, non è detto che funzioni sempre. Se siamo oppressi dall'ansia, forse sarà il caso di valutare bene la situazione specifica. Esistono timori diversi, tutti con cause diverse. Alcuni possono essere di origine biologica; certe persone tendono per esempio ad avere le palme sudate, un fenomeno che, secondo la medicina tibetana, indica uno squilibrio di sottili livelli di energia. Certe ansie, come certe depressioni, derivano da problemi fisiologici e dunque richiedono cure mediche. È chiaro quindi che, per affrontare con efficacia lo stato ansioso, occorre considerare di quale tipo esso sia e quale causa abbia.

«In sostanza anche l'ansia, come la paura, può essere di diversi generi. Diffusa è per esempio la paura di apparire sciocchi davanti agli altri, o che gli altri pensino male di noi.»

«L'ha mai provata?» domandai.

Ridendo di cuore, rispose senza esitazioni: «Ma certo!».

«Può farmi un esempio?»

Dopo un attimo di riflessione, disse: «L'ho provata in Cina nel 1954, il giorno del mio primo incontro con il presidente Mao Tse-tung. E anche la volta in cui vidi Ciu Enlai. All'epoca non conoscevo a fondo il protocollo e le convenzioni. Nei colloqui ufficiali, la procedura era di cominciare con qualche discorso informale e di passare poi alla discussione del problema. Ma in quell'occasione ero talmente nervoso che appena mi sedetti andai subito al dunque!». Rise al ricordo, e aggiunse: «In seguito il mio interprete, che era un comunista tibetano degno della massima fiducia e legato a me da grande amicizia, mi guardò e, prendendomi in giro, scherzò molto sulla cosa.

«Ancora oggi, poco prima di tenere una conferenza o di insegnare in pubblico, avverto sempre una certa ansia, sicché alcuni membri del mio seguito mi dicono: "Se è così nervoso, perché ha accettato l'invito?"». E di nuovo scoppiò a ridere.

«Ma in che modo si libera di quell'ansia?» domandai.

«Non lo so» sussurrò con un sospiro. Poi tacque e s'immerse nei suoi pensieri. Alla fine, dopo un lungo silenzio, disse: «Credo che la franchezza e le giuste motivazioni siano la chiave per superare quel genere di timore. Se sono in ansia prima di pronunciare un discorso, ricordo a me stesso che lo scopo, la ragione principale della conferenza non è fare sfoggio delle mie conoscenze, ma aiutare in qualche modo il mio popolo. Così i concetti a me familiari li spiego; per quelli che non mi sono del tutto chiari ammetto i miei limiti, dicendo: "Questo è un punto difficile per me". Non ha senso fingere o cercare di eludere il problema. Se parto da questo assunto e da questa motivazione, non mi preoccupo più di apparire sciocco, né ho paura di ciò che gli altri penseranno di me. *Ho dunque scoperto che le motivazioni sincere fungono da antidoto della paura e dell'ansia*».

«Ma a volte l'ansia è qualcosa di più del mero timore di fare la figura degli sciocchi. È semmai la paura di fallire, di essere incompetenti...» Riflettei un attimo, chiedendomi fino a che punto fosse opportuno rivelargli cose personali.

Il Dalai Lama mi ascoltò intento, annuendo in silenzio mentre parlavo. Non so bene come successe: forse m'incoraggiò il suo atteggiamento comprensivo e solidale, ma presto passai dall'analisi di questioni ampie e generiche alla richiesta di consigli specifici sul modo di affrontare le mie ansie e preoccupazioni personali.

«Sa» dissi «a volte certi pazienti sono assai difficili da trattare. Sono casi in cui non è semplice fare una diagnosi chiara, come accade con la depressione o altre malattie per le quali c'è un rimedio pronto. Mi riferisco per esempio a soggetti che hanno gravi disturbi della personalità, che non reagiscono positivamente ai farmaci e che non compiono molti progressi nella psicoterapia nonostante i miei più volenterosi sforzi. A volte non so proprio che cosa fare con loro: non so come aiutarli. A quanto sembra non riesco a capire il loro problema e ho l'impressione di essere paralizzato, quasi inerme. Questo mi fa sentire incompetente e mi provoca un senso di paura, di ansia.»

Dopo avermi ascoltato con molta attenzione, Tenzin Gyatso mi chiese affabile: «In tutta sincerità, lei reputa di aiutare, diciamo, il settanta per cento dei suoi pazienti?».

«Come minimo» risposi.

Battendo con un gesto amichevole la sua mano sulla mia, disse: «Allora non c'è problema. Se riuscisse ad aiutare solo il trenta per cento dei pazienti, forse le suggerirei di valutare se dedicarsi a un'altra professione. Ma, visto come stanno le cose, deduco che lei sia un bravo psichiatra. Anche da me vengono persone in cerca di aiuto. Molte sperano nel miracolo o nella cura miracolosa, e naturalmente io non sono in grado di aiutarle tutte. Ma credo che la cosa principale sia la motivazione: avere il sincero desiderio di aiutare gli altri. Se si fa del proprio meglio, non ha senso preoccuparsi.

«Sa, anch'io mi trovo a volte in situazioni assai serie e delicate, che comportano pesanti responsabilità. Le circostanze peggiori sono quelle in cui qualcuno ripone troppa fiducia in me o fa troppo assegnamento su di me: quelle in cui io non ho la possibilità di aiutare. È chiaro che in simili casi ci capita di provare ansia. Ed ecco che ritorniamo all'importanza della motivazione: cerco di ricordare a me stesso che la mia motivazione è sincera e che ho fatto del mio meglio. Se l'obiettivo è sincero e dettato dalla compassione, anche quando commetto un errore o fallisco, non ho ragione di rammaricarmi: per parte mia ho fatto del mio meglio. Se ho fallito, è perché il problema non si poteva risolvere neanche con i più eroici sforzi. La motivazione sincera elimina dunque la paura e ci dà fiducia in noi stessi. Quando invece il nostro scopo fondamentale è ingannare gli altri, nei casi in cui falliamo diventiamo molto nervosi. Ma, ripeto, se alla base delle nostre azioni c'è la compassione, il fallimento non deve angustiarci.

«Penso quindi che, ancora una volta, una buona motivazione ci protegga, ci difenda dai sentimenti di paura e ansia: è un elemento cruciale. Di fatto, tutte le azioni umane si possono considerare una forma di movimento la cui fonte è la motivazione. Se il nostro obiettivo è puro e sincero, se siamo spinti dal desiderio di aiutare gli altri per gentilezza, compassione e rispetto, potremo svolgere qualsiasi lavoro senza temere il giudizio della gente e senza preoccuparci del successo finale. Ove anche non riuscissimo a raggiungere il nostro scopo, ci sentiremmo ugualmente in pace con noi stessi per avere almeno tentato. Quando invece la motivazione fosse cattiva, non saremmo felici neppure se gli altri ci lodassero o se conseguissimo l'obiettivo.»

Per combattere l'ansia, il Dalai Lama propone due antidoti che agiscono su due differenti livelli. Il primo consiste nell'affrontare energicamente le preoccupazioni e le elucubrazioni croniche neutralizzandole con un pensiero costante: dobbiamo ricordare a noi stessi *che non ha senso preoccuparsi né se c'è una soluzione al problema (perché allora l'importante è trovarla) né se non c'è (perché allora non ci si può far niente).*

Il secondo antidoto è a più ampio spettro e consiste nel correggere le proprie motivazioni di base. Vi è un interessante contrasto tra l'approccio di Sua Santità alla motivazione e quello della scienza e della psicologia occidentali.

Come ho spiegato in precedenza, gli studiosi del comportamento hanno analizzato le più comuni motivazioni umane, prendendo in esame bisogni e pulsioni sia innati sia appresi. Ebbene, sappiamo come il Dalai Lama auspichi che si usino e potenzino le pulsioni apprese per rafforzare «l'entusiasmo e la determinazione», e sotto certi aspetti scopriamo che tale visione è analoga a quella di molti esperti del comportamento occidentali, secondo i quali incrementare l'entusiasmo e la determinazione aiuta la gente a realizzare i suoi obiettivi; ma la differenza sta nel fatto che Tenzin Gyatso ci incoraggia a coltivare la determinazione e l'entusiasmo perché è convinto che questi fattori ci aiutino ad adottare comportamenti più sani e a eliminare le caratteristiche mentali negative, non perché ci rendano più facile raggiungere obiettivi come il successo materiale, il denaro o il potere. E forse la differenza più grande è che, mentre gli «esperti della motivazione» raccomandano di alimentare la fiamma del desiderio di successo materiale *già esistente* e i teorici occidentali si preoccupano di catalogare le motivazioni più comuni, il Dalai Lama si pone come principale obiettivo, nel campo specifico, di *modificare e ricreare* le motivazioni di base per orientarle verso la compassione e la gentilezza.

Per quanto riguarda l'addestramento mentale e il raggiungimento della felicità, Sua Santità reputa che *più si sarà motivati dall'altruismo, meno paura si avrà anche in situazioni estremamente ansiogene.* Ma lo stesso principio vale anche in circostanze meno impegnative e quando gli obiettivi non siano così altruistici. Prendendo le distanze dal problema e assicurandoci che il nostro intento non sia malvagio e le nostre motivazioni siano sincere, potremo ridurre l'ansia nelle comuni situazioni quotidiane.

Non molto tempo dopo il colloquio che ho appena descritto, pranzai con un gruppo di persone tra le quali c'era un giovane a me sconosciuto, uno studente di un'università locale. Durante il pranzo qualcuno mi chiese come stessero andando le mie conversazioni con il Dalai Lama, e io riferii il discorso riguardante il metodo per vincere l'ansia. Dopo avermi ascoltato in silenzio mentre parlavo della «motivazione sincera come antidoto dell'ansia», lo studente confessò di essere sempre stato penosamente timido e ansioso in società. Riflettendo sul modo di applicare la tecnica da me menzionata a se stesso, mormorò: «Certo, è un metodo molto interessante, ma penso che il difficile sia avere sempre l'elevata motivazione della gentilezza e della compassione».

«Suppongo di sì» ammisi.

Tutti quanti passammo ad altri argomenti e finimmo di pranzare. La settimana dopo, allo stesso ristorante, mi capitò di rincontrare lo studente universitario.

Avvicinandomi con fare cordiale, disse: «Si ricorda che giorni fa parlammo della motivazione sincera e dell'ansia? Be', ho provato la tecnica su me stesso e ha funzionato egregiamente! Avevo visto molte volte una ragazza che lavora in un grande magazzino del centro commerciale e avevo sempre desiderato domandarle di uscire con me; ma poiché non la conoscevo e per carattere sono troppo timido e ansioso, non le avevo mai rivolto la parola. L'altro giorno sono andato di nuovo nel negozio, ho riflettuto sulla motivazione che avevo nel chiederle di uscire con me e ho naturalmente concluso che mi sarebbe piaciuto diventare il suo ragazzo. Ma dietro a questo obiettivo c'era il desiderio di trovare una persona che mi volesse bene e a cui volere bene. Quando ho valutato la faccenda, ho capito che non era affatto impropria, cioè che la mia motivazione era sincera: non volevo il male, ma solo il bene della ragazza e di me stesso. Tenere a mente il concetto e richiamarlo alla mente più volte mi ha giovato e mi ha dato il coraggio di rivolgerle la parola. Avevo il cuore che mi batteva forte, ma sono felicissimo di essere almeno riuscito a trovare la forza di attaccare discorso».

«Mi fa piacere» dissi. «Che cos'è successo?»

«Be', ho scoperto che è già fidanzata. Sono rimasto un po' deluso, ma pazienza. Ritengo già un risultato notevole l'essere riuscito a vincere la timidezza. In ogni caso la vicenda mi ha indotto a pensare che, se in futuro continuerò a tener presente l'idea della buona motivazione, forse avrò dei vantaggi la prossima volta in cui mi troverò nella stessa circostanza.»

La sincerità come antidoto alla scarsa autostima
o all'eccessiva sicurezza di sé

Una sana fiducia in sé è un fattore essenziale al raggiungimento dei propri obiettivi. Questo vale quale che sia il proposito: laurearci, avviare una florida attività, instaurare un buon rapporto o addestrare la mente alla felicità. Se abbiamo scarsa fiducia in noi stessi, ne soffrirà la nostra capacità di progredire, affrontare le sfide e anche correre, quando necessario, qualche rischio per il perseguimento degli obiettivi. L'eccessiva sicurezza può essere però altrettanto insidiosa. Chi presume molto di sé e si vanta dei propri successi è soggetto a frustrazione, delusione e rabbia ogniqualvolta la realtà lo smentisce e il mondo non conferma la visione idealizzata che egli ha di se stesso; inoltre rischia di piombare nella depressione quando non riesce ad essere all'altezza di quell'immagine idealizzata. Per giunta, la *grandeur* induce spesso questi soggetti a credere d'avere ogni diritto e a ostentare un'arroganza che li allontana dagli altri e impedisce loro di instaurare rapporti soddisfacenti sotto il profilo emozionale. Inoltre, se ci si sopravvaluta, si possono correre seri rischi. Come dice in un momento di umore filosofico il «Dirty Harry» di *Una 44 Magnum per l'ispettore Callaghan* (mentre guarda il tronfio «cattivo» saltare in aria): «Un uomo deve conoscere i propri limiti».

I teorici della scuola psicoterapeutica occidentale imputano sia la scarsa sia l'eccessiva autostima a disturbi dell'immagine di sé e cercano l'origine di tali disturbi nell'educazione ricevuta durante l'infanzia. Molti di loro considerano tanto l'immagine deficitaria quanto quella ipertrofica le due facce della stessa medaglia, e hanno per esempio ipotizzato che la seconda rappresenti una difesa inconscia da insicurezze di base e da opinioni negative di se stessi. In particolare, gli psicoterapeuti di orientamento psicoanalitico hanno avanzato complesse teorie sulla distorsione dell'immagine di sé. A loro avviso, l'immagine di sé si forma quando si introietta il feedback proveniente dall'ambiente: le persone, insomma, sviluppano il concetto della loro identità incorporando messaggi espliciti e impliciti su loro stesse che provengono dai genitori, e le distorsioni si verificano se le prime interazioni con i genitori o i loro sostituti non sono né sane né educative.

Quando le distorsioni sono abbastanza gravi da provocare notevoli problemi, molti soggetti si rivolgono alla psicoterapia. Gli psicoterapeuti orientati verso l'*insight* cercano di aiutare i pazienti a comprendere i modelli disfunzionali di relazione risalenti all'infanzia e offrono loro un ambiente terapeutico e un feedback che consentono di rielaborare e correggere a poco a poco l'immagine negativa di sé. Il Dalai Lama cerca invece di «estrarre le frecce», senza sprecare tempo a chiedersi chi le abbia tirate. Anziché domandarsi perché uno abbia una scarsa o un'eccessiva fiducia nelle proprie capacità, propone un metodo per combattere in maniera diretta questi stati mentali negativi.

Negli ultimi decenni, quello della natura del «sé» è stato uno degli argomenti più analizzati dagli psicologi. Negli anni Ottanta, per esempio, durante il «decennio dell'Io», furono pubblicati migliaia di articoli sull'autostima e la fiducia in sé. Riflettendo su questo, introdussi il tema con il Dalai Lama.

«Durante uno dei nostri colloqui, lei ha definito l'umiltà una caratteristica positiva e ha spiegato che è connessa alla pazienza e alla tolleranza. La psicologia occidentale e in generale la nostra cultura tendono invece a trascurarla e a incoraggiare qualità come un alto livello di autostima e di fiducia nelle proprie capacità. Di fatto, in

Occidente si attribuisce molta importanza a simili caratteristiche. Ebbene, la mia domanda è: ritiene che gli occidentali pongano troppo l'accento sulla fiducia in sé e che questo produca un'eccessiva autoindulgenza o un eccessivo egocentrismo?»

«Non è detto» rispose Tenzin Gyatso, «ma l'argomento è assai complesso. Per esempio, i grandi maestri spirituali sono coloro che hanno maturato l'impegno e la volontà di eliminare tutti gli stati mentali negativi per portare felicità autentica a tutti gli esseri senzienti. La loro visione, la loro aspirazione era questa. Una simile impresa richiede un'enorme fiducia in sé. E tale sicurezza può essere assai importante, perché conferisce l'audacia mentale che consente di realizzare grandi obiettivi. In certo modo può sembrare una sorta di arroganza, anche se non è di segno negativo e anzi si basa su solide ragioni. Io tendo dunque a considerare questi individui molto coraggiosi: dei veri eroi.»

«Be', nel grande maestro spirituale quella che sembra in apparenza arroganza può essere in realtà sicurezza, coraggio» ammisi. «Ma nelle persone normali, nelle circostanze quotidiane, è più facile che si riscontri il contrario: vediamo qualcuno che pare avere grande autostima e grande fiducia in sé, ma di fatto constatiamo che la sua è solo arroganza. So che il buddhismo considera l'arroganza una delle principali "emozioni afflittive"; ho anzi letto che secondo una scuola di pensiero vi sono sette diversi tipi di arroganza. Dunque evitarla o vincerla è ritenuto molto importante; ma è altrettanto importante una forte sicurezza. A volte pare molto sottile la linea di demarcazione tra queste due caratteristiche. Come si fa a distinguere tra esse e a coltivare l'una e ridurre l'altra?»

«A volte è difficilissimo distinguere tra sicurezza e arroganza» riconobbe. «Forse un modo per discernere tra le due è appurare se la fiducia in sé abbia la sua ragion d'essere. Una persona può avere un giustissimo o validissimo senso di superiorità nei confronti di un'altra, insomma avere tutti i motivi per sentirsi superiore. In altri casi, invece, la sua sicurezza può essere completamente immotivata, frutto di un sé gonfiato; e allora ci troveremmo di fronte all'arroganza. In termini fenomenologici, le due caratteristiche appaiono simili...»

«Ma l'arrogante ritiene di avere *sempre* validi motivi per...»

«Certo, certo» ammise.

«Allora come si distingue tra le due caratteristiche?»

«A volte il giudizio può essere formulato solo a posteriori, dal soggetto stesso o da un'altra persona.» Sua Santità fece una pausa, poi aggiunse ridendo: «Forse bisognerebbe andare in tribunale per scoprire se il proprio è un caso di arroganza od orgoglio eccessivo!».

«Quando si vuole distinguere tra presunzione e sicurezza motivata» riprese poi, tornando serio, «si possono usare come parametro le conseguenze del proprio atteggiamento: la presunzione e l'arroganza producono di solito conseguenze negative, mentre una sana fiducia in sé produce effetti positivi. Quando si parla di "fiducia in sé", bisogna considerare quale sia, alla base, il senso del "sé". Credo vi siano in sostanza due sensi del sé: un "Io" che si cura solo di soddisfare i propri interessi e desideri egoistici, senza tenere minimamente conto del benessere degli altri, e un "Io" che ha una genuina sollecitudine per gli altri e desidera rendersi utile. Per soddisfare il desiderio di rendersi utili occorre avere un forte senso del sé, una grande sicurezza. È, questa, la sicurezza che produce effetti positivi.»

«Se non sbaglio» osservai «in precedenza lei ha detto che, se riconosciamo l'orgoglio e l'arroganza come un difetto e desideriamo vincerli o ridurli, dovremmo meditare sulle nostre sofferenze, riflettere sui vari modi in cui il dolore ci colpisce. Oltre alla contemplazione delle proprie sofferenze, vi sono altre tecniche o antidoti per combattere l'orgoglio?»

«Un antidoto» rispose «è riflettere sulle numerose discipline di cui possiamo non avere conoscenza. Nel moderno sistema di istruzione vi sono diversi rami del sapere: pensare a quanti di questi rami ignoriamo forse ci aiuta a superare l'orgoglio.»

S'interruppe e, pensando che ritenesse concluso il discorso, cominciai a sfogliare i miei appunti per passare a un altro argomento. Ma d'un tratto riprese a parlare e osservò, con tono meditabondo: «A proposito del modo di maturare una sana fiducia in sé... *credo che la sincerità e la sicurezza siano strettamente connesse*».

«Intende l'essere sinceri con se stessi riguardo alle proprie capacità o l'essere sinceri con gli altri?» domandai.

«Entrambe le cose. Più sinceri e aperti saremo, meno ansia proveremo, perché non avremo più il timore di essere esposti o rivelati agli altri. In sostanza, credo che maggiore sarà la nostra sincerità, maggiore sarà la nostra sicurezza.»

«Vorrei analizzare meglio il modo in cui, personalmente, affronta il problema della fiducia in sé. Ha spiegato che certe persone vengono da lei quasi aspettandosi che operi miracoli. Insomma la mettono sotto pressione e hanno altissime aspettative. Benché lei abbia ottime motivazioni di base, non accusa a volte mancanza di sicurezza nelle sue capacità?»

«A questo proposito la inviterei a riflettere su che cosa s'intenda esattamente quando si parla di "sicurezza" o "mancanza di sicurezza" riguardo a un particolare atto o evento. Per mancare di sicurezza in qualcosa bisogna essere convinti di poter fare quella cosa, ossia che grosso modo essa rientri nelle nostre possibilità. Se ci è possibile fare una cosa e non riusciamo a farla, penseremo: "Mah, forse non sono abbastanza bravo, competente o all'altezza". Il rendermi conto che non sono in grado di operare miracoli non mi causa invece una perdita di sicurezza, perché non ho mai creduto di poter compiere miracoli. Non penso di riuscire a eseguire atti come quelli dei Buddha completamente illuminati; non penso di poter sapere tutto, capire tutto o fare la cosa giusta sempre e comunque. Perciò, quando la gente viene da me chiedendomi di guarirla, compiere un miracolo e via dicendo, non perdo affatto sicurezza, ma mi sento solo molto imbarazzato.

«*Credo che, in genere, essere sinceri con se stessi e con gli altri riguardo a quanto siamo o non siamo capaci di fare, neutralizzi la mancanza di sicurezza di sé.*

«Tuttavia, nel gestire per esempio i rapporti con la Cina, a volte avverto una certa mancanza di fiducia. Di solito però consulto sull'argomento i funzionari e a volte anche persone che non sono funzionari. Chiedo ai miei amici la loro opinione e discuto dell'argomento. Poiché le decisioni non vengono prese quasi mai in maniera sconsiderata, ma sono ponderate dopo colloqui con diverse persone, in genere le nostre risoluzioni mi danno una discreta sicurezza e non mi rammarico di avere scelto una determinata linea d'azione.»

Valutare le proprie capacità e i propri limiti con grande sincerità può rappresentare un'arma potente contro il dubbio e la scarsa sicurezza di sé. In effetti l'idea del Dalai Lama che questa onestà funga da antidoto a simili stati mentali negativi è stata confermata di recente da numerose indagini, le quali dimostrano chiaramente che chi ha una visione realistica di se stesso si vuole più bene e ha più fiducia in sé di chi si conosce poco o si vede in maniera poco realistica.

Nel corso degli anni ho assistito a varie conferenze in cui il Dalai Lama spiegava che la sicurezza di sé deriva dalla capacità di considerare le proprie capacità con onestà e sincerità. Mi stupii non poco la prima volta in cui lo sentii, davanti a un folto pubblico, rispondere: «Non so» a una domanda. Diversamente da quelle che si autodefiniscono autorità e diversamente dai conferenzieri di ambiente accademico, egli ammetteva senza imbarazzo di non sapere qualcosa, e si guardava bene dall'attenuare le proprie dichiarazioni o dall'aggirare l'argomento per non far trapelare la propria ignoranza.

Anzi, sembrava piuttosto divertito alle domande difficili per le quali non aveva risposta, e spesso ci scherzava sopra. Per esempio un pomeriggio, a Tucson, stava commentando un verso assai complesso e criptico della *Guida allo stile di vita del bodhisattva (Bodhicaryavatara)* di Śāntideva. Dopo essersi arrovellato per decifrarlo, assunse un'aria perplessa e poi disse, con una risata: «Sono confuso! Penso sia meglio lasciar perdere. Dunque, nel verso successivo...».

Il pubblico rise, apprezzando la sua sincerità, ed egli allora rise ancor più forte, osservando: «C'è un modo di dire che si attaglia a questa circostanza e che recita: "Il caso somiglia a quello di un vecchio sdentato intento a mangiare. Conviene mangiare le cose morbide e lasciar perdere le dure"». E, sempre col sorriso sulle labbra, aggiunse: «Così per oggi lasceremo perdere». Neanche per un istante gli venne meno la sua grande sicurezza.

Riflettere sul nostro potenziale è un antidoto all'odio di sé

Durante un viaggio in India nel 1991, due anni prima della visita in Arizona, vidi per breve tempo il Dalai Lama nella sua residenza di Dharamsala. Quella settimana aveva incontrato ogni giorno un gruppo di illustri scienziati, medici, psicologi e maestri di meditazione occidentali per cercare di analizzare l'interazione tra mente e corpo e di capire il rapporto tra emotività e salute fisica. Fui ricevuto da lui nel tardo pomeriggio, dopo uno di quei colloqui con gli scienziati. Verso la fine della nostra conversazione, mi chiese: «Sa che questa settimana ho visto gli scienziati?».

«Sì.»

«E in tale frangente ho scoperto un concetto incredibile: quello di "odio di sé". Lei lo conosce?»

«Certamente. Una buona percentuale dei miei pazienti ne soffre.»

«Quando gli scienziati me ne hanno parlato, all'inizio

credevo di non aver capito bene» disse ridendo. «Pensavo: "È così evidente che amiamo noi stessi! Come può una persona odiarsi?". Benché ritenga di conoscere abbastanza a fondo il funzionamento della mente, l'idea dell'odio verso se stessi mi giunge completamente nuova. Il motivo per cui la trovo assurda è che i praticanti buddhisti si sforzano attivamente di superare l'atteggiamento egocentrico, di combattere i pensieri e le motivazioni egoistici: lo sforzo è necessario perché, mi pare, noi amiamo molto e teniamo in gran conto noi stessi. Perciò l'idea del non volersi bene, o addirittura dell'odiarsi, mi pare davvero incredibile. Come psichiatra può spiegarmi questo sentimento, e come insorge?»

Gli riassunsi quale fosse, secondo la psicologia, l'origine dell'odio di sé. Gli dissi che l'immagine di sé è plasmata dai genitori e dall'educazione e che, crescendo e sviluppandoci, noi raccogliamo dall'ambiente familiare i messaggi impliciti su noi stessi; e illustrai le condizioni specifiche che producono un'immagine di sé negativa. Proseguii descrivendo in dettaglio i fattori che acuiscono l'odio di sé – per esempio l'inadeguatezza del comportamento all'immagine di sé idealizzata – e aggiunsi che questo sentimento può essere culturalmente rafforzato in vari modi, soprattutto in certe donne e nelle minoranze. Mentre parlavo, il Dalai Lama annuì con aria pensierosa, perplessa e interrogativa, come se quello strano concetto continuasse ad apparirgli incomprensibile.

La battuta di Groucho Marx: «Non mi iscriverei mai a un club che accettasse di avermi come membro», è ormai celebre. In precedenza Mark Twain ne aveva dato una versione più ampia, che abbracciava l'intera specie umana: «Nessun uomo, nell'intimità più profonda del suo cuore, ha molta considerazione di se stesso». E incorporando quest'ottica pessimistica nelle sue teorie, lo psicologo umanista Carl Rogers dichiarò: «La maggior parte della gente si disprezza, si considera indegna e antipatica».

Nella nostra società è comune la convinzione, condivisa dalla maggior parte degli odierni psicoterapeuti, che l'odio di sé sia dominante nella civiltà occidentale. Ma benché questo sentimento senza dubbio esista, forse, per nostra fortuna, non è così diffuso come molti credono. È certo frequente tra coloro che cercano aiuto psicoterapeutico, ma gli psicoterapeuti, abituati alla pratica clinica, tendono a formarsi un quadro distorto e a basare la loro visione generale della natura umana sui pochi individui che entrano nel loro studio. La maggior parte dei dati basati sulle indagini sperimentali che rivolgono al campione domande sulle qualità soggettive e socialmente desiderabili, dimostra invece che le persone spesso si considerano (o almeno vorrebbero considerarsi) in maniera positiva e si reputano «migliori della media».

L'odio di sé, dunque, non è così universale come comunemente si pensa, ma può lo stesso rappresentare per tanti un ostacolo enorme. Mi stupì la reazione del Dalai Lama non meno di quanto stupì lui il concetto di odio di sé. Già da sola la sua meraviglia è in fondo assai rivelatrice e terapeutica.

Due sono i punti che meritano un'analisi, in quella sua reazione di stupore. Il primo è che egli ignorava l'esistenza dell'odio di sé. Se si parte dall'assunto di base che tale sentimento sia diffuso tra tutti gli uomini, si tenderà a concludere che esso sia una caratteristica profondamente radicata nella psiche umana. Ma il fatto che intere culture, in questo caso quella tibetana, non abbiano sentito neppure parlare di un simile fenomeno, ci ricorda con forza che, come tutti gli altri stati mentali negativi di cui abbiamo parlato, questo perturbante sentimento *non è intrinseco all'animo umano*. Non è qualcosa di innato che ci segna irreparabilmente, né è una prerogativa ineluttabile della nostra natura. Può essere eliminato. Basta questa constatazione a indebolirne il potere, a darci speranza e ad accrescere i nostri sforzi per debellarlo.

Il secondo punto meritevole di analisi è rappresentato

dalla risposta del Dalai Lama: «*Odiare* se stessi? Ma è evidente che ci *amiamo*!». Chi accusa odio di sé o conosce qualcuno che si odia, potrà a prima vista giudicare incredibilmente ingenua una simile affermazione. Tuttavia, a un esame più attento, si coglie una verità penetrante nella reazione di Tenzin Gyatso. L'amore è difficile da descrivere, e se ne possono dare varie definizioni. Ma l'amore forse più puro ed elevato è definito come il volere in maniera totale, assoluta e incondizionata il bene di un'altra persona. In questo tipo di sentimento, si desidera dal più profondo del cuore che l'altro sia felice nonostante gli eventuali torti che possa averci fatto e indipendentemente dalla simpatia che ci può suscitare. Ora, nel nostro intimo è indubbio che tutti noi vogliamo essere felici. *Se definiamo l'amore il desiderio genuino di saper felice un altro, ne consegue che ciascuno di noi in realtà ama se stesso: tutti noi desideriamo sinceramente la nostra felicità.* Nella pratica clinica mi sono imbattuto in casi così esasperati di odio di sé, che i soggetti avevano ricorrenti impulsi suicidi. Ma anche in questi casi estremi il pensiero della morte deriva in fondo dal desiderio (per quanto distorto e fuorviato) dell'individuo non già di procurarsi la sofferenza, bensì di *liberarsene*.

Forse quindi il Dalai Lama non si sbaglia quando afferma che tutti noi amiamo, nel profondo, noi stessi, e che tale concetto rappresenta un potente antidoto all'odio di sé: possiamo neutralizzare in maniera diretta i pensieri negativi ricordando che, per quanto detestiamo alcune delle nostre caratteristiche, nel nostro cuore vorremmo essere felici e che desiderare la felicità di qualcuno – noi compresi – rappresenta il più profondo tipo di amore.

Durante una successiva visita a Dharamsala, ripresi l'argomento dell'odio di sé con il Dalai Lama. Ormai egli si era familiarizzato con il concetto e aveva cominciato a elaborare metodi per combattere quel sentimento negativo.

«La dottrina buddhista» spiegò «considera lo stato di depressione e scoraggiamento una sorta di estremo che può essere di forte ostacolo al perseguimento e al conseguimento della felicità. L'odio di sé è ancor più estremo del semplice scoraggiamento e può quindi risultare molto, molto pericoloso. Per i praticanti buddhisti, l'antidoto all'odio di sé sta nel riflettere sul fatto che, per quanto misera e penosa possa essere la situazione contingente, tutti gli esseri, compresi loro stessi, hanno la natura di buddha, il seme o il potenziale della perfezione e della piena illuminazione. Dunque i buddhisti che soffrono di odio o disgusto di sé dovrebbero evitare di contemplare la natura dolorosa o la natura fondamentalmente insoddisfacente dell'esistenza, e concentrarsi di più sui suoi aspetti positivi, cioè valutare l'enorme potenziale che essi hanno in quanto esseri umani. Riflettendo su queste opportunità e questi potenziali, riusciranno ad accrescere il senso del loro valore e la propria fiducia in sé.»

Come ormai di prammatica, cercai di introdurre il punto di vista laico chiedendo: «D'accordo, ma quale può essere l'antidoto per chi non sia buddhista e non abbia mai sentito parlare del concetto di natura di buddha?».

«A queste persone si potrebbe far presente che, come esseri umani, tutti quanti siamo dotati di quella cosa meravigliosa che è l'intelligenza. Inoltre, tutti abbiamo la capacità di maturare una forte determinazione e di volgere la nostra volontà in qualunque direzione desideriamo. Su questo non sussistono dubbi. Se dunque il non buddhista comprenderà a fondo simile potenziale e lo terrà così presente da farlo divenire parte della sua percezione degli altri e di se stesso, forse riuscirà a ridurre il senso di scoraggiamento, impotenza e disprezzo di sé.»

Tenzin Gyatso s'interruppe un attimo, poi riprese il discorso col tono riflessivo di chi analizzi un argomento a poco a poco, impegnandosi in un processo graduale di scoperta.

«Forse, a questo riguardo, potremmo trovare un'analogia con il nostro modo di trattare le malattie fisiche. Quando curano qualcuno per un determinato disturbo, i medici non si limitano a somministrare antibiotici specifici, ma si assicurano che le condizioni dell'organismo siano tali da sopportare l'assunzione di farmaci così forti. Per verificare il grado di tolleranza, si accertano che il paziente sia per esempio ben nutrito, e spesso si sentono in dovere di prescrivergli anche vitamine o altri prodotti atti a rafforzare l'organismo. Se il malato possiede questa resistenza fisica di base, il suo corpo avrà le potenzialità o le capacità di guarirsi da solo con l'ausilio delle medicine. *Analogamente, se conserveremo la consapevolezza di possedere il meraviglioso dono dell'intelligenza e se matureremo la volontà di usarlo in maniera positiva, in certo modo avremo la salute mentale di base, ossia la forza fondamentale che proviene dalla coscienza del proprio grande potenziale.* Questa coscienza è in fondo come un meccanismo innato che ci permette di affrontare qualsiasi difficoltà, in qualsiasi circostanza, senza smettere di sperare e senza precipitare nella spirale dell'odio di sé.»

Ricordare a noi stessi le grandi qualità che condividiamo con tutti gli altri esseri umani contribuisce a neutralizzare l'impulso a considerarci cattivi e immeritevoli. Molti tibetani compiono tale esercizio mentale sotto forma di meditazione quotidiana. E forse questo è il motivo per cui, nella loro cultura, l'idea di odio di sé è pressoché sconosciuta.

Parte quinta

Riflessioni conclusive sulla vita spirituale

XV

I valori fondamentali dello spirito

L'arte della felicità consiste di molte componenti. Come abbiamo visto, bisogna innanzitutto cercare di comprendere bene quali siano le fonti più autentiche del benessere e stabilire le proprie priorità coltivando assiduamente tali fonti. Ciò comporta una disciplina interna, l'eliminazione graduale degli stati mentali distruttivi e la maturazione di stati mentali positivi e costruttivi come la gentilezza, la tolleranza e il perdono. Dopo aver identificato i fattori che conducono a una vita piena e soddisfacente, concludiamo ora con un'analisi della componente finale: la spiritualità.

Abbiamo l'innata tendenza ad associare la spiritualità alla religione. Il Dalai Lama ha sviluppato il suo approccio al conseguimento della felicità addestrandosi per anni e anni con il rigore dei monaci buddhisti consacrati. Egli è inoltre considerato da più parti un eminente studioso del buddhismo. Sono però in molti a essere affascinati non tanto dalla sua comprensione di complessi problemi filosofici, quanto dal suo calore umano, dal suo umorismo e dal suo pragmatismo. In effetti, nel corso dei nostri colloqui ebbi l'impressione che le sue spiccate doti umane prevalessero addirittura sul suo ruolo primario di monaco. Benché ovviamente vedessi la sua testa rasata e il suo vistoso abito cremisi, e benché sapessi di avere davanti una delle più illustri autorità religiose del mondo, parlammo con la spontaneità di due semplici esseri umani che analizzano problemi comuni a tutti.

Quando cercammo di definire il significato profondo

della spiritualità, egli distinse innanzitutto la spiritualità dalla religione.

«Ritengo essenziale comprendere il nostro potenziale di esseri umani e riconoscere l'importanza dell'evoluzione interiore, che dovrebbe essere conseguita attraverso un processo, diciamo, di sviluppo mentale. A volte definisco tale processo la "dimensione spirituale della vita".

«Esistono due livelli di spiritualità, uno dei quali è connesso alle convinzioni religiose. Nel mondo vi sono tanti individui diversi, tante inclinazioni diverse. Gli esseri umani sono cinque miliardi e in certo modo credo che occorrano cinque miliardi di religioni, perché la molteplicità delle tendenze è immensa. A mio avviso, ciascun individuo dovrebbe percorrere il cammino spirituale più adatto alla sua disposizione mentale, all'impronta naturale del suo carattere, al suo credo, alla sua famiglia e al suo retroterra culturale.

«Io, che sono un monaco buddhista, trovo più congeniale il buddhismo: per quanto mi riguarda, insomma, lo considero il meglio. Ma ciò non significa che sia il meglio per tutti: assolutamente no. Sarei sciocco se lo reputassi la religione ideale per tutti, in quanto persone diverse hanno inclinazioni mentali diverse. In altre parole, la varietà degli individui impone la varietà delle credenze. Lo scopo della religione è di giovare alla gente e se ne avessimo una sola, dopo un po' i suoi benefici cesserebbero. Poniamo che un ristorante servisse giorno dopo giorno un solo piatto a pranzo e a cena; dopo qualche tempo si ritroverebbe con pochi clienti. Le persone hanno bisogno della varietà e apprezzano una dieta variata perché hanno gusti diversi. Ebbene, le religioni hanno la funzione di alimentare lo spirito umano; credo quindi sia giusto celebrare la loro varietà e maturare un profondo apprezzamento della diversità. C'è chi preferisce il buddhismo e chi trova più congeniali il giudaismo, il cristianesimo o l'islamismo. Dobbiamo dunque apprezzare e rispettare il valore di tutte le maggiori tradizioni religiose del mondo.

«Le varie religioni possono contribuire non poco al bene dell'umanità: furono tutte concepite per rendere l'individuo più felice e il mondo migliore. Ma perché migliorino davvero il mondo, credo sia essenziale che ogni fedele segua con sincerità gli insegnamenti del suo credo. Dovunque ci si trovi, bisogna tradurre in atto la dottrina religiosa, applicarla alla propria esistenza affinché diventi una fonte di forza interiore. E bisogna comprendere a fondo i suoi principi non solo con l'intelletto, ma anche col cuore, con un sentimento profondo che permetta di renderli parte integrante dell'esperienza interiore.

«A mio parere, le varie tradizioni religiose vanno rispettate, perché, tra le altre cose, propongono un codice etico capace di indirizzare il nostro comportamento e di sortire effetti positivi. Nella tradizione cristiana, per esempio, la fede in Dio fornisce all'individuo un codice etico chiaro e coerente, che funge da guida della condotta e del comportamento; è, questo, un approccio assai potente, perché la persona sviluppa una certa intimità nel proprio rapporto con Dio, e il mezzo per dimostrare l'amore per Colui che l'ha creata è di essere amorevole e compassionevole con il prossimo.

«Vi sono molti motivi analoghi per rispettare anche le altre tradizioni religiose. È chiaro che tutte le maggiori religioni hanno giovato in misura enorme a innumerevoli esseri umani nel corso dei secoli. È evidente che ancora oggi milioni di persone continuano a trarre beneficio e ispirazione dalle varie fedi; e lo stesso senza dubbio accadrà in futuro alle tante generazioni a venire. Questo è un dato di fatto. Perciò è importante, importantissimo comprendere tale realtà e rispettare le altre confessioni.

«A mio avviso, per rafforzare il mutuo rispetto bisognerebbe stabilire tra le varie fedi un contatto più stretto, a livello personale. Negli ultimi anni ho cercato per esempio un incontro e un dialogo con le comunità cristiana ed ebraica, e credo che da ciò siano derivati risultati estremamente positivi. Tramite il contatto più stretto impariamo quali utili contributi abbiano dato all'umanità le altre tradizioni e troviamo in esse elementi interessanti da cui apprendere qualcosa; non è escluso, per esempio, che scopriamo metodi e tecniche da adottare nella nostra pratica.

«È dunque essenziale instaurare legami più forti con le religioni diverse dalla nostra, perché questo può consentirci di lavorare insieme per il bene dell'umanità. Sono così tanti i motivi di disaccordo, così tanti i problemi nel mondo. La religione dovrebbe servire non già a generare nuovi contrasti, bensì a ridurre i conflitti e le sofferenze dell'umanità.

«Spesso sentiamo dire che tutti gli esseri umani sono uguali. S'intende, con questo, affermare che tutti desiderano ovviamente essere felici. Tutti hanno il diritto alla felicità e tutti hanno il diritto di debellare la sofferenza. Se dunque qualcuno trae gioia o beneficio da una particolare religione, sarà importante tenere in debito conto i suoi diritti; bisogna quindi imparare a rispettare tutte le maggiori fedi: su questo non c'è dubbio.»

Durante la settimana di conferenze tenute dal Dalai Lama a Tucson, il senso di mutuo rispetto fu ben più di un pio desiderio. Il pubblico comprendeva esponenti di varie confessioni religiose, tra cui una folta rappresentanza di ecclesiastici cristiani. Nonostante le differenze di pensiero, il clima in sala era chiaramente sereno e armonioso. Si coglieva inoltre un desiderio di dialogo, e i non buddhisti apparivano assai curiosi di informarsi sulle pratiche spirituali quotidiane del Dalai Lama. La curiosità indusse una persona a chiedere: «Che si professi il buddhismo o un'altra religione, in genere si pone molto l'accento su esercizi come la preghiera. Perché la preghiera è importante per la vita spirituale?».

«In sostanza» rispose Tenzin Gyatso «credo che la preghiera ci rammenti ogni giorno le nostre convinzioni e i nostri principi più profondi. Io, per esempio, recito tutte le mattine certi versi buddhisti che possono apparire come preghiere, ma che sono in realtà un *memento*, perché mi ricordano come parlare e trattare con gli altri, come affrontare i problemi quotidiani e via dicendo. Nella sua essenza, ripeto, la mia pratica è un *memento*: mi induce a riesaminare ogni volta l'importanza della compassione, del perdono e degli altri atteggiamenti positivi; e naturalmente comprende anche certi esercizi di visualizzazione e certe meditazioni buddhiste sulla natura della realtà. Alla pratica quotidiana, alle preghiere quotidiane, se me la prendo calma dedico all'incirca quattro ore, che non sono poche.»

L'idea di passare quattro ore al giorno in preghiera indusse un'altra persona a osservare: «Oltre a essere madre di bambini piccoli, io lavoro e ho quindi pochissimo tempo libero. Chi è molto indaffarato come può trovare il modo di dedicarsi alle preghiere e alle pratiche meditative?».

«Anch'io, se volessi, potrei lamentarmi della mancanza di tempo» replicò il Dalai Lama. «Sono infatti molto occupato. Ma col debito sforzo si può sempre trovare il tempo: per esempio la mattina presto. Credo inoltre che vi siano momenti particolarmente adatti, come il fine settimana, durante il quale si può sacrificare parte del divertimento.» Rise, e riprese: «Diciamo dunque che, nell'arco di una giornata, dovrebbe dedicare almeno mezz'ora alla meditazione. Se però si impegna molto, con grande serietà, forse può riuscire a destinare alle pratiche meditative trenta minuti la mattina e trenta la sera. Se ci pensa bene, credo che troverà il modo di ritagliarsi il suo tempo.

«Tuttavia, riflettendo a fondo sul loro reale significato, si scoprirà che le pratiche spirituali riguardano l'addestramento mentale e la maturazione di atteggiamenti psicologici ed emozionali positivi. Non dobbiamo pensare che consistano solo in un'attività fisica o verbale, come recitare e salmodiare preghiere. Se per noi la pratica spirituale equivarrà soltanto a queste attività specifiche, è chiaro che ci occorrerà tempo, un periodo preciso destinato alle preghiere, perché non si possono svolgere le mansioni quotidiane, come cucinare e via dicendo, recitando mantra: potrebbe risultare insopportabile a chi ci circonda. In realtà, chi comprende il senso profondo dell'esercizio spirituale potrà dedicare a quest'ultimo l'intera giornata. *La vera spiritualità è un atteggiamento mentale che si può coltivare in qualsiasi momento.* Poniamo che in una certa situazione siamo tentati di insultare qualcuno e che subito ci controlliamo, evitando di farlo; o poniamo che qualcosa ci induca a perdere le staffe e che però, con prontezza, ci diciamo: "No, non è giusto reagire così": ecco, questa, di fatto, è spiritualità. Se la consideriamo in questa luce, avremo sempre tempo da dedicarle.

«Mi viene in mente Potowa, un maestro kadampa tibetano, il quale disse che per una persona abituata alla meditazione e dotata di stabilità e comprensione profonda di tutti gli eventi, ogni esperienza vissuta assume la forma di insegnamento, diventa insomma una sorta di apprendimento. Credo sia verissimo.

«Chi parte da questa prospettiva, anche assistendo a scene inquietanti di violenza e sesso come quelle cinematografiche e televisive riuscirà a mantenere viva nel suo cuore la consapevolezza degli effetti negativi del comportamento estremo, e invece di essere completamente sopraffatto da quello spettacolo potrà considerarlo una dimostrazione della natura dannosa delle emozioni negative incontrollate, ossia qualcosa da cui si può imparare una lezione.»

Ma apprendere lezioni dalle repliche di *A-Team* oppure *Melrose Place* è un conto; fare ciò che fa il Dalai Lama è un altro. Come buddhista praticante, egli segue chiaramente un suo regime spirituale che include caratteristiche proprie del solo cammino buddhista. Descrivendo la sua pratica quotidiana, per esempio, aveva detto di dedicarsi sia a meditazioni sulla natura della realtà, sia a pratiche di visualizzazione. Benché nel contesto delle conferenze avesse menzionato tali pratiche soltanto di sfuggita, nel corso degli anni ho avuto occasione di sentirlo parlare per esteso di simili temi e ho constatato che alcune delle sue dissertazioni erano tra le più complesse che avessi mai sentito su *qualsivoglia* argomento. I suoi discorsi sulla natura della realtà erano pieni di labirintici ragionamenti e analisi filosofiche, e la descrizione delle visualizzazioni tantriche appariva incredibilmente complessa ed elaborata: le meditazioni e le visualizzazioni sembravano porsi come obiettivo di costruire con l'immaginazione una sorta di atlante olografico dell'universo. Tenzin Gyatso ha dedicato l'intera vita allo studio e alla pratica del cammino buddhista, e fu tenendo presente questo, e considerando la vastità del suo impegno, che gli chiesi: «Può spiegare quali siano i benefici e gli effetti concreti che le pratiche spirituali hanno avuto sulla sua vita quotidiana?».

Egli tacque per parecchi secondi, poi rispose pacato: «Per quanto limitata sia la mia esperienza, una cosa posso dire con sicurezza: sento che attraverso l'addestramento buddhista la mia mente è divenuta assai più calma. Non ho dubbi, su questo. Benché il cambiamento sia avvenuto a poco a poco, direi centimetro per centimetro», e qui rise, «ho mutato atteggiamento sia verso me stesso sia verso gli altri. Non è facile definire con esattezza le cause di tale evoluzione, ma credo che a determinarla sia stata la comprensione; non una comprensione piena, ma il senso, l'idea della natura fondamentale della realtà. E alla trasformazione hanno contribuito pure il meditare sulla impermanenza, la natura del dolore umano e il valore della compassione e dell'altruismo.

«Anche quando penso ai comunisti cinesi, che hanno inflitto tante sofferenze al popolo tibetano, grazie all'addestramento buddhista provo una certa compassione per loro. Provo compassione per il torturatore, perché capisco che di fatto è costretto da forze negative ad agire come agisce. A causa dell'addestramento, dei miei voti e del mio impegno di *bodhisattva*, anche se qualcuno ha commesso atrocità non posso sentire o pensare che per questo meriti di vivere esperienze negative o di non provare mai momenti di felicità.* Il voto del *bodhisattva* mi ha aiutato a maturare questo atteggiamento, e quindi lo amo, perché mi è stato molto utile.

«Mi torna in mente un maestro cantore che vive nel monastero di Namgyal e che, incarcerato dai cinesi come prigioniero politico, passò vent'anni nei campi di lavoro. Una volta gli chiesi quale fosse stata la situazione più difficile che avesse affrontato in carcere. Potrà sembrare incredibile, ma disse che il rischio maggiore gli era parso quello di perdere la compassione per i cinesi!

«Vi sono numerosi esempi analoghi. Tre giorni fa ho visto un monaco che ha trascorso molti anni nelle prigioni cinesi. Nel 1959, all'epoca della rivolta tibetana, aveva ventiquattro anni e si arruolò nel nostro esercito a Norbulinga. Fu catturato dai cinesi e incarcerato assieme a tre fratelli, i quali poco dopo furono uccisi. Anche altri suoi due fratelli furono ammazzati, mentre i suoi genitori morirono in un campo di lavoro. Ma egli mi ha raccontato che durante la prigionia rifletté su quella che era stata la sua vita fino ad allora e concluse che, pur avendo vissuto sempre come religioso nel monastero di Drepung, sentiva di non essere stato un buon monaco. Sentiva di essere stato un monaco stupido. Così, in prigione, pronunciò un voto: si impegnò a cercare di essere un buon monaco. E grazie alle pratiche buddhiste, grazie all'addestramento mentale, riuscì a conservare una completa letizia d'animo pur soffrendo fisicamente. Anche quando fu duramente picchiato e torturato, superò la prova e continuò a sentirsi felice perché considerò la tortura e le botte il mezzo per purificarsi dal karma negativo passato.

---

* Con il suo voto, il tirocinante spirituale si impegna a diventare un *bodhisattva*. *Bodhisattva*, letteralmente «guerriero del risveglio», è chi, per amore e compassione, ha raggiunto appieno il *bodhicitta*, lo stato mentale che consiste nell'aspirazione spontanea e autentica a conseguire la piena illuminazione per il beneficio di tutti gli esseri viventi.

«Questi esempi ci dimostrano dunque quale valore abbia l'applicazione delle pratiche spirituali alla vita quotidiana».

Il Dalai Lama aggiunse così l'ultimo ingrediente della vita felice: la dimensione spirituale. Negli insegnamenti del Buddha, Sua Santità e tanti altri hanno trovato il sistema di valori che permette loro di sopportare e perfino trascendere le pene e le sofferenze dell'esistenza. Ma, come egli stesso osserva, ognuna delle grandi confessioni religiose può offrirci analoghi strumenti per cercare la felicità e la pace dell'animo. Il potere della fede, generato e diffuso dalle maggiori religioni del mondo, si intreccia con la vita di milioni di persone, e di fatto ha sorretto e aiutato molti a superare i momenti difficili. A volte la fede si manifesta nelle piccole cose; altre dà origine a esperienze profonde capaci di trasformarci radicalmente. Tutti noi, in certe circostanze della vita, abbiamo visto quel potere misterioso agire su un familiare, un amico o un conoscente, e ogni tanto esempi dei suoi effetti più vistosi finiscono sulle prime pagine dei giornali. Molti ricorderanno la dura prova subita da Terry Anderson, un uomo comune che, una mattina del 1985, fu rapito d'un tratto in una strada di Beirut. I fondamentalisti islamici dello Hezbollah lo avvolsero in una coperta, lo spinsero su un'auto e lo tennero in ostaggio per sette anni. Fino al 1991 Anderson visse in cantine e cellette sporche e umide, fu tenuto bendato e incatenato per lunghi periodi, venne regolarmente picchiato e trattato in maniera crudele. Quando infine fu rilasciato, apparve naturalmente assai felice di tornare alla sua famiglia e alla sua vita, ma stupì il pubblico per l'assenza di odio e risentimento nei confronti dei suoi aguzzini. Ai giornalisti che gli chiedevano da cosa traesse una così grande forza morale, rispose che la fede e la preghiera lo avevano aiutato in misura rilevante a sopportare la dura prova.

Innumerevoli altri esempi dimostrano che la religione dà un sostegno concreto nei momenti di difficoltà. Di recente un'accurata indagine ha confermato che la fede religiosa contribuisce in misura sensibile a rendere la vita più felice. Il lavoro di alcuni ricercatori indipendenti e certi sondaggi d'opinione (come quelli della Gallup) rivelano che i credenti si dichiarano felici e soddisfatti della vita più spesso dei non credenti. Secondo alcuni studi, non solo le persone religiose tenderebbero a provare maggior benessere, ma una forte fede aiuterebbe l'individuo ad affrontare meglio sia il processo d'invecchiamento, sia crisi personali ed eventi traumatici. Inoltre, le statistiche dimostrano che nelle famiglie di convinti credenti sono inferiori le percentuali di delinquenza, alcolismo, tossicodipendenza e divorzi. Da alcune prove pare addirittura lecito dedurre che la fede abbia effetti benefici sulla salute fisica, anche nei casi di malattia grave. Centinaia di indagini scientifiche ed epidemiologiche hanno infatti appurato che tra coloro che nutrono una forte fede religiosa si registra un tasso di mortalità inferiore e una maggior capacità di riprendersi dalle malattie. Da una di queste ricerche risulta che, dopo un'operazione all'anca, le donne anziane molto pie riuscivano a percorrere distanze maggiori delle donne poco pie, e che spesso erano meno depresse dopo l'intervento. Un'indagine condotta da Ronna Casar Harris e Mary Amanda Dew, del Medical Center dell'università di Pittsburgh, ha dimostrato come i trapiantati cardiaci con forti convinzioni religiose affrontassero meglio il regime postoperatorio e apparissero in miglior salute fisica ed emotiva nel lungo periodo. Nel corso di un'altra ricerca, effettuata dal dottor Thomas Oxman e dai suoi colleghi della facoltà di medicina di Dartmouth, si è constatato che i pazienti sopra i cinquantacinque anni che avevano subìto operazioni a cuore aperto per coronaropatie o insufficienze valvolari, avevano il triplo di probabilità di sopravvivere se cercavano conforto e rifugio nella religione.

A volte i benefici di una grande fede sono il prodotto diretto delle credenze specifiche delle varie confessioni. Molti buddhisti, per esempio, riescono a sopportare la sofferenza perché credono fermamente nella dottrina del karma. Analogamente, chi ha un'incrollabile fede nel Dio ebraico-cristiano subisce di buon grado le traversie perché è convinto dell'onniscienza e della bontà del Creatore, il cui disegno può apparire oscuro in certi momenti, ma la cui saggezza e misericordia alla fine si manifesteranno. Se segue fedelmente gli insegnamenti della Bibbia, potrà trarre conforto dai versi dell'epistola di San Paolo ai Romani (8, 28): «Sappiamo poi che ogni cosa concorre al bene di coloro che amano Dio, di coloro che sono chiamati secondo il Suo disegno».

Mentre alcuni dei benefici della fede derivano dalle credenze specifiche delle varie confessioni, altri sono dovuti a elementi spirituali propri di tutte le tradizioni. Far parte di un *qualsiasi* gruppo religioso dà un senso di appartenenza, di legame comune, di fraternità emotiva con gli altri fedeli: il gruppo rappresenta un punto di riferimento, un luogo ideale e insieme concreto che permette di mettersi in contatto e in relazione con gli altri. Appartenere a una confessione, avere forti convinzioni religiose consente anche di accettare meglio la vita, di trovarle uno scopo e un significato profondi. La fede fa sperare nonostante le avversità, le sofferenze e la morte. Aiuta a guardare le cose nella prospettiva dell'eternità, permettendoci così di «uscire» da noi stessi quando siamo sopraffatti dai problemi quotidiani.

Benché chi sceglie di seguire la dottrina di una religione istituzionalizzata goda potenzialmente di tutti questi benefici, è evidente che avere un credo religioso non rappresenta, di per sé, una garanzia di pace e felicità. Per esempio, mentre Terry Anderson, incatenato in una cella, esprimeva con la sua pazienza e la sua sopportazione il meglio della religione, fuori della sua cella l'odio e la furiosa violenza di massa esprimevano il lato peggiore di ogni credo confessionale. In Libano varie sette islamiche furono per anni in guerra con i cristiani e gli ebrei, e alimentandosi di odio e violenza commisero terribili atrocità in nome della fede. È una vecchia storia, una storia che si è ripetuta troppo spesso in passato e che purtroppo continua a ripetersi troppo spesso oggi.

Davanti alla loro capacità di generare odio e discordia, c'è chi sovente perde fiducia nelle istituzioni ecclesiastiche. Questo ha indotto alcune autorità religiose, come il Dalai Lama, a «distillare» una disciplina spirituale che possa essere universalmente accettata e applicata da chiunque, credente o non credente, voglia perseguire la felicità.

Con tono di ferma convinzione, Tenzin Gyatso concluse il suo discorso, spiegando che cosa fosse per lui una vita realmente spirituale.

«A proposito della dimensione spirituale della nostra esistenza, abbiamo dunque chiarito che, tra i suoi vari livelli, vi è quello della fede religiosa, e abbiamo osservato che credere in una qualsiasi religione è positivo. Ma anche senza una convinzione religiosa possiamo raggiungere la spiritualità; anzi, in certi casi possiamo raggiungerla meglio. Qui però rientriamo nell'ambito del diritto individuale: se vogliamo credere, va bene; se no, va bene lo stesso. Esiste tuttavia un altro livello di spiritualità, il livello di quella che chiamerei *spiritualità di base*: essa abbraccia fondamentali qualità umane come la bontà, la gentilezza, la compassione, la sollecitudine. Che siamo credenti o no, questa spiritualità è essenziale. Personalmente, considero tale livello più importante del primo, perché qualsiasi religione, per quanto mirabile, sarà comunque accettata solo da un numero limitato di individui, solo da una parte di umanità. Ma in quanto esseri umani, in quanto membri della famiglia umana, *tutti noi* abbiamo bisogno dei valori spirituali di base. Senza di essi, l'esistenza sarà assai dura e arida e quindi nessuno di noi potrà essere felice: la nostra famiglia soffrirà e dunque, in ultima analisi, anche la società avrà più problemi. Perciò è chiaro che coltivare questi valori fondamentali dello spirito diventa cruciale.

«Come li si può coltivare? Dobbiamo ricordare che, dei cinque miliardi di abitanti del pianeta, solo uno o due miliardi sono, penso, veri credenti, sinceri fedeli di una qualche religione. È chiaro che nel novero dei veri credenti non includo chi per esempio dichiara di essere cristiano soltanto perché proviene da una famiglia cristiana, ma nella vita quotidiana è in pratica indifferente ai principi della sua religione e non li applica seriamente. Se escludiamo queste persone, credo che gli individui davvero sinceri nella loro fede ammontino solo a un miliardo. Ciò significa che i rimanenti quattro miliardi – la maggioranza della popolazione della terra – non credono. Dobbiamo ancora trovare il modo di migliorare la vita di questa maggioranza, di questi quattro miliardi che non aderiscono a una fede religiosa; dobbiamo trovare il modo di aiutarli a diventare persone buone e morali pur in assenza di una religione. A tal fine penso che l'educazione sia essenziale: bisogna instillare nella gente l'idea che la compassione, la gentilezza e altri sentimenti positivi siano in assoluto le qualità migliori degli esseri umani, e non riguardino solo la dimensione religiosa. In precedenti colloqui abbiamo parlato a lungo della grande influenza che il calore umano, l'affetto e la compassione hanno sulla salute fisica, la felicità e la tranquillità d'animo. Questo è in fondo un aspetto molto pratico, alieno dalle teorie religiose e dalle speculazioni filosofiche; ed è fondamentale. Di fatto, credo che la positività dei sentimenti sia l'essenza di tutte le tradizioni religiose; ma la sua importanza resta anche per chi sceglie di non aderire ad alcuna confessione. Forse si possono educare i non credenti inculcando in loro l'idea che sono liberi di non seguire alcun dogma, ma che ugualmente devono essere buoni e ragionevoli, assumersi le proprie responsabilità e impegnarsi a rendere il mondo migliore e a diffondervi la felicità.

«Di solito le varie tradizioni e i vari sistemi religiosi si esprimono attraverso una serie di riti e regole esteriori, come la cerimonia in abito talare, la teca o l'altare tenuti in casa, la recita e il canto di preghiere e così via. Insomma ogni religione ha le sue espressioni esteriori. Queste pratiche o attività sono però secondarie rispetto alla vera dimensione spirituale, che consiste nell'applicazione dei valori fondamentali dello spirito: si possono infatti seguire le attività religiose esteriori pur coltivando nel cuore sentimenti molto negativi. La vera spiritualità, invece, deve dare come risultato la calma, la felicità, la serenità interiori.

«Tutti gli stati mentali virtuosi – la compassione, il perdono, la sollecitudine e così via – sono autentico dharma, autentiche qualità spirituali interiori, perché non possono coesistere con cattivi sentimenti o stati mentali negativi.

«L'essenza della vita religiosa è rappresentata dunque dall'addestramento mentale, dall'applicazione di metodi volti a produrre una disciplina interiore capace di potenziare gli stati mentali positivi. In sostanza, quindi, avere una dimensione spirituale significa riuscire a generare la condizione di disciplina e rigore dell'anima, e a tradurre in atto ogni giorno i principi cui quella condizione si ispira.»

Il Dalai Lama doveva partecipare a un piccolo ricevimento in onore di un gruppo di finanziatori che avevano dato forte sostegno alla causa tibetana. Davanti alla sala del ricevimento si era raccolta molta gente che aspettava di vederlo apparire. Poco prima del suo arrivo la folla diventò fittissima, e tra gli astanti vidi un uomo che avevo notato un paio di volte nel corso della settimana. Di età imprecisata, compresa a mio avviso tra i venticinque e i trent'anni, era alto, magrissimo e spiccava per la sua aria scarmigliata. Ma, a parte questi dettagli esteriori, io l'avevo notato soprattutto per la sua espressione, un'espressione che tante volte avevo visto nei miei pazienti: ansiosa, sofferente, assai depressa. E avevo osservato, nella muscolatura intorno alla sua bocca, piccoli movimenti ripetitivi e involontari che mi avevano indotto a diagnosticare la discinesia tardiva, una sindrome neurologica causata dall'uso prolungato di farmaci contro la psicosi. «Poveretto», avevo pensato sul momento; ma presto mi ero dimenticato di lui.

Quando arrivò il Dalai Lama, la folla si addensò, spingendosi avanti. Il personale della sicurezza, composto perlopiù da volontari, cercò di trattenere tutta quella gente che avanzava e di lasciare a Sua Santità lo spazio per entrare nella sala di ricevimento. Con aria sgomenta, il presunto psicotico che avevo visto in precedenza si trovò premuto dalla folla e spinto ai limiti dell'area vuota aperta dal servizio d'ordine. Il Dalai Lama notò così il giovane e, sottraendosi all'ala protettrice degli agenti della sicurezza, si fermò a parlargli. Quello, lì per lì sbigottito, si mise a parlare concitatamente con lui, che gli rispose qualcosa. Non sentii il dialogo, ma vidi che, parlando, il giovane si agitava sempre di più. Stavolta, invece di rispondergli, Tenzin Gyatso gli prese d'impulso la mano, gliela accarezzò piano e per parecchi secondi restò lì fermo, annuendo in silenzio; e mentre lo guardava negli occhi e gli teneva la mano, sembrava dimentico della folla intorno. D'un tratto l'uomo si acquietò, perdendo l'espressione carica di dolore e angoscia; le lacrime presero a scorrergli lungo le guance, e benché il sorriso che a poco a poco gli illuminò il volto fosse tenue, dagli occhi trasparì un senso di letizia e conforto.

Il Dalai Lama ha spesso sottolineato che la disciplina interiore rappresenta la base della vita spirituale, nonché il principale metodo per conseguire la felicità. Come ha spiegato nel corso del libro, è convinto che la disciplina interiore consista nel combattere stati mentali negativi come rabbia, odio e avidità, e nel coltivare stati mentali positivi come gentilezza, compassione e tolleranza. Ha anche osservato che si può pervenire a una vita felice solo costruendo sulle fondamenta della stabilità e della calma dell'animo. Sotto il profilo pratico, la disciplina interiore include tecniche formali di meditazione che si propongono di conferire alla mente la necessaria stabilità e la necessaria calma. La maggior parte delle tradizioni spirituali comprende pratiche volte a quietare la mente, a metterci in più stretto contatto con la nostra intima natura spirituale. Al termine delle conferenze di Tucson, il Dalai Lama illustrò una meditazione che serve a placare i pensieri, contemplare la natura fondamentale della mente e maturare la «pace mentale».

Guardando il pubblico, parlò nel suo modo consueto, ossia con l'aria di chi non si trovasse di fronte a un folto gruppo, ma stesse istruendo personalmente ciascun individuo. A volte appariva fermo e concentrato, altre si animava molto, sottolineando le parole con gesti, cenni di assenso e un lieve ondeggiare del corpo.

Meditazione sulla natura della mente

«Lo scopo dell'esercizio è cominciare a riconoscere e usare la natura della mente almeno a livello convenzionale» esordì. «In genere la "mente" è per noi un concetto astratto. Se si domanda a chi non ha un'esperienza diretta di meditazione da dove la mente stessa tragga origine, egli sarà costretto a indicare il cervello. E se gli si chiede di definirla, risponderà: qualcosa che ha la capacità di "conoscere", qualcosa di "chiaro" e "cognitivo". Ma se non la si comprende in maniera diretta attraverso le pratiche meditative, simili definizioni resteranno vuote. È importante riuscire a capire la natura della mente non solo per via teorica, ma per esperienza diretta. Perciò lo scopo di questo esercizio è arrivare a sentire o comprendere *direttamente* la sua natura convenzionale, in modo che, quando parliamo di qualità come la "chiarezza" e la "cognizione", possiamo afferrarle in maniera concreta e non solo astratta.

«Questo esercizio vi aiuta a neutralizzare volontariamente i pensieri concettuali e a liberare sempre di più la mente. Quando lo praticherete, alla fine avrete la sensazione che in essa non vi sia più nulla: solo un senso di vuoto. Ma se procederete oltre, comincerete infine a riconoscere la natura fondamentale della mente, le qualità della "chiarezza" e della "conoscenza". È come avere un bicchiere di purissimo cristallo pieno d'acqua: se l'acqua è pura, si vede il fondo del bicchiere, ma si è consapevoli che l'acqua c'è.

«Oggi dunque meditiamo sulla non concettualità. Non si deve cercare uno stato di ottundimento e azzeramento mentale, ma si deve generare in se stessi la volontà di "mantenere la mente libera da pensieri concettuali". Ed ecco che cosa bisogna fare per raggiungere lo scopo.

«In genere la nostra mente è orientata soprattutto verso gli oggetti esterni e l'attenzione segue l'esperienza dei sensi, mantenendosi a un livello prevalentemente sensoriale e concettuale. In altre parole, di norma la nostra consapevolezza è indirizzata verso le esperienze fisiche e i concetti mentali. Ma in questo esercizio occorre in sostanza ritirare la mente verso l'interno, non permetterle di badare o prestare attenzione agli oggetti sensoriali. Nel contempo, non dobbiamo ritirarla a tal punto da creare ottundimento o mancanza di vigilanza. Anzi, bisogna conservare un grado molto alto di attenzione e vigilanza, per poi cercare di contemplare lo stato naturale della coscienza, lo stato in cui essa non è afflitta né da ricordi, rimembranze e pensieri riguardanti il passato e gli eventi accaduti, né da idee riguardanti il futuro, come progetti, previsioni, paure e speranze. Cercate, insomma, di mantenervi in una condizione naturale e neutrale.

«Pensate a un fiume che scorre impetuoso, impedendoci di scorgerne il letto. Se ci fosse il modo di bloccare il flusso in entrambe le direzioni, ossia da monte e verso valle, si riuscirebbe a tenere l'acqua ferma, e allora si vedrebbe chiaramente il fondo. In maniera analoga, quando impediamo alla mente di concentrarsi sugli oggetti sensoriali e di riflettere sul passato, il futuro e via dicendo, ma evitiamo nel contempo di ottunderla e azzerarla, cominciamo a vedere che cosa c'è sotto la turbolenza dei processi del pensiero e scopriamo che alla sua base c'è quiete: una grande chiarezza. Ecco, dovete comprendere ed esperire questo stato.

«All'inizio può essere molto difficile, per cui conviene cominciare a far pratica fin da questa sessione. La prima volta, quando sperimenterete lo stato naturale di base della coscienza, esso forse vi parrà una sorta di "assenza". Il fenomeno è dovuto al fatto che siamo troppo avvezzi a misurare la mente con il parametro degli oggetti esterni, a guardare il mondo attraverso i concetti, le immagini e così via. È chiaro dunque che, quando la ritiriamo dagli oggetti esterni, ci sembra quasi di non riconoscerla più: avvertiamo una specie di assenza, di vuoto. Tuttavia, più farete graduali progressi e vi abituerete all'esperienza, più coglierete la fondamentale chiarezza della mente, la sua luminosità. E comincerete a comprendere ed esperire il suo stato naturale.

«Molte delle pratiche meditative più profonde partono da questo tipo di quiete mentale. Ah...» osservò ridendo «devo avvertirvi che, siccome nella meditazione specifica non c'è un oggetto preciso su cui concentrarsi, si corre il rischio di addormentarsi.

«Dunque, meditiamo.

«Per cominciare, fate tre respiri profondi. Concentrate l'attenzione sul respiro: siate consapevoli dell'inspirare e dell'espirare, dell'inspirare e dell'espirare, per tre volte. Quindi iniziate a meditare.»

Il Dalai Lama si tolse gli occhiali, giunse le mani in grembo e rimase immobile in meditazione. La sala era immersa in un silenzio assoluto mentre millecinquecento persone si rivolgevano verso il loro interno – verso la solitudine dei loro millecinquecento mondi privati – e cercavano di fermare il pensiero per intravedere la vera natura della mente. Dopo cinque minuti, a violare con grazia il silenzio fu lo stesso Dalai Lama, che, con voce bassa e melodica, intonò un canto sommesso per ridestare il pubblico dalla sua meditazione.

Quel giorno, al termine della sessione, Sua Santità giunse come sempre le mani, si inchinò in segno di affetto e rispetto e, alzandosi, si avviò tra la folla. Lasciando la sala, continuò a tenere le mani giunte e a inchinarsi, tanto che a un certo punto, mentre camminava circondato da un nugolo di persone, la sua figura curva non fu visibile neppure da chi stava a pochi passi da lui. Era perso in un mare di teste; ma da lontano si intuiva lo stesso il suo itinerario, perché al suo passaggio la folla ondeggiava leggermente. Sembrava quasi aver perso le caratteristiche degli oggetti visibili ed essersi trasformato in una presenza impalpabile.

Ringraziamenti

Non avrei mai potuto scrivere *L'arte della felicità* senza l'aiuto e la cortesia di molte persone. Innanzitutto vorrei ringraziare sentitamente Tenzin Gyatso, quattordicesimo Dalai Lama: provo profonda riconoscenza per l'infinita gentilezza, generosità e amicizia che mi ha mostrato, e per il grande stimolo che ha rappresentato per me. Rendo inoltre grazie alla memoria dei miei genitori, che mi hanno insegnato i principi cui mi sono ispirato per la ricerca della felicità.

Ma molte altre persone meritano la mia sincera gratitudine.

Ringrazio il dottor Thupten Jinpa per la sua amicizia, l'aiuto che mi ha dato nel rivedere il testo dei discorsi del Dalai Lama e il ruolo fondamentale che ha svolto in qualità di interprete sia durante le conferenze sia durante molti dei colloqui privati. Un grazie anche a Lobsang Jordhen, il venerabile Lhakdor, che ha fatto da interprete nel corso di numerose conversazioni da me avute con il Dalai Lama in India.

Sono grato a Tenzin Geyche Tethong, Rinchen Dharlo e Dawa Tsering per l'aiuto e il sostegno che mi hanno dato in molti modi nel corso degli anni.

Ringrazio poi tutti coloro che si sono adoperati perché la visita compiuta dal Dalai Lama in Arizona nel 1993 fosse un'esperienza gratificante per tante altre persone: Claude d'Estree, Ken Bacher e il consiglio d'amministrazione e lo staff dell'Arizona Teachings, Inc.; Peggy Hitchcock e il consiglio d'amministrazione dell'Arizona Friends of Tibet; la dottoressa Pam Wilson e tutti gli organizzatori delle conferenze del Dalai Lama all'università statale dell'Arizona; i tanti, instancabili volontari che si sono attivamente impegnati nell'interesse di chiunque abbia partecipato alle lezioni di Sua Santità in Arizona.

Ringrazio Sharon Friedman e Ralph Vicinanza, i miei meravigliosi agenti con il loro meraviglioso staff, per l'incoraggiamento, la cortesia, la collaborazione e l'aiuto che mi hanno offerto nel corso del progetto, e per il duro lavoro che hanno svolto ben oltre i limiti richiesti dal semplice dovere. Ho verso di loro un grande debito di gratitudine.

Ringrazio tutti coloro che mi hanno fornito consulenza editoriale, preziosi consigli e suggerimenti, nonché sostegno personale, durante il processo di scrittura: Ruth Hapgood, che ha curato con competenza l'editing delle prime stesure; Barbara Gates e la dottoressa Ronna Kabatznick, che mi hanno aiutato a scremare la grande mole del materiale, a raccogliere l'essenziale e a organizzarlo in una struttura coerente; Amy Hertz, la mia eccellente editor alla Riverhead, che ha creduto nel libro e ha contribuito a dargli la forma finale. Sono inoltre grato a Jennifer Repo, agli instancabili redattori della Riverhead Books e all'intero staff. Ringrazio anche, sentitamente, chi mi ha aiutato a trascrivere i discorsi pubblici del Dalai Lama in Arizona e a digitare al computer sia il testo delle mie conversazioni con lui sia parti delle prime stesure del libro.

Per chiudere, ringrazio di cuore i miei insegnanti, la mia famiglia e i molti amici che hanno arricchito la mia vita in così svariati modi che non potrei elencarli. Estendo infine la mia gratitudine a Gina Beckwith Eckel, David Weiss, Daphne Atkeson, Gillian Hamilton, Helen Mitsios, David Greenwalt, Dale Brozosky, Kristi Ingham Espinasse, David Klebanoff, Henrietta Bernstein, Tom Minor, Ellen Wyatt Gothe, Gale McDonald, Larry Cutler, Randy Cutler e Lori Warren. Un grazie speciale e particolarmente sentito va a Candee e Scott Brierley e ad altri amici che potrò non aver menzionato, ma il cui contributo serbo sempre nel cuore con affetto, riconoscenza e rispetto.

Opere di Tenzin Gyatso, quattordicesimo Dalai Lama. Una scelta di titoli

The Dalai Lama. A Policy of Kindness, a cura di Sidney Piburn, Ithaca, Snow Lion Publication, 1990. Trad. it. *Il Dalai Lama: una politica di gentilezza*, Vicenza, Il Punto d'Incontro, 1995.

A Flash of Lightning in the Dark of Night. A Guide to Bodhisattva's Way of Life, Boston, Shambala Publications, 1994. Trad. it. *Come folgore nella notte*, Torino, SEI, 1992.

The Four Noble Truths, a cura di Dominique Side, London, Thorsons, 1998.

Freedom in Exile. The Autobiography of the Dalai Lama, New York, Harper Collins, 1991. Trad. it. *La libertà nell'esilio,* Milano, Frassinelli, 1990.

The Good Heart. A Buddhist Perspective on the Teachings of Jesus, Boston, Wisdom Publications, 1996. Trad. it. *Incontro con Gesù. Una lettura buddhista del Vangelo*, a cura di R. Kiely, Milano, Mondadori, 1997.

Kindness, Clarity, and Insight, a cura di Jeffrey Hopkins e Elizabeth Napper, Ithaca, Snow Lion Publications, 1984. Trad. it. *Benevolenza, chiarezza e introspezione*, Roma, Astrolabio, 1986.

The World of Tibetan Buddhism, traduzione, cura e note di Thupten Jinpa, Boston, Wisdom Publications, 1995. Trad. it. *La via del buddhismo tibetano*, Milano, Mondadori, 1996.